내 연금이 불안하다

내 연금이 불안하다

초판 1쇄 인쇄일 2020년 03월 21일
초판 1쇄 발행일 2020년 03월 28일

지은이 배준호·김상호·김재현·김헌수·류건식·오영수·이봉주·이순재
펴낸이 양옥매
디자인 임진형

펴낸곳 도서출판 책과나무
출판등록 제2012-000376
주소 서울특별시 마포구 방울내로 79 이노빌딩 302호
대표전화 02.372.1537   **팩스** 02.372.1538
이메일 booknamu2007@naver.com
홈페이지 www.booknamu.com
ISBN 979-11-5776-833-2 (03320)

이 도서의 국립중앙도서관 출판예정도서목록(CIP)은
서지정보유통지원시스템 홈페이지(http://seoji.nl.go.kr)와
국가자료종합목록시스템(http://www.nl.go.kr/kolisnet)에서 이용하실 수 있습니다.

내 연금이 불안하다

배준호 · 김상호 · 김재현 · 김헌수 · 류건식 · 오영수 · 이봉주 · 이순재

책나무과무

우리의 삶에서 가장 극적이며 두려운 일 중 하나가 죽음일 것이다. 그래서 죽음에 대한 인간의 대응은 매우 오래되고 그 형식과 방법도 다양했다. 죽음이 인간의 영역과 신의 영역을 분리하는 것으로 인식되면서 주요 종교의 핵심 메시지는 이를 극복하는 것이었다.

노동이 가장 중요한 생산 요소였던 고대로부터 가장의 죽음은 남은 가족에게 경제적 시련을 의미했다. 그래서 이에 대한 대비는 시대에 따라 또 지역별로 다양한 형태로 행해져 왔다.

죽으면 의식을 통해 좋은 곳에 갈 수 있다는 믿음이 있었기에 장례식은 풍성하고 비용이 드는 행사였다. 이 비용을 충당하기 위해 사람들은 옛부터 크고 작은 조직이나 제도를 만들어 위험을 집단화하여 비용을 공동부담하는 전통을 이어왔다. 서구 사회의 경우 중세 이래의 길드와 근세 이후 나타난 생명보험은 이같은 전통의 산물이라고 할 수 있다.

그런데 죽음에 대한 두려움보다 나이 듦인 고령화에 대한 관심은 상대적으로 약했다. 산업혁명 이전까지 나이 듦은 큰 문제로 인식되지 않았다. 그 과정이 극적이지 않고 _{평균}수명과 은퇴 연령이 별로 차이나지 않았기 때문일지 모른다.

하지만 은퇴 후 삶은 예나 지금이나 지위의 고하나 경제력과 무관하게 오래 사는 이들에게 큰 관심사였다. 이러한 수요에 대응하여 서구 사회에서는 교회나 수도원 등이 자체 기관의 은퇴자 외에 관내의 힘있는 은퇴자들에게 식사와 숙박을 제공하였다.

서구 사회에서 제공된 이러한 서비스의 비용은 은퇴자들이 기증한 토지와 주택 등으로 조달되었다. 안정적 직업에서 퇴직한 이들에게 제공되는 이들 서비스는 코로디(corrody)라고 불리웠다. 일부 중산층에서는 자녀나 친인척과 계약을 맺고 노후를 지원받는 대신 토지나 주택의 사후 이전을 약속하기도 했다.

산업혁명 이전에는 평균 수명이 짧아 노후 보장이 국가나 사회보다 가족의 문제였다. 그런데 경제 발전과 보건 위생의 개선에 따른 수명 증가로 노후 보장이 가족 범위를 넘어선다.

18세기까지 안정적이던 지구촌 인구가 산업혁명 후 빠르게 늘고 평균 수명도 증가한다. 출산율과 사망률이 같아 인구 증가율 제로에 임금이 불변인 '맬더스 경제 균형'이 깨지게 된다[1].

산업 일선에서 은퇴한 이들의 여명이 늘어나고 인구 증가로 현역 노동자수까지 빠르게 증가한다. 전·현직 노동자들이 목소리를 높여 정치에 영향력을 행사하면서 국가와 기업은 이들의 요구에 적극 대응하지 않을 수 없게 된다.

결국 서구의 주요국들은 19세기 후반부터 건강보험, 산재보험, 국민연금 등 초기 사회보장제도를 도입하기에 이른다.

이후 의약품 개발과 보건 위생의 개선으로 은퇴 후 30년 이상 생존하는 이들이 크게 늘어나면서 기존 사회보장제도의 장기지속성이 위협받고 있다.

건강하지 못한 장수자가 늘면서 의료비를 위시한 노후 생활비용이 큰 부담이 되고 있다. 그런데 국가와 기업의 대응이 한계짐을 보이면서 개인의 자조노력이 강조되고 있다.

주요국들은 건강한 일상 생활의 유지에 필요한 노후소득보장과 관련하여 그동안 강제가입의 국민연금(1층), 기업 주도의 퇴직연금(2층), 개인연금과 금융저축(3층)의 다층체계 구축을 추구해 왔다. 주력하는 곳은 다수가 1층이지만 2층, 3층인 나라도 없지 않다.

또 대부분의 국가에서 저소득층 대상으로 최저수준의 삶을 보장하는 기초보장 제도가 별도로 있으며 보장수준은 국가별로 차이를 보인다.

이 책은 2부 12장으로 구성되어 있다. 1부의 8개 장에서는 우리나라 연금의 기원과 발전을 필두로 국내 공·사연금의 현황 분석에 이어 장래 모습을 전망해 본다. 국민연금·기초연금과 공무원연금, 퇴직연금과 개인연금, 변액연금, 연금 개혁 그리고 통일과 연금 이슈가 다뤄진다.

2부의 4개 장에서는 주요국 연금의 기원과 발전에 이어 이들 나라의 연금개혁 동향, 세계화와 연금개혁 이슈가 검토된다.

전체 내용을 요약, 정리하고 장별 서술의 연관을 설명하는 도입부를 별도로 마련하지 않았다. 개별 장에서 주변 이슈에 대한 해설이 폭넓게 이루어지고 있어 그리한 것이니 널리 양해를 구한다.

1부에서는 우리나라 공·사연금의 주축인 국민연금·기초연금, 공무원연금을 위시하여 퇴직연금, 개인연금, 변액연금, 연금개혁 그리고 통일과 연금을 다룬다.

1장에서는 우리나라 연금의 기원과 발전 과정을 살펴본다. 공적제도로는 고려 말 조선 초의 수십년간 시행된 과전이 최초일지 모른다. 나아가 일제강점기 관료, 군인 대상의 은급(恩給), 오늘의 공적연금인 국민연금과 공무원연금, 기초연금, 사적연금인 퇴직연금과 개인연금의 발전과정을 서술한다.

2장에서는 국민 대다수가 가입하고 있는 국민연금과 기초연금에 대해 살펴본다. 우리나라 사회보장연금의 근간을 이루는 두 연금제도의 도입 배경과 개요, 문제점과 개선 방향 등을 서술한다.

3장에서는 공적연금 중 가장 먼저 도입된 공무원연금에 대해 살펴본다. 도입과 변천 과정, 제도적 특성과 국민연금과의 차이점 등에 대해 서술한다.

4장에서는 주요국보다 거의 한 세기 늦은 2005년 도입된 퇴직연금에 대해 살펴본다. 제도의 내용과 특징 외 정착과정에서 드러난 문제점과 개선 방향을 제시한다.

5장에서는 1994년 도입된 세제적격 개인연금을 다룬다. 퇴직연금보다 먼저 도입된 배경, 노후소득보장에서 차지하는 역할, 제도적 보완의 필요성 등을 살펴본다.

6장에서는 보험 상품의 하나로 가입자 수요가 많은 변액연금에 대해 검토한다. 개요와 특성, 운영 성과, 문제점과 개선 방향, 미래상 등에 대해 서술한다.

7장에서는 인구와 경제 변화에 따른 연금개혁의 방향성에 대해 검토한다. 이때 저출산과 고령화, 저성장과 양극화, 인공지능(AI) 이용 확대와 4차 산업혁명이 공적연금에 미칠 영향과 필요한 대비 방안을 살펴본다.

8장에서는 장래에 있을 통일이 우리나라 연금에 미칠 영향을 탐색한다. 가능성 높은 통일 시나리오를 토대로 남북의 연금 제도 통합에 따라 예상되는 과제를 검토한다. 이때 통일 독일의 예를 참조한다.

다음으로 2부에서는 우리나라 연금제도의 설계와 운영에 적지 않은 영향을 주고 있는 주요국 연금의 기원과 발전, 그리고 이들 나라의 개혁동향, 세계화와 연금개혁 이슈에 대해 서술한다.

9장에서는 노후소득보장을 일찍이 국가적 이슈로 인식한 유럽 대륙을 대상으로 연금의 기원과 발전 과정을 살펴본다. 독일, 프랑스의 연금을 영미권과 비교하며 차이점을 설명한다.

10장에서는 영미 연금의 기원과 발전 과정을 살펴본다. 영미권은 유럽 대륙보다 공적연금의 도입은 늦었지만 퇴직연금은 매우 발달했다. 금융시장이 오래전부터 은행이 아닌 자본시장 중심으로 발전해 왔기 때문이다.

11장에서는 공적연금과 사적연금의 역할 재정립 등 개혁의 흐름을 개괄한다. 개혁 방향은 연금 급여 감소와 보험료율 및 수급개시 연령 인상을 수반하는 모수적 개혁, 공적연금 일부의 사적연금 전환, 사적연금 활성화 등이다.

끝으로 12장에서는 세계화가 연금에 미치는 영향을 검토한다. 격차 확대, 연대 의식 약화, 위협받는 개도국 연금 주권, 자본시장 자유화와 연금재정 안정, 국민국가 해체와 공·사 연금의 역할 재정립 등이 관련 주제다.

장별 집필자는 목차에 표기되어 있으며 편집과 교열 작업은 배준호가 맡았다.

차례

12장
세계화와 연금개혁 ···················· 오영수

1부

1장

우리나라 연금의 기원과 발전

배준호

고려, 조선 시대에 연금이 있었다

　우리의 연금사는 서구의 그것에 비해 역사가 짧다. 연금이라고 부를 수 있는 제도가 도입된 것은 일제강점기 시절 일부 군인과 공무원에게 제공된 은급이 시초다. 그 이전에는 퇴직 후 소득보장 성격을 지닌 근대적인 연금을 찾아보기 힘들다.

　다만 조선 초에 도입되어 70년 이상 시행된 '과전'을 연금형 퇴직급여제의 초기유형으로 볼 수는 있다. 이 제도는 관료와 유족의 소득보장 외에 일가 소득보장의 성격도 지니고 있었다. 그렇지만 지나치게 강한 소득보장이 문제가 되어 오래 지속되지 못했다.

최초의 연금은 14세기 말 과전

　군이 유사한 제도를 찾는다면 고려 말 조선 초기의 70여년간 (1391~1466년) 행해진 과전(科田)이라는 급여방식[1]을 들 수 있을지 모르겠다. 과전은 맹자에서 찾아볼 수 있는 사자세록(仕者世祿) 즉 벼슬한 이에게는 당대는 물론 대를 이어 녹봉을 준다는 개념[2]에 입각하여 도입된 제도다.

당시 과전은 고려 시대에 국가가 토지를 소유하고 양반을 비롯한 봉건지배층에 토지를 분급해주는 전시과(田柴科)가 고려 후기에 관리 운영이 부실해지면서 개인 사유지화하여 상속되는 가산화 현상을 보이자 기강을 확립할 목적으로 도입되었다.

모든 토지는 왕토사상에 입각하여 국유를 원칙으로 하여 농민에게 토지를 지급하지 않았으며, 세금을 거둘 수 있는 권리인 수조권이 국가에 있는 공전과 개인 및 기관에 있는 사전으로 구분되었다.

공전은 민간에 경작권을 보장하는 대신 국가가 징세권을 행사하는 토지로 고려 시대의 민전[3]을 징세대상으로 파악한 것이다. 이에 비해 사전은 문관 및 무관 등 관리에게 경기 지방의 토지를 지급하여 사망 시 국가에 반환토록 한 과전이 대표적이었다.

이 밖에 사전에는 공신 대상의 공신전, 중앙관부 대상의 공해전(公廨田), 지방관아 대상의 늠전(廩田), 학교와 사원에 지급하는 학전과 사원전 등이 있었다.

문무 관리들에게 지급된 과전은 재직 시 업무에 대한 보상으로 지급하던 녹봉[4]과 별도로 지급되었다. 허용된 토지세인 전세 징수권에 입각해 과전에서 경작인에게 거둔 재물의 가치가 녹봉보다 컸고 경작인의 노동력까지 일부 징발할 수 있었다. 재직 시는 물론 퇴직 후에도 토지세 징수가 허용되지만 원칙적으로 본인 대로 한정되었다.

하지만 다양한 이름으로 유족과 자손에게 상속된다. 이는 관리로 임용된 이의 재직 시와 퇴직 후의 신분을 넉넉히 보장하는 신분 보장제 성격이 강한 조치라고 할 수 있다.

과전 이전에도 왕족과 일부 호족, 관리들에게 녹읍, 식읍 등의 이름으로 토지를 지급하여 토지세, 곡물 등의 징수권을 부여하거나 노동력 징발권 등을 허용하기도 하였다[5].

그리고 시대에 따라선 토지 지급 대신 토지세 징수권만을 인정하는 관료전을 지급하여 이들의 권한을 억제하려는 시도도 있었다. 하지만 과전에 비하면 제도가 체계적이지 않고 본인과 유족의 소득 보장이나 신분보장 성격도 분명하지 않았다.

그런데 이같은 취지에도 불구하고 제도가 운영되면서 이런저런 명목으로 과전의 세습이 확대되면서 새로 임용되는 관리에게 지급할 과전이 부족해진다. 그래서 과전은 1466년 현직에게만 지급하는 직전(職田)으로 바뀐다. 이로써 관료의 퇴직 후와 유족에 대한 보장 장치가 없어진다.

과전 폐지 후 조선 시대가 끝날 때까지 유사한 조치는 시행되지 않았다. 인구와 관료의 숫자가 증가하면서 정부재정이 늘 여유롭지 못했기 때문에 관료 등에게 퇴직 후 소득을 보장하는 조치를 취할 수 없었던 것이다.

16세기 말 직전 폐지와 녹봉제, 양반 지주제 확산

직전제가 시행되면서 재직 중의 수탈행위가 심해진다. 그래서 1470년 관리가 아닌 관에서 토지세를 거둬 지급하는 형태로 바뀐다. 바뀐 형태로 시행하다가 흉년이 거듭되고 외환이 겹치면서 국가재정이 악화되자 1556년 직전법이 사실상 폐지된다. 다만 법적인 직전 폐지는 임진전쟁이 터진 1592년이다.

돈이커 생가해보면 삼국 시대 이후 댕내의 시배사인 쌍늘이 왕족, 귀족공신, 관료들에게 다양한 형태로 재직 중의 급여 지급 외에 퇴직 후 소득보장 조치를 취했을 가능성이 있다[6]. 다만 이에 대한 자료를 담고 있는 정보가 명확하지 않아 입증이 힘들다. 남아 있는 자료로 판단할 때 체계적인 퇴직급여라고 칭할 수 있는 조치는 거의 없다.

이러한 점에서 조선 초기 70년 이상 시행된 과전제가 국내 최초의 체계적인 퇴직급여라고 말할 수 있다. 물론 과전은 도입 당초의 의도와 달리 재직 시는 물론 퇴직 후 그리고 유족과 자손대의 소득을 보장하는 생애소득보장 나아가 일가 소득보장 장치였다고 말할 수 있다.

이후 관리에게 지급하는 급여는 녹봉으로 한정된다. 녹봉만 받게 된 관리들의 생계는 넉넉하지 않았던 모양이다. 흉년이 들거나 재정이 어려워지면 규정된 액수가 지급되지 않았다고 한다. 녹봉은 관리 자신이 직접 한강변의 광흥창에서 받는 게 원칙이었다.

대개는 대리자인 다골리(丏骨市)[7]가 수령하는데 고급관리를 깨쇠하고 모든 관리의 실명을 불러 확인 후 지급하였다. 초기에는 1년에 두 번 지급하다가 세종대에 정월, 4월, 7월, 10월 초의 네 번으로 늘고 숙종대에 매달 지급으로 바뀐다.

〈그림 1-1〉 광흥창 공미 입고 재현 행사(2009.4.4), 뉴시스

과전, 직전이 폐지되고 퇴직 후 양반 관료가 빈곤하게 생활했느냐 하면 그렇지만도 않았다.

16세기 말의 직전제 폐지와 더불어 양반들이 토지를 사적으로 소유하는 지주제가 확산되고 50%의 높은 소작료를 거두는 병작반수(竝作半收)[8]제가 보편화하면서 퇴직 관료 다수는 일가 소유 토지에서 생산물을 공급받을 수 있었다. 반면 대부분의 농민들은 토지를 잃고 소작농으로 전락하였다.

녹봉제는 변천을 거듭하다가 1894년의 갑오개혁 때 문관품계가 개정되어 관등봉급령이 공포되고(1895년 3월) 이어 무관 및 상당관등 봉급령이 공포되면서 폐지되었다. 이후 품계에 따른 품봉에 입각하여 월급이 화폐로 지급되었다.

서구와 달리 군인연금·코로디 없고 연금사 일천

이같은 우리의 연금사는 9, 10장에서 서술되고 있는 서구의 연금사와 비교하여 뿌리가 일천하다. 서구에서는 성경에 나오는 유대왕 여호야긴의 종신연금(continual allowance, 기원전 562년경)을 필두로 연금의 역사가 깊다.

그리스 웅변가 리시아스의 군인연금(기원전 400년), 지중해 도시국가 미르토스의 종신연금[9](기원전 201년), 로마황제 아우구스투스가 도입한 체계적인 군인연금(서기 6년) 등의 기록으로 우리보다 훨씬 이른 시기에 연금이 도입되었음을 알 수 있다. 이들 연금은 주로 군인연금이었다.

고려와 조선 시대에 해당하는 시기의 서구에서는 수도원 중심의 퇴직소득인 코로디[10]가 발전하여 수도원 관계자는 물론 일반 시민 등도 혜택을 받았다. 1590년 영국에서 해군장병을 대상으로 한 세계 최초의 직역연금인 채텀금고가 설립되었다. 이후 영국 국가공무원 연금(1810년)을 필두로 지방공무원(1884년), 경찰(1890년), 교원(1898년) 연금 등이 설립되었다.

인사·연금 면에서 어느 때보다 우대받는 오늘의 군인

서구의 연금이 군인과 유족에 대한 소득보장을 시발점으로 이후 공무원 등으로 단계적으로 확대되면서 체계화되었는데, 우리나라에서는 그같은 모습을 찾아보기 힘들다. 삼국 시대 이래로 국가를 위해 싸우다 숨진 군인과 유족에 대한 처우가 상대적으로 약했던 우리였는지 모른다.

하지만 오늘의 상황은 꽤 달라졌다. 군인연금은 해방 후 도입된 최초 연금인 공무원연금에 규정되었다가 3년 후 별도로 독립하였다. 많은 부분에서 공무원연금의 관련 규정을 준용하지만 근무 특성과 퇴직 후 재취업의 상대적 어려움 등을 반영하여 급여수준을 꽤 우대하고 있다.

역사적으로 무신과 군인을 상대적으로 홀대해온 우리의 전통에 비하면 지금의 군인들은 인사와 소득보상 측면에서 어느 때보다 우대받고 있다고 할 수 있다.

일제강점기 퇴직 군인과 관료 대상의 은급

과전 폐지 후 재정 사정 악화로 연금제도를 갖추지 못하다가 일제 강점기에 최초의 근대식 연금인 '은급'을 시행한다. 이 시기 조선총독부 고위 관리로 일한 조선인들에게 퇴직 후 은급(恩給)이 지급되었는데 이것이 근대식 연금의 시초이다.

이때의 은급은 당초 일제의 육군과 해군 퇴역자에게 지급하기 위해 1875년 도입되었다[11]. 1884년부터 군인이 아닌 문관에게도 시행되었다. 조선인 중 극소수가 해방 전까지 이를 적용받았다.

일본 은급법, 1953년 이후 한국인 적용 제외

1923년 공무원 종별에 따른 개별 은급들이 정리, 통합되어 은급법으로 개편되면서 오늘의 일본 은급제[12]가 된다. 1933년 긴축재정이 시행되면서 최단 은급 연한이 연장되는 등 대폭 개정된다.

1946년에는 패전 처리 과정에서 연합국 최고사령관 지령(칙령 제68호)에 의거하여 군인과 군속에의 은급 지급이 7년여 동안 폐지되었다가 1953년 부활된다. 단 중증자에 대한 상병은급은 예외적으로 지급되었다.

그나마 수급자격을 갖춘 이들도 일제의 패전으로 은급 지급이 중지되었고 이후 1953년 일본에서 은급제가 부활하였지만 우리나라 사람에게는 지급되지 않았다. 배경에는 1952년 4월 28일자 샌프란시스코 강화조약 발효로 한국인의 일본 국적 보유가 인정되지 않아 은급법 규정에 따라 수급권이 상실된 것으로 해석되었기 때문이다[13].

은급 수급권을 가진 우리나라 사람 중 한국 거주자는 패전과 더불어 은급 수급이 중지되었고 일본 거주자도 1946년부터 은급을 받지 못했다.

해방 이전 은급 수급자와 은급 연액 산정

아쉽게도 해방 당시 일제로부터 은급을 받고 있던 이들의 숫자가 확인되지 않는다. 여러 정황을 토대로 추정해 보면 수급자는 많아야 수 천명 수준일 것으로 짐작된다.

은급제 대상이 군인 중심이고 조선인으로 군에 입대하여 사망하거나 재직연수가 12년(준사관 이상 13년) 이상[14]에 달하는 이들이 그렇게 많지 않고 장기근속한 고위직 문관 역시 적었기 때문이다.

민족문제연구소와 친일인명사전편찬위원회가 수년에 걸친 조사 끝에 2009년 11월 공개한 친일인명사전 등재자(4389명)에는 매국(15명), 수작(授爵)·습작(襲爵)(138명), 중추원(335명), 일제 귀족원·중의원(11명),

군(387명), 관료(1,207명)[15], 경찰(880명), 사법(228), 교육·학술(62명) 관련자 3천 3백여명이 포함되어 있다.

이들 중 기력을 갖춘 일부가 은급수급자일 것이다. 그리고 군에 입대하여 전투 등으로 사망한 이들의 유족이 수급자에 추가될 것이다.

이들에게 지급된 은급연액은 재직연수와 봉급연액을 고려하여 정해졌으며 재직연수는 실재직년과 근무 형태에 따라 고려되는 가산년을 합쳐 계산하였다. 가령 전지 근무 시에는 1월에 최고 3월을 가산하였다. 봉급연액은 퇴직당시 봉급을 기초로 하되 경제변동에 대응한 실질가치 유지 차원에서 봉급 연액을 적절히 늘린 가정 봉급을 활용하였다.

퇴직 후 은급 연액 조정은 매년 공무원 봉급과 물가 등을 종합적으로 고려하여 조정하였다. 이렇게 하여 계산된 은급 연액이 수급자의 생계 유지에 필요한 적정 금액이었느냐 하면 그렇지 않은 경우가 많았던 모양이다.

그래서 패전 후에는 사회보장의 관점에서 최저보장제를 신설하여 상병은급과 상병자유족특별연금 이외 연금, 은급에 적용하는데, 최저보장 적용률이 2007년 기준 전 수급자의 9할에 달하고 있다.

해방 당시 미수급 은급액 사후 처리, 한일 현안의 하나

수급자와 수급자격자 중에는 우리나라 사람도 적지 않았으며 이들이 받아야 할 은급을 제때 받지 못했다는 사실은 1965년 체결된 한일협정의 논의 과정에서 확인된다. 당시 우리가 일본 측에 요구한 대일청구권에는 일본 기업에 취업한 조선인 근로자의 미지불임금 외에 조선인 은급 수급권자에게 지불해야 할 은급 등이 포함되어 있었다.

우리 정부는 1951년 일본 측과 협상 시 8개항의 대일 청구권 요강을 제시하였는데, 이중 다섯 번째가 "한국 법인 또는 한국 자연인의 일본국 또는 일본 국민에 대한 일본 국채, 공채, 일본은행권, 피징용 한국인의 미수금, 보상금 및 기타청구권의 반제 청구"로 이들 항목의 하나가 "한국인의 대일본정부 청구 은급 관계"다[16].

이때의 은급 관련 청구액이 얼마나 되는지에 대한 정확한 자료는 찾아보기 힘들다. 1949년 9월 정부가 연합국군총사령부(GHQ)에 제출한 문서인 배상요구조서에는 보험금, 은급, 기타 미수금 합계액이 64억 4천만 엔(15억 달러 상당)이라는 기록이 있다고 한다. 이는 1944년 조선총독부의 공식적 총예산(26.3억 엔)의 2.4배에 달하는 큰 값이다[17].

일제 강점기 후반부인 1937년 이후 조선인의 관리 채용이 늘어 1942년경에는 조선인 관리가 7만 4천여 명에 이르렀다. 하지만 이들 중 다수는 처음부터 은급대상자가 아니거나 일제의 패망으로 은급 수급을 위한 자격기간을 채우지 못했다.

은급의 1차적 대상인 군인도 마찬가지다. 일제가 1938년 조선육군특별지원병제를 실시하자 초기에 3천 명 수준이던 지원자수가 1943년 30만 명으로 크게 늘었다[18]. 하지만 관리와 달리 군인의 경우 상당수가 전장에서 사망하여 수급자격을 갖추었지만 일제의 패망으로 제대로 은급을 받지 못했다. 생존하여 퇴역한 군인의 다수는 자격기간을 채우지 못해 은급 수급대상에서 제외되었다.

해방 후 최초 연금인 공무원연금

일제강점기에 군인과 관료 등에게 지급되던 은급은 해방 후 공무원연금으로 모습을 바꿔 국내에 도입된다. 정부 재정이 넉넉하지 않던 1950년대에 본격적인 논의가 시작되어 1960년 1월부터 공무원연금이 발족된다.

이를 위해 국무원 사무국에 연금기획과, 급여과, 기금과의 3과가 신설되었다. 출범 당시에는 공무원연금의 일반 업무는 국무원 사무국이 관장했지만 연금특별회계는 재무장관이 관장했다[19].

제도는 출범하였지만 관련 인력의 확보와 시행을 위한 준비를 완료하기까지 다소 시간이 소요되었다. 요즘과 달리 당시에는 법이 발효된 1월에서야 사무국 직제개정(1월 6일)이 이루어지고 시설과 인력 충원, 인력의 교육·훈련 등 시행준비에 적지 않은 시간이 걸려 기여금 부과 등의 업무는 이듬해인 1961년 들어가서야 가능했다.

국가공무원법(1949년) 규정, 10년 후 실현한 공무원연금

법제의 도입 취지는 일제강점기의 은급법과 크게 다르지 않았다. 사용자 입장에서 고용자인 공무원들에 대해 퇴직 이후를 보장함으로써 장기근속을 유도하고 재직 시 이들의 공직 봉사를 촉구하기 위함이었다. 이같은 내용이 1949년 8월 12일 공포된 국가공무원법 27조에 명기되어 있다.

"공무원으로서 상당한 연한 성실히 근무하여 퇴직하였거나 공무로 인한 부상 또는 질병으로 퇴직 또는 사망하였을 때에는 법률이 정하는 바에 의하여 연금을 지급한다"는 규정이 그것이다.

그렇지만 1950년 이후 3년에 걸친 한국전쟁과 경제적 혼란, 악성 인플레, 국고재정 궁핍 등의 이유로 10년 이상 도입되지 못했다.

이 사이에 관련 논의가 없었던 것은 아니다. 휴전 후 서울로 환도한 정부는 당시의 총무처 인사국 기획과가 중심이 되어 연금 도입을 염두에 둔 법 발의를 위한 사전준비에 착수하여 1954년 불충분하지만 법안 초안을 마련하였다. 하지만 제반 경제사회 여건의 미비[20]로 기초된 법안은 국장의 사무실 서랍에 파묻힌 채 사장되고 만다[21].

이후 공무원 해외파견 훈련계획에 따라 양성된 국무원 사무국 인사과의 해외 연수파 출신[22]을 중심으로 1958년부터 공무원연금 법제화 작업이 착수되어 1959년 4월 법안이 마련되어 국무회의에 상정되었다.

그런데 국무회의에서는 논의를 유보하고 국무원 사무국 인사국장, 국무부 예산국장, 내무부 지방국장, 문교부 편수국장, 국방부 병무국장, 보건사회부 원호국장 및 체신부 저축보험관리국장 등 7인 소위원회에 법안을 회부하여 축조심의토록 하였다. 이 7인 소위원획가 채택한 수정안이 국무회의 의결과 대통령의 결재를 얻어 1959년 10월에 국회에 제출되었고 12월 30일 밤 9시에 국회를 통과하여 1960년 1월 1일자로 공포된다[23].

사회보험 원칙 강조한 초기 공무원연금, 30년간 법 규정 완화

주목할 점은 당시 도입 논의에 참여했던 이들은 공무원연금을 사회보험으로 규정하고 수급자격도 엄격히 규정하여 연금재정의 방만한 운영을 사전에 예방하려 하였다는 점이다.

초기 안에 따르면 도입 후 상당기간이 경과해도 연금수급자가 나오기 힘든 구조였다. 평균수명이 40대 초반이던 시절에 연금수급개시연령을 60세로 설정하였으니 장수하지 않으면 연금을 수급할 수 없었고 수급기간도 몇 년 되지 않을 전망이었다.

제도 설계의 배경에 대한 당시 참여했던 이들의 증언이 남아 있지는 않다. 짐작컨대 국가재정이 힘들던 시절이므로 설계 작업 참여자들은 수급자가 조기에 발생하지 않도록 하여 장기 지속가능한 제도를 운영하려고 했던 것이 아닌가 하고 추측해 볼 수 있을 뿐이다.

현실을 중시하다 보니 당장 급여를 주기보다 지속가능한 방식을 지향하고 일본과 서구 선진국의 공무원연금을 참고하다 보니 결과적으로 우리 현실에 맞지 않은 방식이 도입되었는지 모른다.

국가재정이 넉넉하지 않은 상황에서 이들은 당시의 평균수명을 고려한 현실적인 연금제 도입이 무모한 시도라고 판단했을 수 있다.

공무원연금법은 도입 후 2년이 채 안된 1962년 10월 1일부로 60세인 수급개시연령을 퇴직 후 즉시 수령으로 개정하였다. 이를 신호로 이후 30여 년간공무원연금은 수급요건을 완화하고 급여를 충실화하는 방향으로 개정된다.

이같은 법 개정은 발족 후 얼마되지 않은 군사정권이 우수한 인력을 공무원으로 확보할 수 있도록 제도적으로 뒷받침해 주었다. 또 공무원 계층을 확실한 정치적 지지 세력으로 끌어 안아 정권의 안정 기반을 강화할 수 있게 해 주었다.

공무원연금법 준용한 군인연금과 사학연금 적용자는 소수

군인연금은 초기에 공무원연금법에 함께 규정되어 있었지만 1963년 별도로 군인연금법이 제정된다. 이는 일반 공무원과 다른 군인의 특성을 감안하기 위한 것이었다.

군인연금은 급여조항에서 일반공무원보다 우대받는 조항이 있는 반면 초기에는 본인부담금이 다소 높게 설정되었다. 하지만 법체계는 전반적으로 공무원연금법의 체계를 크게 벗어나지 않고 있다.

외국에서는 공무원연금보다 앞서 군인연금이 도입되는 것이 보편적이라는 점을 감안하면 우리의 군인연금은 다소 특이한 형태라고 할 수 있다. 이는 공무원연금이 일제강점기의 은급에서 유래했음에 비추어 볼 때, 일본의 은급제가 군인과 공무원을 하나의 틀 안에서 규정하고 있다는 점에서 그 배경을 짐작해 볼 수 있다.

실제로 군인연금은 도입 후 공무원연금에 준하는 형태로 개정되어 왔는데 20세기 말 이후 남북 간의 긴장이 완화되고 우리 경제와 사회가 지속적으로 성장해오면서 변화의 움직임이 감지되고 있다. 즉 이러한 여건의 변화가 군인과 공무원의 경제 사회적 지위에 변화를 가져와 양자 간의 격차를 촉발함으로써 군인연금을 공무원연금과 좀 더 차별화하여 군인의 특성을 반영하는 형태로 운영해야 한다는 주장이다.

이러한 주장이 반영되어 2010년 공무원연금법 개정 시부터 개정 사항 중 상당 부분이 군인연금에 적용되지 않거나 다르게 적용되어 군인연금 급여와 공무원연금 급여간 격차가 확대되었다.

사립학교 교원 연금은 1975년 1월에 도입되었는데 틀이 공무원연금과 유사하다. 초기에는 교원에게만 적용되다가 1978년 1월부터 사무직원에게도 적용되었으며 1984년부터는 연구기관 교수요원으로 까지 확대되었다. 공무원연금과 다른 점은 고용주 보험료를 고용주인 학교법인과 국가가 분담하는 점이다.

이같은 법 규정은 사립학교 교직원이 공무원은 아니지만 이들에 준하는 형태로 국가가 이들의 노후소득보장에 일정 부분 책임이 있음을 간접적으로 밝히는 것으로 해석할 수 있다. 이는 일본 등 일부 국가의 교원연금 운영을 참고한 것으로 이해될 수 있지만 사립학교 교직원에게 공무원과 별반 차별 없는 규정을 적용하는 것은 일본과도 다른 우리 특유의 운영방식이다.

이상에서 살펴본 바와 같이 특수직역연금의 큰 틀이 1970년대 중반까지 도입되어 이후 적용 대상이 확대되었지만 이들 연금의 가입자인 공무원, 군인, 사립학교교직원은 전체 근로자의 15%에 훨씬 미치지 못한다.

당연히 근로자 다수를 점하는 민간기업 근로자가 연금의 사각지대에 놓인다. 공적연금인 국민연금은 물론 사적연금인 퇴직연금(혹은 기업연금)을 적용받기 위해 1988년과 2005년까지 기다려야 했다. 근로자 다수의 노후소득보장 미비 상황이 지속된 것이다.

최초 사회보장연금이 될 뻔한 국민복지연금

국민연금은 공무원연금보다 28년 늦은 1988년 도입되었다. 하지만 국민연금은 이보다 14년 앞선 1974년 '국민복지연금'이라는 이름으로 도입될 뻔하였다. 국민복지연금은 관련법이 만들어지고 실무부서에서 시행을 위한 제반 준비까지 모두 마친 상태에서 시행이 갑자기 보류되었다. 때마침 들이닥친 1차 석유위기 사태가 주된 이유로, 1975년에는 시행이 무기한 연기되었다.

이후 도입을 위한 논의가 다시 일기까지 무려 십년 이상이 경과하였다. 전두환 대통령의 임기 후반에 논의가 재개되어 임기 말인 1988년 1월 제도의 내용과 명칭을 바꾸고 10인 이상 사업장 근로자를 대상으로 시행하였다.

그러면 1974년 1년 시행 예정이었던 국민복지연금이 어떤 목적으로 도입되었고 어떤 이들이 주된 역할을 수행하였는지 간략히 살펴보자.

국민복지연금 도입 목적은 중화학공업화 사업 재원 마련?

먼저 도입목적이다. 1970년대 초반은 1차, 2차 경제개발 5개년계획의 성공적 추진으로 산업화와 더불어 도시화, 핵가족화가 진행되었지만 52.3%는 아직 농어민이었고 1인당 실질 GDP도 223 달러에 불과하였다. 그리고 65세 이상 노인 인구도 전체 인구의 3.3%(1973년)로 선진국의 연금 도입 시점에 비해 결코 높지 않았다[24]. 따라서 인구고령화를 국민복지연금 도입의 주된 이유로 거론하는 것은 설득력이 떨어질 수 있다.

유력 가설 중 하나는 박정희 정부가 의욕적으로 추진하던 중화학공업화 사업의 재원 마련 전략이다. 당시 정부는 낮은 국내저축률 때문에 외자를 들여와 중화학공업을 강력히 지원하고 있었다.

경제기획원과 재무부 등에서는 여러 가지 재원조달 방안을 고려하고 있었다. 재무부는 1977년 시행의 부가가치세 도입과 국민투자기금법 제정을 추진하였고[25] 경제기획원은 세계은행(IBRD), 미국국제개발처(AID)의 공공차관 도입과 연기금을 통한 내자 동원을 고려하였다.

이러한 이유로 오랫동안 연금 도입 목적이 경제기획원이 연기금 동원전략과 밀접하게 연관되어 있었다는 인식이 널리 공유되어 왔다. 당시 한국개발연구원(KDI) 김만제 원장은 이승윤 서강대 교수의 AID 용역보고서[26]에서 힌트를 얻어 KDI의 박종기 박사에게 연금 도입을 연구하도록 한다.

박종기 박사는 미국의 전문가 그룹[27] 면담 등 조사와 연구를 마치고 「사회보장연금제도를 위한 방안(잠정)」이라는 대외비 보고서를 작성한 후 김원장과 함께 1972년 11월 25일 태완선 부총리 겸 경제기획원 장관을 방문하여 내용을 설명한다. 11월 30일 김원장이 박대통령에게 연구결과를 보고하는 자리에서 그는 사회보장연금이 도입되면 국내저축률이 올라가고 투자재원 조달에 기여할 수 있다고 보고하였다.

보고를 들은 박대통령은 참모진과 논의한 후 도입을 시사하면서 KDI에 구체적 실행방안을 계속 연구토록 지시하였다[28].

박대통령은 1973년 1월 12일의 연두기자회견[29]에서 연금 도입을 천명하고 이로써 국민복지연금 구상이 공식화되었다. 그는 회견에서 "정부는 정년퇴직 근로자와 심신장애자와 그 유족들에게 일정한 연금을 지급하는 사회보장연금제도를 도입할 준비에 들어갔다"고 공식 선포하였다.

국민복지연금 도입 목적은 노후소득보장 기반 구축

대통령의 회견에도 나와 있듯이, 제도 도입의 주된 목적은 장기적 관점에서의 노후소득보장 기반 구축에 있었고 투자재원 조달이라는 경제적 이유는 부차적 목적으로 보는 것이 타당하다.

이에 대한 설명은 국민연금사편찬위원회(2015)[30]와 배준호(2015)에 상세히 나와 있다. 특히 후자가 그간의 주류파 해석인 투자재원 조달이 사실을 잘못 파악한 근시적 접근에서 얻어진 결론임을 다양한 각도로 접근하여 입증하고 있다.

당시 보건사회부는 산하 사회보장심의위원회(이하 사보심) 연구위원을 중심으로 산재, 노령, 질병, 실업에 대한 보험의 4대 사회보험 도입을 1960년대 초부터 검토해 왔다. 실제로 1963년 11월의 사회 보장에 관한 법률 제정 시 양로연금 사업이 구상되어[31] 조사와 연구가 진행되었고, 1972년 10월에는 연금제도 도입을 위한 장기계획 (1972~1981년)이 발표되었다.

이 무렵 양로연금의 기본요강과 양로연금법 시안이 마련되기도 하였다. 당시 계획에는 "1974년부터 연금제도를 실시하되 1976년 500인 이상 사업체 근로자 30만 명을 가입시키고 1981년까지 단계적으로 확대 적용하여 30명 이상 근로자 200만 명을 연금에 가입시켜 노령퇴직자에게는 월생계비를 정기 지급하여 노후생활을 보장한다[32]"고 기술되어 있다

문화공보부 자료에도 유사한 내용이 있다. 1972년 10월에 간행된 「내일의 조국: 10월 유신, 100억불 수출, 1,000불 소득」이라는 홍보자료에는 나라가 부강해질 1970년대 말부터 본격 추진할 사회복지사업의 3대 과제로 전국민 의료보험, 양로보험, 중학 의무교육이 제시되어 있다.

종합하면 연금 도입은 경제기획원과 KDI가 경제개발자금 마련 수단으로 고려하기 전부터 보건사회부 산하 기구를 통해 정부내에서 중장기 사회개발계획의 하나로 추진되고 있었는데, 박대통령 주변 엘리트층이 '10월 유신' 후 연금을 국가적 과제가 된 중화학공업 추진 시의 내자 마련 전략의 하나로 주목하고 이를 제9대 국회

의원 선거의 홍보용 카드로 주목하면서 수면위로 급부상했다고 할 수 있다[33].

국민복지연금 시행 준비와 갑작스런 유보

국민복지연금법과 국민복지연금특별회계법이 1973년 국회를 통과하자 정부는 시행령을 마련하고 보건사회부에 복지연금국, 국세청에 연금징수국을 신설하는 등 제반 준비 작업을 마쳤다. 그런데 1974년 1월 14일 대통령의 긴급조치 3호로 국민복지연금법의 시행이 유보되었다.

이 긴급조치는 '국민생활의 안정을 위한 대통령 긴급조치'라는 이름에서 알 수 있듯이 때마침 들이닥친 석유위기로 인한 경제난을 덜어주기 위한 각종 조치들을 담고 있었다.

세율 인하 품목과 세율 외 정부예산조정 내용 등을 담은 총 7장 35조의 긴급조치가 발표될 때까지 보건사회부와 경제기획원 실무자들은 국민복지연금의 유보 조항이 포함되었다는 사실을 모르고 있었다. 발표 수 일을 앞두고 경제기획원 장관 등 일부가 청와대로부터 통보받을 뿐이었다[34].

당시의 김정렴 비서실장을 주축으로 한 청와대 경제팀이 작성한 긴급조치로 시행이 보류됨에 따른 실망감으로 연금의 구상과 설계에 장기간 참여해왔던 일부 사보심 연구위원이 사표를 내고 보사부를 떠나기도 하였다.

유념할 점은 시행 보류의 배경에는 석유위기에 따른 경제 불안 못
지않게 제도에 대해 우호적이지 않은 국민 여론, 보험료 부담을 우
려한 재계의 직·간접적 반대, 그리고 내수 동원 효과가 생각만큼
크지 않을 것이라는 당국의 판단 등이 있었다는 사실이다.

경제팀에게 연금을 통한 보험료 재원은 다양한 재원 마련 방안의
하나였을 뿐이다[35]. 최종 법안의 마련과정에서 보건사회부의 주장
이 많이 반영되어 당초안보다 보험료율이 낮아져 기금 규모가 줄 전
망이고, 기금운영위원회마저 보사부 소관으로 바뀌면서 경제기획
원과 청와대 경제팀이 도입에 크게 집착할 필요가 없어졌다.

〈그림 1-2〉 강제 가입의 국민연금

최초 사회보장연금인
국민연금 도입

무기 연기 결정 후 연금 주무 부처인 보건사회부는 1977년 하반기부터 5년에 걸쳐 의료보험을 정착시키고 연금은 1981년 하반기부터 실시할 계획을 세웠다. 이에 대해 경제기획원은 1979년 1월의 대통령 연두순시 보고에서 1980년부터 실시할 계획이라고 보고하였다.

하지만 1979년 10월 박대통령 시해 사건과 1980년 광주민주화운동, 그리고 이후의 경제사회적 혼란으로 관련 논의가 수면 밑으로 들어가고 만다.

1986년 한국개발연구원 등의 준비와 전대통령의 결단

이후 정부는 1984년 8월 국민복지연금 실시준비위원회를 구성하지만 별반 실적이 없었고 1986년 1월부터 한국개발연구원(KDI) 등이 주축이 되어 본격적인 연구를 추진하였다. 정부도 1986년 6월 4일 국민연금 실시 준비를 위한 관계관 회의를 열어 국민연금 도입을 구체적으로 논의하기 시작하였다.

당시의 전두환 대통령과 측근들은 1977년부터 시행중인 의료보험이 매년 적자를 내고 있어 국민연금 도입에 부정적이었다.

그런데 KDI 경제학자들의 설득이 주효하여 전대통령은 완고하게 지켜오던 그간의 입장을 바꾼다. 그는 1986년 8월 11일 기자회견에서 국민연금 실시, 의료보험의 전국민 확대, 최저임금제 도입의 복지 3대 정책을 발표한다.

그해 9월 30일 국민복지연금법 개정안이 확정되고 국민연금법으로 개명되어 12월 국회를 통과하였다.

국민연금과 국민복지연금의 차이점

국민연금은 이전의 국민복지연금과 비교하여 연금재정의 안정화를 강화하였다. 가입자의 급여수준을 전반적으로 하향조정하고, 수급개시연령을 남녀 모두 60세로 올리며, 노령연금의 최소가입기간을 15년으로 늘리고, 특례노령연금의 급여수준을 깎았다.

가입자 입장에서의 각종 혜택이 국민연금에서 더 나아진 점도 있다. 조기노령연금이 추가되고, 지역가입자가 사업장가입자와 동일하게 적용되며, 가급연금 지급대상에 부모가 추가되고, 감액노령연금·재직자노령연금·장애연금·유족연금의 지급률 즉 급여수준이 상향조정되며, 반환일시금의 수급자격요건이 완화된 것 등이다.

또 국민연금은 보험료율을 단계적으로 올려 가입 초기의 가입자와 사업주 부담을 줄이고, 국민연금관리공단(현 국민연금공단)을 신설하여 국민연금 실무 관리의 효율화를 추구하며, 국민연금기금 설치와 기금운용위원회 운영 등의 규정을 추가하여 기금운영의 책임성과 투명성을 강조하였다.

이런 내용을 담은 국민연금법 개정법률안은 1986년 12월 17일 국회에서 가결되었고 12월 31일 공포되었다. 국민복지연금과 국민연금의 제도상 차이점에 대해서는 배준호(2016)가 소상하다.

국민연금제도의 주된 내용

국민연금은 1988년 1월 1일부터 10인 이상 사업장에 대하여 강제적용된다. 이어서 1992년 5인 이상 사업장으로 확대 적용되고 1995년 7월부터는 농어촌지역에 적용되며 1999년 4월부터 도시지역에 적용됨으로써 도입 후 11년 만에 전 국민에게 적용된다.

가입대상은 18~59세 국민 중 소득활동을 하지 않는 무소득 배우자, 공무원·군인·사립학교 교직원 등의 특수직역연금 가입자와 수급자, 27세 미만의 학생과 군인 등을 제외한 모든 국민이다. 다만 초기에는 가입자의 약 절반을 차지하는 지역가입자 중 상당수가 보험료를 납부하지 못해 명목상의 가입자에 불과하였다.

사업장가입자의 보험료율은 당초 9%로 정해졌으나 단계적 인상으로 바뀌어 도입 초기인 1988년부터 1992년까지는 3%, 이후 5년간은 6%, 그리고 1998년부터 9%가 적용되었다. 1995년 처음 적용된 농어촌지역가입자는 초기 보험료율 3%가 1999년까지 지속되다가 2000년부터 2004년까지 6%, 2005년부터 9%가 적용되었다.

이에 비해 적용 개시가 1999년으로 가장 늦은 도시지역가입자는 1차 연도 3%, 그리고 2000년부터 매년 1% 포인트씩 올려 2005년부터 9%가 적용되었다. 9% 보험료율은 1998년 말 법 개정 당시 2009년까지 9%로 유지하고 이후 다시 논의키로 하였다. 그런데 2007년 7월 법 개정 시 2009년 이후에도 9%를 유지토록 하여 지금에 이르고 있다.

급여수준은 발족 초기에는 40년 가입 평균소득자 기준 소득대체율 70%였으나 1998년 말 법 개정 시 60%로 하향조정되었고 2007년 7월의 법 개정시 2028년까지 단계적으로 40%로 낮추도록 변경되었다. 이같은 급격한 급여수준 인하는 국민연금의 장기재정이 불안하다는 판단에 근거한 것이다.

하지만 도입 후 20년도 되지 않은 상황에서 강력한 재정안정화 조치를 두 번씩 도입한 국가는 세계적으로 흔치 않다. 이러한 관점에서 2018년의 제4차 국민연금 재정재계산 작업과 2019년 경제사회노동위원회 등 법 개정 준비 작업 과정에서 45%로의 소득대체율 인상 등이 다수안으로 거론되기도 했다[36].

기초연금 도입

　무연금 중하위층 노인의 생활 안정과 복지 증진을 위해 신규로 도입된 제도가 기초노령연금이다. 2007년 4월 기초노령연금법이 제정되고 그해 7월 일부 내용이 개정되어 2008년 1월 1일부터 시행되었다.

　이 연금이 도입될 때 함께 바뀐 것이 있다. 국민연금의 급여수준을 나타내는 소득대체율을 단계적으로 인하하여 장기에 걸친 연금 재정 지출을 줄이도록 한 것이다. 크게 보면 국민연금에서 절약한 재정 지출을 중하위층 노인을 지원하는 기초노령연금에 충당하겠다는 발상이다.

노인빈곤 해소책의 일환인 기초노령연금은 공공부조

　기초노령연금은 생활이 어려운 65세 이상 소득 하위 60% 이내 노인에게 매달 일정액을 지급하는 연금이었다. 배경에는 현세대 노인들이 후손의 양육과 국가 및 사회 발전에 이바지하여 온 점이 적지 않은데, 적지 않은 이들이 이런 저런 이유로 어렵게 생활하고 있는 현실이 있다.

기인 대상인 국민연금과 공무원연금 등 공적연금을 받지 못하고 있거나 받아도 소득이 일정 수준 이하인 이들이다. 세대 단위 아닌 개인 단위로 지원하며 부부가 수령할 경우 일정 비율을 감액한다.

이 연금의 성격에 대해서는 의견이 분분했다. 기초연금이냐 공공부조이냐를 놓고 학계는 물론 정부내에서도 말이 많았다. 지급대상이 광범위하고 이름에 '기초'라는 말이 붙어 있지만 OECD 회원국 중심으로 십수개 국이 채택하고 있는 사회보장연금인 기초연금과는 거리가 있다.

그렇다고 저소득층 국민연금의 급여수준을 일정 수준 이상으로 올려주는 보충연금도 아니다. 필자는 제도의 성격상 후자로 보는 것이 타당하고 본다[37].

지급대상이 전 국민이 아니고 소득 하위 70% 이내[38]로 제한되고, 부부 수급시 일정액을 감액하는 방식이 도입되어 있으며, 장차 국민연금 수급자가 늘어 노인들의 소득 수준이 높아질 경우 지원 대상이 줄어들 것을 예상하고 도입한 제도이기 때문이다.

시행 첫해인 2008년에는 65세 이상 노인의 67%인 342만 명에게 정액급여를 지급하였다. 소득수준과 부부, 독신에 따라 다소 차이는 있으며 전액을 받으면 독신 8만 4천원, 부부 13만 4천원을 수령하였다[39].

이후 연금액은 매년 국민연금 급여 계산식의 A값인 국민연금 전체 가입자 최근 3년 평균소득월액의 변동에 연동하여 조정된다.

청장년기의 사업 실패, 장기 실업 등에 따른 노후 대비 부족, 장애·질병·독거 등의 이런 저런 이유로 경제적으로 어려운 처지에 놓여 있는 이들을 정부가 반대급부없이 일반예산으로 지원해주는 복지 사업으로 공공부조의 한 유형으로 볼 수 있다.

다만 급여수준이 낮고 지급대상이 넓어 급여수준이 높고 지급대상이 좁은 국민기초생활보장과 차별화돼 공공부조라고 할 수 있다.

공적연금의 틀 바꾼 계기가 된 기초노령연금

기초노령연금은 우리나라 연금사에서 의미가 깊은 제도로 이해될 수 있다. 국민연금 단일 제도로 운영되던 우리의 사회보장연금을 기초연금+국민연금의 2층 연금으로 바꾸는 계기가 된 제도가 될 수 있기 때문이다.

2019년 12월 기준 그러한 형태로 되어 있다고 할 수 없지만, 머지 않은 장래에 2층 연금에 아주 근접한 형태로 바뀔 가능성이 낮지 않다고 할 수 있다.

주지하듯 기초노령연금은 2014년 7월 박근혜 정부가 시행한 기초연금의 초기 버전이다. 기초연금 도입 주장은 이전부터 있었지만[40] 구체화한 것은 2004년 말 제1 야당인 한나라당 윤건영 의원 등이 국민연금법 개정법률안을 제출하면서부터 이다[41].

배경에는 저소득층에 대한 우리 정부의 정책 기조 변화가 있다. 1998년 들어선 국민의 정부와 2003년의 참여정부가 저소득층에 우호적인 다양한 정책을 전개하였다. 때마침 세계은행과 경제협력개발기구(OECD) 등이 우리나라 연금 개혁 방안의 하나로 기초연금제 도입의 필요성을 제시했다.

당시 노사정위원회 등 정부 안팎에서는 이 제안에 큰 관심을 가졌다. 실시가능성을 타진하기 위해 EU권 국가 중심으로 해외시찰단을 파견하기도 했다.

이 법안은 국민연금을 기초연금과 소득비례연금으로 구분하는 내용을 담고 있고 기초연금의 재원을 전액 조세로 조달하도록 규정한다. 1인당 기초연금 급여 수준은 국민연금 산식에 들어가 있는 A값의 20% 수준으로 정하였다.

한나라당은 기초연금 도입을 당론으로 채택한 후 이를 대대적으로 홍보하였고 국민연금 가입자를 포함한 국민 다수가 이를 지지하였다[42].

기초연금 도입을 담은 한나라당안은 2004년 9월 공청회에서 윤곽을 드러낸 후 그해 봄부터 전개된 국민적 차원의 국민연금 반발 운동에 편승하여 지지자가 꽤 많았다. 당시에는 그해 5월 웹에 올려진 '국민연금의 8대 비밀'[43]과 이에 촉발된 반국민연금 여론이 급속히 확산되면서 국민연금 폐지론까지 거론될 정도였다.

위기감을 느낀 보건복지부는 2004년 10월 국회에 제출한 국민연금법 개정법률안에 8대 비밀 등에서 제시된 문제점에 대한 처방을 담았다. 그렇지만 이 법률안은 한나라당안보다 개혁 강도가 약했다.

주된 내용은 국민연금의 재정안정화에 초점을 맞춰 급여를 깎고 보험료율을 올리는 것으로 무연금자, 저연금자 등 사각지대 해소책은 없었다.

보건복지부는 2003년 말 제출 법안의 국회 통과가 불발되자 2004년 노후소득보장사각지대 해소대책위원회를 설치하여 대책을 모색하였지만 뾰족한 방안 마련에 실패하여 2004년 개정 법률안에 이를 담지 못했다.

그러자 한나라당이 대안으로 65세 이상 노인 모두에게 조세를 재원으로 일정액을 지급하는 기초연금을 도입하고, 대신 국민연금을 20% 소득대체율의 소득비례연금으로 개편하는 구조적 개혁안을 제출한다.

그런데 모수개혁을 지향하는 복지부안과 근본개혁을 추구하는 한나라당안의 차이가 너무 커서 논의가 합의점을 찾지 못한다. 이러한 상태가 2년 이상 평행선을 긋는다.

기초노령연금은 기초연금의 정치 이슈화 막기 위한 미봉책

기초연금에 대한 여론의 지지가 높자 당황한 정부 여당은 2007년 말 대통령선거를 의식해 서둘러 합의안 모색에 나선다.

이때 대안으로 고려된 것이 경로연금 확대안이었다. 2005년 4월 유시민 의원 등이 주축이 되어 경로연금을 확대하는 노인복지법 개정안을 국회에 제출하였다.

2006년 2월 유시민 의원이 보건복지부 장관에 임명된다. 그는 경로연금 확대의 대안으로 한나라당안을 부분 수용한 기초노령연금안을 제시하였다. 배경에는 어떻게 해서든 2007년 말 대선에서 기초연금이 선거 이슈화되는 것을 막아보려는 정부 여당측의 정치적 계산이 있었다[44].

결과적으로 2006년 9월 기초노령연금법이 제정되어 전체 노인의 45%에게 월 8만 원의 기초노령연금을 지급한다는 내용을 담는다[45].

이 무렵 여야는 기초노령연금의 신규 도입과 함께 국민연금 재정 안정화 방안을 담은 국민연금법 개정법률안을 처리하려고 했다. 그런데 여야 당내 사정이 얽혀 2007년 4월, 기초노령연금법안만 국회를 통과하고 국민연금법 개정법률안은 통과하지 못한다.

문제점을 인식한 여야 정치권은 부자연스러운 법 개정이 안고 있는 문제를 해결하기 위해 2007년 7월 국민연금법 개정법률안을 통과시킨다. 이때 기초노령연금법도 일부 개정하여 통과시킨다.

이때의 개정으로 전체 노인의 60%에게 국민연금 급여산식의 균등부분 A값의 5% 지급이 전체 노인의 70%[46], 급여수준은 2028년까지 A값의 10%로 올리는 것으로 바뀌었다.

결과적으로 보면 한나라당이 주장한 기초연금안은 급여수준이 1/4, 적용대상이 70%로 축소된 기초노령연금으로 법제화되었다. 이같은 급여로 중하위층 노인세대의 소득을 보장하는 거이 북가능할 것은 자명하다 할 것이다.

2014년 7월 도입 기초연금이 국민연금의 단층 틀 바꾼다?

이같은 우려는 얼마 안가 법제로 현실화된다. 2012년 말 대통령 선거에서 여당의 박근혜 후보가 기초노령연금을 기초연금으로 확대 개편하는 안을 공약으로 내세웠다. 대선 결과 급여 수준의 2배 인상을 찬성하는 노인층의 지지분 만큼의 표차로 당선된다.

박근혜 정부는 당선 후 공약대로 기초연금 도입 작업에 나선다. 2013년 법 개정으로 2014년 7월부터 기초노령연금은 기초연금으로 이름이 바뀌고 급여수준도 곧바로 A값의 10% 수준으로 상향되어 시행된다.

이어서 문재인 정부에서 기초연금은 2018년 9월 25만 원으로 인상되었고, 소득수준별 단계적 인상 조치를 통해 2021년 이후 전 수급자의 급여수준이 국민연금 A값(235.7만 원, 2019년)의 13% 수준인 30만 원으로 상향 조정될 예정이다.

다만 기초연금의 급여 수준이 확대되면서 적용대상이 지금의 70% 수준을 유지할지, 늘어나거나 줄어들지 불분명하다. 줄어들기보다 늘어날 경우, 국민연금 수급자이면서 기초연금 비수급자인 이들과 기초연금 수급자간 형평성 문제가 지금 이상으로 부각될 가능성이 있다.

주목할 점은 2006년 말 이후 기초노령연금 도입이 구체화되자 한나라당이 기초연금제 도입을 기왕의 당론에서 제외시켰다는 사실이다. 배경엔 2007년 말 대선이 가까워지고 소속당 후보의 당선 가능성이 높게 점쳐지면서, 재원이 많이 들고 실현가능성이 높지 않은 기초연금이 선거를 전후하여 당의 발목을 잡을 수 있다는 우려가 있다.

실제로 2007년 진행된 여야 교섭에서 한나라당은 기초연금 도입을 명목상으로 주장할 뿐 교섭 항목으로 내놓지 않았다.

정치적 타협의 산물이라고 하지만 2008년 시행된 기초노령연금은 실효성 면에서 문제가 많았다. 무연금, 저연금 노인세대의 소득보장이라는 당초 목표 달성이 힘들어졌기 때문이다.

그래서 도입 직후부터 국민연금과의 위상을 어떻게 설정할 것이냐를 두고 논란이 일었다. 그동안 검토된 안에는 기초연금으로 바뀐 이후에도 급여수준을 더 높이고 지급 대상을 줄이는 안, 빈곤 노인층 감소에 맞춰 국민연금으로 통합하는 안, 별도 제도로 유지하면서 내용을 정비하여 저소득·저연금층 지원의 보충연금으로 존치하는 안 등이 있다.

정치가와 관료, 전문가들은 지금도 이상의 안 중 어느 안이 가장 나은 선택이 될지, 각자의 정치적 타산과 국민 부담, 우리나라 공적연금의 발전 방향 등을 놓고 내심 고민하고 있다. 물론 전혀 그렇지 않은 이들도 적지 않겠지만 말이다.

퇴직연금보다 앞서 도입된 개인연금

우리나라는 개인연금 가입률이 퇴직연금보다 높다. 배경에는 개인연금이 1994년 6월 도입된 데 비해 퇴직연금은 2005년 말 도입되었고, 기존의 퇴직금이 중간정산 규정 강화 후 여전히 존치되고 있으며, 퇴직연금 설정이 의무화된 게 2012년 7월 26일 이후라는 사실 등이 있다.

물론 이때의 개인연금은 세제적격 개인연금 외에 세제비적격 개인연금까지를 포함한다. 국내에서는 세제적격 개인연금 못지않게 아니 그 이상으로 세제비적격 개인연금 비중이 높다[47].

개인연금과 퇴직연금은 사적연금으로 노후소득보장에서 개인연금은 3주(혹은 3층) 연금, 퇴직연금은 2주 연금으로 지칭되고 있다. 3주 연금이므로 1주의 국민연금이나 2주 퇴직연금보다 노후소득보장 측면에서 상대적 중요성이 작다는 것을 암묵적으로 시사한다.

실제로 개인연금의 가입률은 영미권 국가를 제외한 많은 나라에서 국민연금 및 퇴직연금의 가입률보다 낮다.

세제적격 개인연금의 도입은 1994년이지만 그 이전에도 개인연금 상품은 있었다. 1970년대에 일부 생명보험사가 개발하여 판매하였다. 하지만 이들 상품은 세제적격이 아니었고 그 결과 수명이 짧아 만기가 도래하기 전 자취를 감추었다.

이후 1990년대 초 미국 등지에서 개인퇴직계좌(IRA)가 급속히 보급되어 노후소득보장에서 일정한 역할을 수행할 것으로 기대되면서 국내에서도 이같은 세제적격 개인연금 상품의 공급이 필요하다는 지적이 학계와 업계에서 제시되었다. 1994년 도입된 개인연금은 이같은 요구에 대응하여 제시된 상품인 셈이다.

개인연금이 퇴직연금보다 먼저 도입된 배경

국내에서 개인연금이 퇴직연금보다 먼저 도입된 데는 나름의 사연이 있다. 은행과 보험사 등의 금융기관 등이 1990년대 초 퇴직연금(당시는 주로 기업연금이라고 함)을 도입하려고 내부적으로 많은 공을 들여 조사하고 도입방안을 마련하여 정부에 건의하였다.

정부도 필요성을 인정하여 1990년 12월 재무부 한정길 보험국장이 보험사 사장단에게 조기 도입을 준비하고 있다는 얘기까지 했다[48]. 때마침 한국개발연구원(KDI) 등 연구기관에서도 퇴직연금 도입의 필요성과 방법에 대해 보고서를 내 퇴직연금 도입이 임박했다는 것을 짐작케 했다.

그때의 일이 잘 되어 1991년 퇴직연금이 도입되었더라면 우리나라도 다른 나라처럼 국민연금, 퇴직연금에 이어 개인연금이 도입되었을 터이다.

하지만 1991년 들어와 퇴직연금 도입 논의가 뚝 끊기고 만다. 이에 대해서는 명확한 내용이 전해지지 않는다. 다만 당시 일본의 거품붕괴 여파로 국내 주가가 크게 떨어지고 인플레가 심해지며 경상수지가 악화하는 등 국내경제 여건이 좋지 않았다[49].

여기에 80년대 초부터 논의되어 오던 금융실명제 도입 논의가 급부상하여 빠르면 1991년 도입될 가능성이 점쳐졌다[50].

이같은 정황으로 미루어 보건대 금융실명제와 퇴직연금의 동시 도입이 기업과 기업인에 안겨줄 부담이 우려되면서 퇴직연금 도입 논의가 수면 아래로 들어간 것이 아닐까라고 추정해볼 수도 있다.

금융실명제는 노태우 정부 때도 기업과 자산가 등의 반대로 도입하지 못했다. 그런데 김영삼 정부에서 대통령의 금융실명거래 및 비밀보장에 관한 긴급명령(1993.8.12.)으로 전격 실시된다[51]. 그 후 긴급명령 형식을 보완하기 위해 1997년 금융실명거래 및 비밀보장에 관한 법률이 제정되어 지금에 이르고 있다.

돌아보면 금융실명제는 이전부터 논의되어 왔었다. 1970년대 후반부터 주식실명제 도입이 검토되어 1979년 12월 증권업협회(현 금융투자협회) 백경복 회장이 증권당국이 주권(株券) 사고 방지와 대주주 지분의 위장 분산을 막기 위해 실명제 도입을 검토하고 있으며 1980년 하반기경 도입 예정이라고 시사한 바 있다[52].

하지만 당국은 실명제 시행이 시기상조라고 판단하여 1981년 6월 15일 이자·배당 소득의 차등과세(실명 10%, 가명 20%)를 통해 실명제를 단계적으로 유도하기로 방침을 정한다.

그런데 1982년 5월 장영자·이철희 사건이 터지자 7·3 조치를 단행하고 논란 끝에 그해 12월 금융실명제에 관한 법률을 제정[53]하여 1986년 1월 1일 이후 대통령령이 정하는 날부터 시행키로 한다. 하지만 이후 지속적인 보완과 연기가 이어진다.

이 과정에서 강제가입의 노후소득보장제도인 국민연금이 1988년 시작된다. 그런데 농어민과 도시지역자영자 등 적지 않은 국민이 국민연금 적용대상에서 제외되었다. 그래서 이들의 노후대책 지원 방안 모색이 시급한 과제였다.

이 무렵 지난 10년 이상 뜸들이며 논의해온 금융실명제가 1993년 8월 시행되면서 가계 금융저축 위축이 우려되었다. 중상층의 금융거래 투명도가 높아져 이자·배당·임대 소득에 대한 세부담이 많아질 경우 저축을 기피하려는 움직임이 확대될지 모른다는 걱정이 컸다.

이때 예상되는 부작용에 대한 대안으로 검토된 것이 개인연금 도입이었다. 당국 입장에서는 국민연금 적용제외자의 노후소득 마련을 지원하고, 금융실명제에 따른 부작용을 최소화하기 위해 개인연금 도입만큼 효과적인 대안이 없었을지 모른다.

그래서 재무부는 산하 연구기관인 조세연구원(현 조세재정연구원)과 관계 분야 전문가 등을 동원하여 집중 검토한 후 내부 안을 마련하였다.

그런데 이 안은 보험료의 상당부분을 소득공제해주고 연금 수령 시 100% 비과세하는 등(조세감면규제법 제86조) 파격적인 세제혜택을 담고 있었다. 여기에 예정이자율이 높고 일부 기업이 보험료의 일부나 전부를 보조해주면서 매우 매력적인 상품으로 인식되었다. 당국은 뜨거운 감자였던 금융실명제를 도입해 정착시킬 수 있다면 이 정도의 세수 감소는 감내할 수 있다고 판단했는지 모른다.

게다가 임의가입인 만큼 도입에 따른 당국의 부담은 가벼웠다. 싫어하는 국민은 가입하지 않으면 그 뿐이기 때문이다.

그래서 논의가 빠르게 진전되어 1994년 3월, 조세감면규제법(현 조세특례제한법) 개정안이 국회를 통과하면서 국내 최초의 세제적격 개인연금이 도입되었다. 논의 개시부터 1년이 채 걸리지 않았다.

이후 취급기관 범위를 놓고 금융기관끼리 또 부처끼리 신경전을 펼치면서 시행이 다소 늦어졌다[54]. 취급기관으로 은행, 보험, 투신사 외에 우체국과 농협, 공제조합 등을 허용할 것이냐 말 것이냐를 놓고 논쟁이 붙었다. 결과적으로 취급기관을 폭넓게 허용하는 것으로 결론이 나 1994년 6월부터 판매되기 시작하였다.

1994년 도입 후 초기 동향

예상대로 개인연금은 판매 초기부터 가입자들에게 큰 인기를 얻었다. 한 때는 열 가구 중 네 가구가 가입할 정도로 열기가 높았다.

하지만 1997년 가을 이후 IMF 경제위기에 따른 불황으로 많은 가입자들이 계약을 해지하였고, 2001년 2월부터 '연금저축'이라는 신 개인연금이 판매되면서[55] 2000년 말로 기존 개인연금의 신규 판매가 중단되었다.

기존 계약은 연금저축과 별도로 만료 시까지 분기별 300만 원 한도 내에서 추가 납입이 가능하고 소득공제 및 비과세 혜택도 유지되지만 가계 경제사정 등으로 중도해약자가 늘었다. 그 결과 가입 후 10년 이상 지속적으로 불입하여 55세 이후 연금형태로 수급하는 이들은 초기 가입자 중 얼마 되지 않았다.

연금저축은 상품(뮤추얼펀드), 취급기관(증권투자사), 가입자격(만 18~19세)을 확대하고, 소득공제 수준(240만 원 한도)도 늘고, 금융회사 간 계약 이전이 가능해졌지만 세제혜택은 전체적으로 축소되었다[56].

세제혜택이 줄고 중도해약이 힘들며 보수적인 예정이자율 설정으로 금융상품으로의 매력이 떨어지면서 연금저축 신규가입자가 판매 초기 크게 줄었다.

2005년 이후 동향

그런데 연금저축이 2005년 이후 증가세를 보인다[57]. 2006년에는 연간 납입금이 구 개인연금인 개인연금저축의 납입금 규모를 초과하였다[58]. 배경에는 이 무렵 국민연금과 공무원연금이 개혁으로 급여수준이 하향조정되면서 노후대비를 위한 자조노력이 부각된 측면이 있을지 모른다.

금융기관별로 보면 개인연금 납입금과 자산 규모에서 초기에는 은행 비중이 커지고 생명보험사 등의 비중이 축소되었다[59]. 이는 은행이 신뢰도와 대출편익 등의 연계서비스 측면에서 보험사보다 우위에 있기 때문인 것으로 파악된다.

시간이 지나면서 은행 비중이 약화되고 보험사와 증권사 비중이 커진다. 적립금(공제액 포함) 기준으로 2013년 은행 15.7%, 보험 77.8%, 증권사 6.5%이던 분포가 2018년에는 각 13.4%, 76.6%, 10.0%로 바뀌어 증권사가 크게 늘었다.

배경에는 증권사가 취급하는 연금저축펀드의 수익률이 은행의 연금저축신탁, 보험사의 연금저축보험보다 높게 나타났다는 사실이 있다.

2001년 판매된 연금저축 상품의 2017년까지의 연평균 수익률은 세제상 우대조치와 연금소득세까지 감안하면 3.7~ 7.2% 수준이다. 증권사의 연금저축펀드가 7.2%로 가장 높고 보험사 상품이 5.0~5.2%이며 은행의 원금보장형 신탁이 3.7%로 가장 낮았다[60].

연금은 원래 전원주택인 'pension'에서 유래했다

연금은 영어로 pension이다. 국민연금 등의 공직연금은 public pension, 퇴직연금, 개인연금 같은 사적연금은 private pension으로 표기한다.

그런데 이 단어에는 연금 외에 민박 등으로 수익을 낳는 전원주택의 의미도 있다. 두 단어는 전혀 다른 의미로 사용되지만 캐들어 가면 접점이 있다.

전원주택인 펜션은 서구에서 역사가 깊다. 고대 그리스에서는 여행자에게 빵과 와인을 제공하는 간이식당으로 활용되었다. 처음에는 무료로 민박을 제공하다가 상업무역이 발달하면서 유료로 숙소와 음식을 제공하는 영업장소로 바뀌었다.

당시 노인 중 일부는 펜션을 직접 짓거나 위탁받아 얻는 운영수입을 노후생활비 등에 충당하였을 것이다.

프랑스의 빵숑(PenSion)은 자연풍광이 좋은 전원에서 농어촌 지역 주민이 운영하는데 미국, 캐나다 등에서 확대되고 있는 B&B(숙박과 아침식사 제공 펜션)나 호주, 뉴질랜드의 로지(lodge) 등과 유사하다.

국내에는 1990년대 흉반 이후 농어촌 등 집입지역에 유럽풍 고급민박시설로서 펜션이 건립되었다. 평창, 가평, 청평, 태안반도 일대가 군락지다. 규제로 한동안 주춤하다가 국내외 관광객 증가로 10여년 만에 20배로 늘어나 2018년 주소록 기준 전국에 22,138 채가 영업 중이다(한국콘텐츠미디어).

개인연금 가입자 주류는 중상층, 저소득층 지원과 거리 멀어

주목할 점은 판매 초기에 가입하고 10년 이상 지속적으로 보험료를 납부하여 장차 연금을 수급하게 될 이들의 절대 다수가 중상층으로 저소득층은 얼마 되지 않는다는 사실이다.

정부가 강한 감세조치를 취하면서 지원한 혜택이 저소득층보다 중상층에 집중됨으로써 당초의 도입목적 중 큰 축의 하나인 국민연금 사각지대 계층 지원이라는 효과는 기대하기 힘든 상황이다.

이러한 점이 고려되어 2014년 소득세법이 개정되어 그간의 세제상 우대조치인 소득공제가 세액공제로 바뀐다. 종합소득 4000만 원(연소득 5500만 원) 이하이면 15%, 이를 초과하면 12% 세율이 적용된다. 지방세까지 고려하면 세율은 16.5%와 13.2%로 높아진다.

이같은 세제 개편에도 불구하고 세제적격 개인연금의 가입률은 2012년을 정점으로 낮아지는 등 개인연금의 활성화와 역행하는 모습을 보이고 있다[61].

그래서 정부는 개인형 퇴직연금(IRP)의 보급을 위해 2015년 1월부터 가입자에게 300만 원의 추가 세액공제를 허용하였다. 일부가 적용대상이긴 하지만 연금저축과 IRP를 합치면 세액공제 한도가 700만 원으로 늘어났다.

덧붙여 2020년부터 두 가지 유인이 추가적으로 도입되어 개인연금의 활성화가 시도되고 있다[62].

다만 이같은 유인으로 개인연금이 활성화되고 세제상 혜택이 중하위층에게 집중될 수 있을지는 여전히 불확실하다.

빠르게 성장하나 문제점 많은 퇴직연금

근로자퇴직급여보장법 제정으로 2005년 12월 도입된 퇴직연금은 개인연금보다 11년 이상 늦었다.

서구 주요국에서는 직역연금인 퇴직연금은 군인, 공무원, 대기업 등을 중심으로 먼저 도입되고 이후 근로자와 국민 전반을 대상으로 하는 국민연금인 사회보장연금이 도입된다. 그리고 두 연금으로 노후소득보장이 부족할까 싶어 개인연금이 추가 도입되는 것이 보편적 흐름이었다.

이러한 흐름에 비추어보면 우리나라의 민간 근로자 대상 퇴직연금 도입이 늦어진 것은 예외적인 현상이라고 할 수 있다.

퇴직연금의 확대 보급 가로막는 퇴직금 제도

앞에서 개인연금 도입보다 3년 빠른 1991년경 재무부가 퇴직연금을 도입하려고 계획했다는 사실을 서술하였다. 이 무렵 생명보험사 등 업계에서는 관련 상품까지 설계하여 판매준비에 들어갔다. 그런데 도입이 무산되면서 퇴직연금 도입 논의는 십수년간 수면 밑으로 들어가고 말았다.

그 배경에 다른 나라에 없는 근로자들에게 꽤 유리한 퇴직금제도가 일찍부터 도입되어 있었다는 사실이 있다는 점은 부인하기 힘들 것이다. 굳이 새롭게 퇴직연금을 도입하지 않더라도 기왕의 퇴직금을 충실히 할 수 있다면 그게 더 낫겠다는 것이 다수 근로자와 노조의 생각이었는지 모른다.

퇴직연금 도입 후 3년 반 이상이 경과한 2009년 8월 시점에서 대기업과 제조업체 근로자 및 노조 중 다수는 퇴직연금으로의 이행보다 퇴직금 유지를 희망하고 있다[63]. 공기업과 중소기업 중심으로 퇴직연금 이행이 차츰 늘고 있지만 대기업과 제조업 근로자들은 여전히 퇴직금을 고집하고 있다.

이들이 퇴직금을 고집하는 것은 간단하다. 퇴직금 급여가 퇴직 무렵의 급여를 기준으로 계산되어, 전 재직기간 급여를 고려하여 산정되거나 시장수익률로 증식되는 퇴직연금보다 급여액이 더 클 것이라는 기대 때문이다. 대기업은 중소기업에 비해 급여수준이 높고 급여인상률도 높아 이같은 어림셈이 가능해진다.

아울러 공기업을 포함한 대기업 등 우량기업에서는 세제적격 개인연금 도입 후 해당 연금보험료의 전부나 일부를 대납해주는 곳이 적지 않다. 그런데 이들 기업에서 개인연금은 사실상 '사원연금'[64]인 퇴직연금에 준하는 기능을 수행하고 있다.

따라서 이들 기업의 근로자 입장에서는 퇴직연금을 도입하여 퇴직금을 대체하는 것이 득이 될 게 없다는 판단이 나올 수 있다. 자칫 기왕에 지원받고 있던 개인연금 보험료 보조가 끊길 수도 있기 때문이다.

퇴직금이 은퇴 후 생활에 큰 도움을 줄 수 없다?

이상과 같은 이유로 대기업과 제조업체 근로자들이 퇴직금을 고집하지만 퇴직일시금이 이들 기업 근로자들의 퇴직과 은퇴 후 생활에 퇴직연금보다 더 도움이 될 수 있을지는 불확실하다.

왜냐하면 1997년의 IMF 경제위기 이후 많은 직장에서 퇴직금 누진제가 폐지되었고[65], 연봉제 시행이 확산되면서 퇴직금이 연봉에 합산되어 지급되는 사례[66]가 늘어나며, 퇴직금을 퇴직 전 중간정산하는 관행[67]이 확대되면서 정작 퇴직 시 수령하는 퇴직(일시)금이 전보다 줄어들거나 퇴직금 수급자 비율이 낮아지고 있다. 그래서 퇴직 후나 노후 생활에 퇴직금이 큰 도움이 되지 못하는 상황이 전개되고 있다[68].

퇴직일시금 제도는 일본과 이탈리아, 우리나라를 제외한 주요국에서 유례가 많지 않다. 퇴직연금을 지급하는 국가에서 퇴직급여 일부를 일시금으로 지급하는 사례가 있긴 하지만 우리처럼 퇴직급여가 모두 퇴직일시금인 나라는 많지 않다.

일본도 많은 기업이 퇴직일시금과 퇴직연금을 별도 지급하고 있으며, 퇴직연금은 없어도 퇴직일시금을 지급하는 기업은 있을 만큼 퇴직일시금이 널리 보급되어 있다.

국내 퇴직금제도의 역사

여기서 우리 퇴직금의 역사를 간단히 살펴보자. 퇴직금은 1953년 5월 제정된 근로기준법 28조에 따라 "2년 이상 근속자는 1년당 30일분, 10년 이상 근속자는 10년 초과 1년당 60일분의 평균임금"을 받을 수 있는 임의제도였다.

1961년 법 개정 시 강제화되어[69] 30인 이상 사업체의 1년 이상 근속자에게 1년당 30일분 이상의 평균임금을 지급토록 하였다.

이후 16인 이상 사업장(1976년), 10인 이상 사업장(1987년), 5인 이상 사업장(1989년), 5인 미만 사업장(2010년)으로 확대되어 왔다. 상시 근로자 수 5인 미만 사업장은 2010년 12월부터 2년간은 법정퇴직금의 50%를 지급하고 2013년 1월부터는 전액 지급하도록 의무화되었다.

1950년대의 초기 퇴직금은 일제강점기 하 국내 대기업에서 시행되던 퇴직금을 참고하여 만든 것이다.

역사를 더 거슬러 올라가면 일본의 퇴직금은 18세기의 에도 시대 중기 이후 존재하던 '노렝와케'가 원조로 알려져 있다. 노렝와케는 가게 점원이 퇴직할 때 상호나 상품명의 공동 사용을 허용하거나 단골손님을 나눠주는 방식이다.

이후 근대에 들어와 일본이 벤치마킹 대상국으로 삼은 국가 중 하나인 독일 기업의 퇴직금제도를 받아들여 지금 형태로 확립되었다.

일본제국주의 시절에는 원자(原資)를 종업원의 강제저축으로 사용하기도 하였지만 이후 기업 적립금으로 대체하였다.

퇴직금제도는 사무직 대상으로 1910년대에 시작하여 1930년대에 생산직 근로자로 확대되었고, 1936년 '퇴직적립금 및 퇴직수당법'이 제정되었다.

패전 후 많은 기업이 퇴직금을 도입하였고 1952년에는 퇴직급여 충당금이 도입되었다[70]. 주목할 점은 지금까지도 임의제도로 운영되고 있지만 제도 시행률이 우리보다 오히려 높다는 사실이다.

퇴직연금 도입 배경

돌아보면 1990년을 전후하여 업계와 전문가 중심으로 퇴직연금에 대해 조사와 연구 작업이 활발히 수행되었다. 당시 생명보험회사는 1989년부터 연구팀을 구성하여 운영해오다가 1990년 상반기에는 공동으로 퇴직연금 도입방안을 연구하여 재무부에 도입을 건의하였다[71].

재무부 보험국장도 그해 12월 14일 열린 보험업계 최고경영자 세미나에서 도입을 전제로 세제혜택 등의 절차가 협의중이라고 밝힌 바 있다.

때마침 KDI가 11월 21일 근로자들의 노후생활보장을 위해 국민연금을 보완할 수 있는 퇴직연금 도입이 필요하다는 보고서를 내놓았다.

이러한 움직임의 배경에는 몇 가지 문제 의식이 깔려 있다. 1988년 도입된 국민연금으로 부족한 중상층 근로자의 노후소득을 지원

할 필요성[72]이 있고, 불황 등에 따른 대규모 해고 시 기업에 닥칠 막대한 퇴직금 부담의 완화가 필요하며[73], 그리고 무엇보다 근로자에게 더없이 소중한 퇴직금 재원을 사외적립을 통해 안정적으로 확보할 수 있는 제도적 기반 마련에 대한 노사와 당국의 합치된 이해가 필요하다는 점이다[74].

더불어 금융기관 간 갈등도 퇴직연금 도입 논의 가속과 연관이 없지 않다. 당시 보험사는 1977년 도입된 종업원퇴직적립보험(종퇴보험)을 통해 1조 3천억 원 규모의 퇴직자금을 유치, 운용하고 있었다[75]. 그런데 은행이 이 시장을 개방하라고 압력을 넣자 퇴직연금 도입을 내세워 업무영역 개방 공세를 회피하려 하였다.

보험사들은 종퇴보험을 기득권으로 유지하면서 퇴직연금 도입 시 시장의 절반 정도를 확보하겠다는 전략을 가지고 준비 작업에 나섰다. 하지만 예상과 달리 퇴직연금은 도입되지 않았고 보험사들의 업무영역이 개방되는 일도 없었다.

앞에서 서술하였듯이 왜 이렇게 되었는지 이유는 명확하지 않지만 신 제도가 안겨줄 기업의 부담 증대와 이로 인한 재무구조 개선 지연 그리고 주가하락 등 경제여건 변화가 배후에 있지 않을까 추정할 뿐이다. 또 서둘러야 한다면 근로자의 퇴직금 수급권 보장 강화가 먼저라는 인식이 있었는지 모른다.

기대모았던 퇴직보험 크지 못하고 퇴직연금 커져

1996년 12월 퇴직금 수급권을 한층 강화한 퇴직보험(퇴직일시금신탁 포함)이 도입되었다. 적립금의 사외적립이 의무화되고 이를 담보로 한 대출이 금지되었다. 퇴직보험은 퇴직금을 연금 또는 일시금으로 수령하는 보험회사 상품이며, 퇴직일시금신탁은 일시금으로만 수령하는 은행 및 투자신탁사 상품이다.

하지만 1997년 3월부터 퇴직금 중간정산이 허용되고 퇴직급여 충당금에 대한 세제혜택이 축소되지 않은 상황에서, 우리 경제가 IMF 경제위기에 처한 후 연봉제가 확산되면서 퇴직보험(퇴직일시금) 시장은 기대만큼 확대되지 못했다.

2005년 12월 도입된 퇴직연금은 퇴직금을 금융기관에 완전히 적립하여 근로자 수급권을 강화하고 노사가 합의하여 확정급여형, 확정기여형, 개인형 퇴직연금 중 하나를 선택할 수 있도록 하였다.

시행후 14년이 경과한 지금 퇴직연금은 외형상 꽤 활성화되었지만 가입자의 선택에 따른 결과이긴 하나 퇴직연금이 연금 아닌 일시금으로 기능하고 있으며, 퇴직금에 비해 비교 우위가 크게 두드러지지 않는다.

2018년 말 적립금 기준으로 보면, 은행이 96.4조 원, 50.7%를 점하고 생명보험사가 43.2조 원, 22.7%, 금융투자사가 36.7조 원, 19.3%, 손해보험사가 11.6조 원, 6.1%의 순으로 2011년 이후 순위에 큰 변화는 없다. 그리고 은행과 금융투자사가 증가세, 보험사가 감소세를 보이고 있다[76].

2장

국민연금과 기초연금으로 노후소득이 보장될까

배준호

고령화 속에 확대되는 연금 격차

국민연금은 우리나라의 사회보장연금으로 공적연금의 핵심이다. 2018년 말 기준 가입자가 2,231만 명이고 연금 수급자는 460만 명이다. 2010년 이후 가입자수는 2017년을 제외하고 매년 약간씩 늘고 있으며 수급자 수는 증가폭이 연도별로 차이를 보이지만 연 12~30만 명 정도씩 늘고 있다.

하지만 은퇴 후 소득보장을 고려하여 적지 않은 이들이 국민연금 외에 퇴직연금과 개인연금에 가입하고 있다. 가입자수는 개인연금이 퇴직연금보다 많다. 배경에는 개인연금이 1994년 도입된 데 비해 퇴직연금은 11년 늦은 2005년 말 도입되어 기간이 일천하고, 기존 퇴직금에 대한 미련이 강해 퇴직연금으로 이행하기를 꺼리는 현장 근로자들의 선택이 있을 것이다.

험난한 우리의 노후소득보장, 어떻게 대비해야 할까

국민연금의 급여수준이 1998년과 2007년의 두 차례 개혁으로 크게 낮아졌다. 관련하여 퇴직연금과 개인연금이 은퇴 후 필요 소득을 마련하는 유력한 수단으로 인식되기도 했다.

나라와 시대에 따라 이들 넷 남의 상대적 중요성은 조금씩 다를지 모른다. 어느 하나에 치우치지 않고 세 가지 유형의 연금을 적절히 배합하여 노후소득을 준비하는 것이 개인적으로나 국가적으로 이상적인 것으로 이해되고 있다.

아쉽게도 2007~2008년의 글로벌 금융위기로 퇴직연금과 개인연금의 적립금 운용기관이 적지 않은 타격을 받았고 부분적립방식을 채택하는 국민연금 등 공적연금도 일시적으로 적립금 평가액이 감소하는 피해를 입었다.

그럼에도 불구하고 OECD(2009)는 "금융혼란으로 사적연금이 위험에 처했다고 이를 공적연금으로 대체하는 것은 슬기로운 처사가 아니며, 노후대비 연금은 공적연금과 사적연금의 혼합방식으로 구성하고 재원조달도 부과방식과 적립방식의 혼합방식에 의존하는 것이 가장 나은 방법"이라고 지적하였다[1].

퇴직연금과 개인연금에 대한 상세한 서술은 이 책의 4장과 5장을 참조하기 바라며, 여기서는 국민연금과 기초연금에 한정하여 현황과 이슈 중심으로 서술한다.

늘어나는 노인 인구와 연금 격차 그리고 고령 취업

2018년 기준 65세 이상 노인인구는 매년 30만 명을 약간 밑도는 수준으로 증가하고 있다. 이들 중 다수는 국민연금과 공무원연금 등의 공적연금을 수급하고 국민연금 수급자 중 일부는 기초연금도 받고 있다. 기초연금은 국민연금 등의 공적연금을 수급하지 못하거나 급여액이 일정 수준 이하인 중저소득층에게 지급되고 있다.

이처럼 노인의 상당수는 일정 수준의 공적연금을 받고 있지만, 연금액 수준에서 적지 않은 차이를 보여 상당수는 취업 소득으로 부족한 생활비를 보충하고 있다.

우리나라 노인의 경제활동참가율은 세계적으로 높다. 2018년 8월 기준 65세 이상 33%, 60세 이상 43%나 된다. 성별로는 60세 이상 남자 54%, 여자 33%이다. 실업률은 65세 이상 1.5%, 60세 이상 2.3%로 낮다. 이는 취업하려다가 일자리가 나타나지 않으면 취업을 포기해 경제활동인구에 들어가지 않는 이들이 많기 때문이다.

그렇지만 취업도 60대 후반 정도까지이고 70대에 들어서면 일자리 찾기가 훨씬 힘들어진다. 그래서 이들에 대한 부양 부담이 자녀나 정부로 넘어가는데, 자녀의 부모 부양이 미흡해지면서 정부에게 부양 책임이 전가되고 있다.

이같은 상황에 대처하는 과정에서 정부는 2008년 1월 기초노령연금이라는 무기여연금을 도입하여 시행하였다. 2014년 7월부터는 급여 수준을 대폭 강화한 기초연금으로 개편하여 운영하고 있다. 아울러 사각지대를 축소하여 보다 많은 국민이 국민연금을 받을 수 있도록 제도를 지속적으로 보완하고 있다.

이하에서는 국민연금 도입까지의 논의 전개와 도입 이후 변천, 제도의 기능과 현황, 주요 문제점 등의 이슈를 살펴본다.

빛보지 못한 국민복지연금,
국민연금으로 도입

국민연금은 우리나라의 대표적인 사회보장연금이다. 공무원, 군인, 사립학교교직원 등 특수직역 종사자를 제외한 국민 대부분을 가입대상으로 한다.

제도를 도입한 배경에는 경제 개발에 따른 소득수준 상승에 맞춰 노후소득을 보장하는 프로그램을 단계적으로 정착시키려는 정책 당국의 노력이 있다.

시행 연기된 국민복지연금, 14년 뒤 국민연금으로 시행

1970년대 초반, 관계전문가들이 동원되고 가 당이 정치가들이 협조하여 국민복지연금법이 만들어져 1973년 12월 국회를 통과하였다.

보건사회부와 국세청 등 실무 부서는 1974년 1월 시행을 위한 제반 준비를 마쳤다. 그런데 1차 석유위기로 시행이 갑자기 보류되고 이내 무기연기되었다[2].

재도입 논의는 전두환 대통령의 임기 후반에 이루어진다. 이때 법

제 일부가 개정되고 명칭도 국민연금으로 바뀌어 1988년 1월 시행되었다.

정부가 국민연금 도입을 고려한 배경과 관련해서는 그동안 경제개발기의 부족한 내자 조달을 위한 것으로 이해되어 왔다. 도입 과정에서 복지 부처보다 경제 부처와 경제연구소 등이 주된 역할을 맡았기 때문이다[3].

하지만 이같은 이해는 이 책의 1장에 서술되고 있듯이 근거가 약하다. 도입의 주된 목적은 국민의 노후소득보장 등 복지 강화에 있고 내자 조달은 부차적인 목적이라고 보는 것이 타당할 것이다.

1988년 도입 이후 국민연금

강제 적용의 국민연금은 1988년 1월 10인 이상 사업장, 1992년 5인 이상 사업장, 1995년 7월 농어촌지역, 1999년 4월 도시지역으로 확대되어 도입 후 11년 만에 전 국민으로 확대되었다.

가입대상은 18~59세 국민이며 제외되는 사람은 무소득배우자, 특수직역연금 가입자와 수급자, 27세 미만의 학생과 군인 등이었다. 하지만 도시지역 가입자 중 상당수는 명목상의 가입자에 불과한 상태가 장기간 지속되었다.

적용사각지대로 일컬어지는 이 문제에 대한 방안이 강구되면서 전가입자 중 도시지역 가입자 비중은 1999년 말 54%에서 2006년 말 40%, 2017년 말 27%로 줄어들었다.

보험료율은 당초의 9%가 10년에 걸친 단계적 인상으로 바뀐다. 도입 초기인 1988년부터 1992년까지 3%, 이후 5년간 6%, 1998년 부터 9%가 적용되었다. 1998년 말 법 개정과 2007년 7월 법 개정으로 9% 유지가 결정된 후 지금에 이르고 있다.

2018년의 제4차 국민연금 재정재계산 작업과 2019년 경제사회노동위원회내 '국민연금개혁과 노후소득보장특별위원회' 등에서도 12%로의 점진적 인상안 등 복수안이 제안되거나 권고되었을 뿐이다.

급여수준을 나타내는 소득대체율은 초기에는 40년 가입 평균소득자 기준 70%였다. 그런데 두 차례 개혁으로 1998년 말 60%, 2007년 7월 40%(단 2028년까지 단계적으로)로 낮아졌다. 수급자가 본격적으로 발생하기 전에 급여수준이 대폭 하향되었다.

이같은 과격한 개혁의 배경으로 두 가지 이유가 거론될 수 있다.

하나는 도입 당시 정책당국이 도입을 우선하여 연금수리적으로 무리가 있는 제도를 설계하여 후세대가 높은 보험료 부담을 감당하기 힘들 것으로 예상되었다.

다른 하나는 어차피 개혁이 불가피하다면 수급자가 별로 발생하지 않는 시기에 단행해야 가입자 반발을 최소화하면서 목표를 달성할 수 있다는 정부 여당의 판단이다.

그런데 세계의 연금사에서 이처럼 과격한 연금 개혁을 추진한 나라를 찾아보기 쉽지 않다. 그리고 두 차례 개혁을 추진한 주체는 복지와 분배를 중시하는 진보 성향의 정부였다. OECD 등에서도 크게 화제가 되었을 정도이다.

아쉬운 점은 두 차례 개혁에도 불구하고 국민연금은 재정안정 측면에서 여전히 문제점을 안고 있어 장기 지속가능성이 확보되지 못한 상태라는 사실이다.

국민연금의 기능과 제도 요강

일반 국민에게 국민연금은 대표적인 소득보장제도이다. 은퇴기의 소득보장은 물론이고 근로기에 발생한 장애와 사망에 대한 가입자와 유족의 소득보장도 있다. 여기서는 국민연금의 기능과 제도 요강에 대해 살펴본다

국민연금의 기능

국민연금의 기능은 크게 보아 네 가지로 정리할 수 있다[4]. 사회적 안전망, 소득재분배, 위험의 분산 등 보험, 경제사회 안정이 그것이다.

첫째, 노령과 장수 위험에 따른 빈곤을 예방한다. 노령과 장수로 경제사정이 악화되었으나 자조노력과 친족 부양 등으로 대처할 수 없을 때, 국민연금이 사회 안전망(safety net)의 기능을 수행해 본인이 빈곤에 빠지는 것을 막아준다.

둘째, 보험료 부과를 통해 세대내 및 세대간에 소득을 재분배한다. 보험료는 통상 소득에 비례하여 부과, 징수하지만 급여는 일정

부분을 정액으로 지급하여 가입자간의 소득을 재분배한다. 근로기간 중의 소득분배는 시장에서 행해지고 이를 단기적으로 재분배하는 것이 조세나 건강보험이다.

이에 비해 국민연금은 보험료 부과, 징수와 급여 지급이라는 제도적 시스템을 통해 장기에 걸쳐 소득을 재분배한다. 저소득자에게는 근로기간 중 납부한 보험료 이상의 급여를 지급한다. 이같은 소득재분배는 연령대가 같은 세대는 물론 연령대가 다른 세대 간에도 이루어진다.

셋째, 국민연금은 가입자가 예기치 못한 재해, 사망 등의 위험에 직면했을 때 본인과 가족이 빈곤에 빠질 위험을 줄이거나 회피시켜 준다. 가입자로부터 징수한 보험료를 한데 묶어 운영함으로써 예기치 못한 사태에 처한 가입자와 수급자를 지원하는 상호부조와 보험 기능을 수행한다.

넷째, 일정 수준의 급여 제공으로 퇴직자와 가족의 미래 소득에 대한 불안감을 줄이고 일정 수준의 소비를 가능케 하여 가정 경제와 사회를 안정시킨다.

한편 국민연금의 부정적 기능으로 개인 저축 감소가 거론될 수 있다. 강제저축인 국민연금이 예비적 동기에 의한 저축의 상당부분을 대체할 수 있기 때문이다.

나라와 시대에 따라 결과가 달라질 수 있지만, 국민연금이 성숙한 나라일수록 대체로 순개인저축률(저축/가처분소득)이 낮다[5].

국민연금의 제도 요강

국민연금의 제도 요강은 적용방식, 강제 가입 여부, 재원조달 및 가입자별 부담과 급여수준으로 구분하여 살펴본다.

적용방식

적용방식은 전 국민이 하나의 제도를 적용받는 방식이고, 강제가입이 원칙이며, 부분적립의 사회보험방식과 복층(複層)형 산식 체계를 지닌다. 보험료 부담이 급여수준에 비해 낮아 장기적으로 재정 불안 요인을 안고 있지만 급여수준은 주요 선진국에 비해 낮고 퇴직자 중의 수급자 비율도 낮다.

국민연금의 적용방식은 통합방식이다. 이는 적용대상을 하나로 묶어 공통의 공적연금을 적용하는 방식이다. 물론 공무원, 교원, 군인에게 국민연금 아닌 특수직역연금이 적용되어 나라 전체로 보면 분립방식으로 구분할 수도 있다. 하지만 민간근로자 등 국민 다수가 직업과 무관하게 국민연금을 적용받는 점에서 통합방식에 가깝다고 할 수 있다.

스웨덴과 영국이 순수한 통합방식을 택하고 있으며 독일과 프랑스는 순수 분립방식을 지니고 있고 미국과 일본은 분립방식과 통합방식을 혼용한다. 미국과 일본은 전 국민에게 국민연금(혹은 사회보장연금)을 공통 적용하지만 2주 연금인 직역연금은 공무원과 민간근로자에게 다르게 적용한다.

강제가입 여부

가입 여부는 강제가입이 원칙이지만 임의가입도 허용한다. 국민연금은 대표적인 공적연금으로 강제가입이 원칙이다. 사회보험으로서 장수, 재해, 사망 위험을 분산시켜 보험기능을 발휘할 수 있도록 하기 위함이다. 하지만 전업주부처럼 의무가입대상이 아닌 무소득 배우자는 본인 희망에 따라 가입을 허용한다. 물론 그 숫자는 많지 않지만 이들이 기여금 등을 일정 기간 이상 납부하면 임의가입자로서 연금수급권을 얻는다.

재원조달 : 보험료

재원 조달은 보험료에 의존하는데 급여 지출에 필요한 재원을 초기부터 완전적립하는 방식 대신 부분적립하는 형태로 운영한다. 초기 가입자는 낮은 보험료를 내고 훗날의 가입자가 좀더 높은 보험료를 부담하여 장기 재정을 안정시키는 재정운영방식이다. 당연히 수익비(연금 급여액/보험료 부담액)는 초기 가입자일수록 높게 나타나고 책임준비금은 완전 적립되지 못한다.

국민연금은 국가가 공권력으로 운영을 보장하는 가운데 같은 세대원끼리는 물론 현 세대와 미래세대가 서로 도와 운영하는 사회보험방식으로 운영된다. 모든 가입자는 노후에 소정의 급여를 받는 대신 근로기에 능력에 상응하는 보험료를 부담한다. 이때의 보험료는 강제적으로 부과되며 일부는 소득에 비례하는 형태로 일부는 정액 형태로 부과된다.

보험료는 가입자 개인의 직업, 직무 위험과는 무관하게 부과된다. 징수된 보험료는 적립 기금으로 운용되어 장기에 걸친 보험료율 인상을 억제하는 기능을 발휘한다.

적립방식에는 완전적립과 부분적립의 두 유형이 있다. 우리는 부분적립방식을 채택하고 있다. 이는 장기에 걸쳐 계산한 보험수리적 공평 보험료를 부과하는 대신 도입 초기에는 이보다 낮게 부과하다가 차츰 보험료를 인상하는 방식이다.

이 방식은 완전적립방식에 비해 적립기금 규모를 작게 유지할 수 있는 한편 장기 균형보험료율은 좀더 높아진다. 국민연금을 포함하여 적립금을 운영하는 나라 대부분이 부분적립 방식을 채택하고 있다[6].

국민연금의 보험료율은 9%이며 근로자와 사용주가 절반씩 부담하고 자영업자 등의 지역가입자는 본인이 전액을 부담한다.

2016년 기준 주요국의 공적연금 보험료율을 살펴보자. 우리는 9%로 OECD 국가 20개국 평균(15.4%)의 58% 수준이다. 다른 나라를 보면 캐나다(9.9%), 미국(12.4%)이 낮은 편이고 이탈리아(33.0%), 핀란드(25.2%), 독일(18.7%), 스웨덴(18.4%), 일본(17.8%) 프랑스(17.7%)는 높은 편이다.

한편 덴마크(0.8%), 이스라엘(7.5%), 네덜란드(4.9%), 스위스(8.4%) 등은 우리보다 낮은데 이들 국가에서는 의무가입 사적연금의 보험료율이 각각 12.8%, 17.5%, 16%, 6.8%로 높다[7].

보험료 부과소득 : 총소득 여부와 상·하한

보험료율이 적용되는 소득은 취업자의 총소득이거나 그 중 일부이며 나라와 시대에 따라 조금씩 다르다. 국민연금의 보험료 부과 대상 소득은 과세대상 근로소득으로 사실상 총 근로소득에 가까운 금액이다. 국가에 따라선 세후 (근로)소득으로 규정하기도 한다.

보험료 부과 대상 소득에는 상한선과 하한선이 있다. 상한선은 2019년 7월부터 월 486만 원이고 하한선은 월 31만 원이다. 이 금액은 물가상승률 등 상황 변화에 대응하여 연단위로 바뀐다.

위 금액을 초과하는 소득에 대해서는 보험료가 부과되지 않고 연금급여 산정 시에도 이 부분 소득은 고려 대상에서 제외된다. 마찬가지로 월 31만 원 미만의 소득에는 보험료가 부과되지 않는다.

OECD 국가 중 상한을 두고 있는 19개국 평균은 전취업자 평균소득의 189% 수준이다[8]. 2018년 기준 우리는 206%로 전보다 높아져 OECD 평균보다 다소 높을 것으로 추정된다.

하한선은 만기 가입 시 독신가구의 최저생계비 수준 연금을 목표로 설정하는 것이 바람직하지만, 대개는 해당국가의 노후기초보장 관련 제도와의 관계를 종합적으로 고려하여 결정된다. 일본(월 9만

8천 엔, 98만 원), 영국(월 420파운드, 63만 원), 독일(월 400유로, 53만 원), 스웨덴(월 1,400크로네, 19만 원) 순이며 스웨덴을 제외하면 우리보다 많다.

하한소득에 대한 상한소득의 비율은 스웨덴(21.4배), 한국(15.6배, 2018년), 독일(13.1배), 영국(6.6배), 일본(6.3배) 순이다.

수급자격 : 가입기간

연금을 수급하기 위해서는 10년 이상의 가입기간이 필요하다. 가입기간은 가입자인 기간 중 연금보험료를 납부한 기간을 지칭한다(국민연금법 17조 2항, 3항, 4항 참조). 다만 군복무(6개월), 출산(최대 50개월), 실업 시 구직급여 수급(최대 1년)에 대해선 보험료 납부가 없더라도 이를 가입기간에 산입한다(동법 18조, 19조, 19조의2).

이상의 크레딧(군복무, 출산, 실업급여)을 이용하더라도 최소가입기간 10년을 채우지 못할 경우, 군복무나 실직 등에 따른 '납부예외기간'이 있거나 무소득배우자 등의 사유로 '적용제외기간'이 있다면 '추후납입제'를 이용하여 가입기간을 늘릴 수 있다. 해당 기간 동안의 보험료를 납부하며 가입기간으로 인정받는데 국민연금 가입사인이 가능하므로 적용제외 상태라면 임의가입신청 후 납입한다.

추후납부에서는 과거 소득이 아닌 현재 소득을 기준으로 보험료가 책정되고 직장가입자라 하더라도 보험료 전액을 본인이 부담한다. 분할 납부도 가능해 납부예외기간이 5년 이상이면 최대 60회, 1년에서 5년 미만이면 12회, 1년 미만은 3회다.

급여수준

연금 급여수준을 나타낼 때 가장 많이 사용되는 지표가 소득대체율(income replacement rate)이다. OECD(2007) 정의에 따르면 소득대체율은 연금급여를 가입자의 (재평가된) 생애평균소득으로 나눈 값인 총소득대체율로 통상 사용하는 대체율 개념이다[9].

국민연금의 소득대체율은 평균적인 소득을 지닌 가입자라면 40년 가입 시 40% 수준이다. 평균 미만 소득자라면 이보다 높고 평균 초과 소득자라면 이보다 낮다.

일부 전문가나 기관에서는 연금급여를 가입자의 퇴직 당시나 퇴직 전 수년 평균 소득으로 나눈 값을 소득대체율로 사용하기도 한다. 알기 쉬운 지표라는 점에서 이같은 지표가 선호되기도 하며 이 방식으로 계산한 소득대체율은 OECD 방식으로 계산한 값보다 낮게 나온다. 국민연금의 경우 30% 전후 수준으로 낮아진다.

따라서 사용자가 어떤 소득대체율 정의를 사용하는지 유심히 관찰하지 않으면 사실을 잘못 이해할 수 있다. 국내에서는 주로 OECD가 정의한 소득대체율이 널리 사용된다.

소득대체율이 연금액을 가입자 자신의 소득과 비교한 값이라면 상대연금수준(relative pension level)은 연금액을 퇴직 당시 전가입자 평균소득과 비교한 값이다. 국민연금의 경우 평균소득의 가입자라면 소득대체율과 유사한 값이 얻어지지만 저소득층은 더 낮게 고소득층은 더 높게 나타난다.

이 지표는 사회 차원에서 연금액의 적정성을 파악하는 데 유용한 지표로 소득계층별 연금의 적정성 수준과 분포의 이해에 도움이 된다.

연금급여 수준은 연금자산으로 측정될 수도 있다. 이 지표는 수급자가 매년 받는 연금액을 할인율을 써서 퇴직 시점의 현재가치로 계산한 값을 수급기간 전체를 대상으로 합산해 이를 퇴직 당시 가입자 전체 평균소득의 배수로 표현한다.

가령 연금자산이 퇴직 당시의 전가입자 평균소득의 5배, 10배 등으로 표시한다. 개인별 연금자산의 크기는 퇴직연령과 기대여명(유족 포함) 등에 따라 달라진다.

관리 행정

국민연금의 관리 측면을 살펴보자. 국민연금은 민간 근로자 전체를 대상으로 한 사회보험으로 소득활동의 유무와 소득 수준에 따른 자격, 보험료 징수, 연금 급여, 적립기금의 관리가 주요업무다. 관리는 정부가 국민연금공단이라는 공공기관에 위탁하여 관리한다. 국민연금공단은 보험료 징수를 제외한 제반 업무를 수행한다.

가입대상자의 자격관리는 연령, 경제활동 유무, 직업과 소득 등 제반 상황을 고려하여 적용제외자, 납부예외자 등을 구분하고 이들을 제외한 이들을 보험료 징수 대상으로 관리한다. 적용제외 및 납부예외자도 일생에 걸쳐 지속적으로 관리한다.

보험료 징수관리는 초기에는 국민연금공단이 맡았는데 2009년 5

월 국민건강보험법이 개정되어 국민연금 보험료도 2011년 1월부터 국민건강공단에서 징수하고 있다. 통합징수기관은 국세청이나 별도 통합징수공단 설립 등의 대안도 검토되었지만 최종적으로는 보험료 징수율이 높고 전국적 조직망을 갖춘 국민건강보험공단에서 수행하는 것으로 결정되었다[10].

연금급여 관리는 국민연금공단이 맡고 있다. 나라에 따라선 하나의 사회보험 서비스만이 아닌 복수의 사회보험 서비스를 담당하기도 한다. 캐나다의 서비스캐나다(Service Canada)나 호주의 센터링크(Centerlink)는 건강보험과 고용보험 등의 서비스를 함께 제공한다. 공공부조형 연금이나 강제가입 퇴직연금 등을 취급하기도 한다.

기금 운용

적립기금의 관리도 매우 중요하다. 기금의 규모가 커지면서 기금의 운용수익률을 1% 포인트 더 올리면 기금고갈을 수 년 연장할 수 있다는 계산 결과가 나오기도 한다. 국민연금기금은 2018년 말 기준 적립금이 639조 원으로 국내에서 가장 큰 기금일 뿐 아니라 세계적으로도 큰 연금 기금 중 하나다.

보험료율이 9%로 장기간 고정된 지금도 금융시장 상황에 따라 변동폭이 있긴 하지만 매년 기금 규모가 큰 폭으로 증가하고 있다. 보험료율이 인상되면 증가 속도는 한층 빨라질 것이다.

적립금 관리를 책임지고 있는 보건복지부와 국민연금공단은 기금을 안전하게 관리하면서도 수익성을 늘릴 수 있는 방안을 모색하고 있다. 한 가지 방안은 위험도가 높지만 수익률이 높은 주식에의 투자 비율을 늘리는 것이다.

국내 주식은 물론 해외 주식에도 적극 투자하고 부동산, 사모, SOC 등 대체투자에 대한 비중도 늘리고 있다. 주식투자 비중은 전체 금융투자(638조 원)의 35%(2018년 말)이며 국내가 17% 해외가 18%를 점하고 있다. 대체투자는 12%를 차지하고 있다.

장기적으로 국내외 주식 투자 비중이 지금보다 늘어나고 채권 투자는 줄어들 전망이다. 2018년 말 기준 채권 투자는 338조 원으로 53%를 점하며 국내 채권 49%, 해외 채권 4%이다.

국민연금기금의 운용 성과가 국민연금의 재정에 미치는 영향이 작지 않기 때문에 운영 기관이 전문적 지식을 가지고 외부 간섭 없이 자율적으로 운영하는 것이 매우 중요하다.

그간의 기금운영은 국민연금공단 기금운용본부가 중심이 되어 이루어져 왔다. 운영성과에 대한 평가가 엇갈리면서 기금운영 조직의 개편 여부에 대한 논의가 오래전부터 계속되어 왔다.

큰 흐름은 2003년, 2008년, 2012년, 2015년의 국민연금법 개정 논의에서 제시된 기금운영본부의 기금운용공사고의 독립이다. 기금운용에 대한 지배구조를 바꿔 보건복지부 장관과 공단 이사장의 지휘를 받지 않는 독립된 기관을 만들어 자율적으로 기금을 운용하도록 하자는 것이다.

하지만 이러한 내용을 담은 그간의 법안은 지난 십 수년간 국회를 통과하지 못했다. 보건복지부, 기획재정부, 국민연금공단, 시민

단체 등의 이해가 엇갈려 여야 정치인들이 선뜻 결정하지 못했기 때문이다.

지금은 이같은 복잡한 역학 관계하에 기금운용본부가 전보다 꽤 높아진 독립성을 갖고 거대 기금을 운영하고 있다. 물론 기금운용본부는 상부 의사 결정 기관인 기금운용위원회의 지시를 받아 위원회와 산하 조직이 안정성과 수익성 추구와 관련하여 정해주는 큰 투자 지침의 틀 안에서 자율적으로 기금을 운용하고 있다.

연금체계와 노후소득보장체계

연금체계 구성에는 두 가지 방식이 있다. 하나는 World Bank(1994)와 Holzmann and Hinz(2005)의 주(柱, pillar)방식이고, 다른 하나는 ILO(1984), Gillion et al(2000) 및 OECD(2018)[11]의 층(層, tier)방식이다.

1990년 무렵까지는 국제노동기구(ILO) 분류에 따라 4층 체계나 다층체계 등의 표현이 통용되었다. 이후 세계은행(World Bank)의 분석과 권고가 각 국으로 확대되면서 4주 체계, 다주체계라는 표현이 함께 사용되고 있다.

호칭은 다르지만 국제노동기구와 세계은행의 체계 구분은 0주에서 3주까지 거의 같다. 세계은행이 4주로 가족내 비공식지원, 금융자산, 부동산 등을 추가하는 점이 다르다.

한편 OECD는 3층 체계를 사용하는데, 1층은 강제적용의 기초부분으로 재분배나 특정 목적 적합성(adequacy) 기능을 수행한다. 국제노동기구 및 세계은행의 0주와 1주에 해당한다. 2층은 강제적용의 보험(혹은 저축)기능을 수행하며 제공자는 정부나 기업으로 국제노동기구 및 세계은행의 1주와 2주에 해당한다. 3층은 임의적용의 개인 저축 부분이다. 아울러 이들 기관은 1주, 2주를 복층으로 구성할 수 있다고 제시한다.

이상의 개념 구분을 감안하여 본서에서는 〈표 2-1〉같은 구분 외에 필자에 따라 다층체계라는 개념도 함께 사용하고 있다.

지금까지의 논의를 토대로 우리나라 노후소득보장체계를 살펴보자. 크게 보면 4주 구성이며 1주인 국민연금과 기초연금이 핵심적인 역할을 수행한다. 나머지 3주는 빈곤 완화가 주 목적인 기초생활보장(0주), 퇴직연금(2주), 개인연금과 세제우대 개인저축(3주)이다.

그런데 2주, 3주 연금에 가입하지 않은 이들이 적지 않다는 점에서 1주 연금이 노후소득보장 체계의 핵심이라고 말할 수 있다.

<표 2-1>은 우리나라를 포함한 6개국의 노후소득보장체계를 비교한 것이다[12]. 비교대상 국가는 OECD 국가 중 노후소득보장 수준이 중간 이하인 나라들이다.

1주 연금은 미국이 단층이고 우리나라, 영국, 일본, 캐나다는 기초연금을 지닌 복층이다. 호주의 공적연금은 0주에 포함된다. 배경색이 진한 부분은 해당국의 주된 공적연금이다.

공공부조로 분류되는 0주에는 1주 연금의 보충급여가 포함되는데 영국과 캐나다에서는 미국보다 이 급여의 적용대상과 급여수준이 더 너그럽다.

▌〈그림 2-1〉 흔들리는 다주체계 연금

출처: 좌: The Economist 2003.9.25.
　　　우: Fodor(2018), p.3., 숫자는 독일 연금체계내 비중[13]

〈표 2-1〉 주요국의 노후소득보장체계 비교

		미국	영국	일본	캐나다	호주	한국
0주	1층	추가 공공부조	연금크레딧 (PC)	생활보호	추가 공공부조	추가 공공부조	기초생활보장
	2층	보충연금 (SSI)			보충연금 (GIS)	기초노령연금 (AP)	
1주	1층	사회보장연금 (OASDI)	국가연금 (SP, 정액형)	기초연금	기초연금 (OAS)	–	기초연금
	2층			후생연금	소득비례연금 (CPP)		국민연금
2주		임의가입 퇴직연금				강제가입 퇴직연금 (SG)	강제가입 퇴직(연금)
3주		임의가입 개인연금 + 세제우대 개인저축					

국민연금의 운영 현황

가입자는 정체, 수급자는 지속적 증가

국민연금은 1988년 1월 도입된 후 30년이 넘어가는 2018년 말 기준으로 가입자는 2,231만 명이며 수급자는 460만 명에 이르고 있다. 수급자 1명당 가입자 4.9명으로 아직은 성숙 과정에 있다.

가입자 2,231만 명을 구분하면 사업장가입자 1,382만 명, 지역가입자 769만 명, 임의가입자와 임의계속가입자 합계 80.1만 명이다.

한편 수급자는 2019년 4월말 기준 463만 명이며 내역은 노령연금 381만 명, 장애연금 7.1만 명, 유족연금 74.9만 명이다. 노령연금은 특례노령연금 138만 명, 완전노령연금 36.6만 명, 감액노령연금(가입기간 10~19년) 144만 명, 조기노령연금 59만 명, 분할노령연금 3.0만 명으로 구성된다.

여기서 완전노령연금은 20년 이상 가입하고 연금을 받는 경우를 지칭하며 전체 노령연금 수급자 381만 명의 9.6%이며 앞으로 빠르게 늘어날 전망이다.

충분치 않은 급여수준과 노인빈곤

2019년 4월 기준 월평균지급액은 노령연금 평균이 52.2만 원이다. 이 중 완전노령연금 92.7만 원, 감액노령연금 40.1만 원, 조기노령연금 54.9만 원, 분할노령연금 19.6만 원, 특례노령연금 21.9만 원, 장애연금 45.5만 원, 유족연금 28.2만 원이다. 소득활동으로 연금액이 감액된 이들은 82만 원으로 제법 많다.

이때 완전노령연금액 92.7만 원은 수급자가 가장 많은 138만 명 (36.3%)의 특례노령연금액 21.9만 원의 4배 이상이고, 특례노령연금 포함 전체 노령연금액 52.2만 원의 1.8배다.

이 정도 금액이면 보건복지부가 발표하는 저소득층 지원 기준인 중위소득의 60%(2018년 2인 가구, 170.8만 원)의 54%에 상당하고, 현금으로 지급하는 생계급여 최저보장수준(동 85.4만 원)의 109%로 작은 금액이 아니다.

하지만 국민연금을 받는 대다수 수급자는 이만한 금액의 연금을 받지 못한다. 그래서 자녀나 친지로부터의 이전소득이나 취업하여 번 소득을 보태야 간신히 노후생활비를 마련하는 이들도 적지 않다.

문제는 연금이 없거나 있어도 금액이 작은 이들, 또 이전소득이나 취업소득을 얻지 못하는 이들이 빈곤 위협에 직면할 수 있다는 것이다. 실제로 노인빈곤율은 그동안 50% 전후 수준을 보이다가 최근 다소 낮아지고 있다.

기초연금으로 노인빈곤 해결될까

노인빈곤율의 하락에 다소나마 영향을 미친 것이 2008년부터 도입된 기초노령연금이다. 공공부조 성격의 보충연금으로 전체 노인의 약 70%[14]에게 2008년 기준 1인당 월 8만4천 원(2008년 기준, 부부는 13민4천 원)을 지급하였으며 2009년 4월에는 월 8만8천 원(부부 14만 8천 원)으로 인상되는 등 지속적으로 지급액이 늘었다.

하지만 이 정도 급여로는 빈곤선상에 놓여있는 고령자를 줄이기 힘들다는 판단에 2014년 7월부터 기초연금으로 확대 개편되어 시행되고 있다.

기초연금은 기왕의 기초노령연금 수급자를 대상으로 지급 초기 1인당 최대 월 20만 원(부부 32만 원)으로 지급액을 대폭 늘려 지급하였다[15]. 다만 국민연금 급여액이 기준연금액(20만 원-2014년, 25.48만 원-2020년 등 지속적 인상)의 1.5배 이상이면 국민연금의 가입시기, 기간 등에 따라 일부 삭감되고 지급되었다.

최소 지급액은 2014년 기준 1인 가구 월 2만 원, 부부 가구 월 4만 원이었다. 지급 대상은 기초노령연금과 마찬가지로 소득 하위 70%를 목표로 하고 있지만 실적치는 매년 이 값을 약간 밑돌고 있다[16].

기초연금액은 2018년 9월부터 월 25만 원으로 인상되었다. 2019년 4월부터 소득 하위 20% 노인에게 월 30만 원이 지급되고, 2020년부터는 하위 40% 노인, 2021년부터는 하위 70% 노인에게 월 30만 원이 지급될 예정이다

연금재정과 적립기금

보험료 징수액과 급여액 그리고 기금규모 및 운용현황을 살펴보자. 2018년 말 기준 관련 통계가 입수되지 않아 2018년 6월 기준 통계를 활용한다.

누적 보험료는 고지액이 505.4조 원이고 징수액은 498.3조 원으로 징수율은 금액기준 98.6%다. 사업장가입자는 99.5%, 지역가입자는 92.1%다. 지역가입자를 나눠 보면 도시지역이 91.9%로 농어촌지역 92.5%보다 다소 낮다. 임의가입자는 100%다.

지역가입자의 징수율이 상식에 맞지 않게 높게 나타나고 있는데 배경에는 2011년부터 국민건강보험공단에서 4대 사회보험 보험료 통합징수가 개시됨에 따른 징수 강화로 미체납이 감소한 것 외에 미체납 가입자를 납부예외자, 적용제외자 등으로 처리하여 징수 대상에서 제외하는 등 통계처리상의 편법이 동원되는 현실이 있다.

2017년 한 해를 기준으로 보험료 징수액, 운용 수익, 국고보조금 등 조성액과 연금 급여 지급, 공단운영비 등 지출액, 그리고 차액인 적립금 등 운용액(매입가 기준)을 살펴보자.

보험료 징수액 41.8조 원, 운용수익 16.1조 원, 국고보조금(농어촌지역 가입자 보험료 보조분 등) 6.4천억 원 등으로 조성액은 57.9조 원이다. 지출액은 연금 급여지급 19.0조 원, 공단운영비 7.2천억 원 등 19.7조 원이다. 이 차액이 운용 증가액으로 38.3조 원이다.

운용잔액은 2017년 말 기준 527.2조 원이며 대부분인 526.3조 원이 금융부문에서 운용되고 극히 일부가 복지부문과 기타부문에서 운용되고 있다.

그런데 '매입가 기준' 대신 '시가 기준'을 적용하면 얘기가 꽤 달라진다. 주식 등 금융자산의 경우 시간이 경과하면서 매입가와 시가에 큰 차이가 날 수 있기 때문이다.

시가 기준 적용 시 2017년의 조성은 보험료 징수액 41.8조 원, 운용수익 41.2조 원으로 조성액은 83.1조 원이다. 지출액은 연금급여지급 19.1조 원 등 19.7조 원이다. 운용 증가액이 63.3조 원, 운용 잔액이 638.5조 원으로 크게 늘어난다. 대부분인 637.0조 원이 금융부문에서 운용되고 있다.

시가 변동에 따른 불안정성이 약점이긴 하지만 현실을 나타내는 값은 시가 기준에 의한 값이라고 할 것이다. 이러한 점을 반영한 탓인지 2019년 통계는 시가 기준으로만 공표되고 있다.

부문별 기금운용 현황(매입가 기준)을 보면 금융부문이 526.3조 원, 복지부문 0.2조 원, 기타부문(공단회관 취득비 등) 0.7조 원으로 대부분이 금융부문에 운용되고 있다. 금융부문의 상품별 운용 내역을 보면 채권 56.4%, 주식 31.7%, 대체투자 11.6%, 단기자금 0.3%의 구성을 보이고 있다.

좀더 나눠 보면 국내 채권 52.4%, 해외 채권 4.0%, 국내 주식 17.2%, 해외 주식 14.5%의 구성을 보인다. 대체투자는 벤처투자 0.1%, 사회간접자본(SOC)투자 3.4%, 사모투자 3.4%, 부동산투자 4.4%, 헤지펀드 0.2%로 구성되며 인수금융이 일부 있다.

역시 시가 기준으로 보면 내역이 약간 달라진다. 금융부문이 621.0조 원으로 늘어나며 상품별 운용 내역은 채권 50.4%, 주식

38.6%, 대체투자 10.8%, 단기자금 0.3%의 구성을 보인다.

좀더 나눠 보면 국내 채권 46.6%, 해외 채권 3.8%, 국내 주식 21.2%, 해외 주식 17.4%의 구성을 보인다. 시간이 경과하면서 채권보다 주식, 국내 상품보다 해외 상품의 비중이 조금씩 커지고 있다.

국민연금의 다섯 가지 문제점

이상에서 국민연금의 운영 현황에 대해 간략하게 살펴보았다. 발족 후 30년 이상이 지난 국민연금은 여전히 해결해야 할 몇 가지 문제점을 안고 있다. 이하에서는 문제점을 다섯 가지로 구분하여 살펴본다.

첫째는 재정불안정 문제이다. 연금재정의 수입과 지출이 장기적으로 균형을 맞추지 못해 가입자들이 퇴직 후 국민연금을 제대로 받을 수 있겠느냐는 불안을 안고 있다. 보험료 인상이 없다면 2057년(2018년, 보건복지부의 4차 재정재계산)에 적립금이 고갈될 것으로 전망되고 있다[17]. 과연 법이 약속하는 수준의 연금액을 장래에 받을 수 있겠느냐는 것이다.

둘째는 급여수준의 적정성 문제이다. 현행 법상의 연금액으로 노후 생활비를 조달할 수 있겠느냐는 것이다. 이는 국민연금과 기초연금을 합치더라도 노후생활비에 턱없이 부족한 이들이 적지 않을 전망인데, 노후생활비를 충당할 수 있도록 연금액을 높이는 방법은 없겠느냐는 문제이다. 2028년 이후 적용될 40% 소득대체율의 상향조정 여부와 그 방향성 등에 대한 고민이다.

셋째는 이른바 사각지대 문제이다. 근로기에 보험료 납부를 지체하거나 아예 내지 않아 은퇴 후 연금 수급 자격을 획득하지 못할 이들이 전체 노인세대(노인이 가구주인 세대, 1인 세대 포함)의 20~30%에 달할 전망이다. 이들 세대가 노후 빈곤에 직면할 가능성은 매우 높다.

여기에 연금을 받더라도 생활비에 턱없이 못미치는 저연금자까지를 추가 고려한 광의의 사각지대는 제도가 성숙한 시점에도 전체 노인세대의 50% 전후 수준에 달할지 모른다.

넷째는 국민연금과 기초연금의 관계 설정 문제이다. 머지 않은 장래 기초연금액이 40만 원에 달하는 시기가 도래할 것이다. 이때에도 지급 대상을 지금처럼 소득 하위 70% 수준으로 유지할 경우, 기초연금이 국민연금 가입 및 연금액 증대 노력에 부정적인 영향을 미칠 수 있다.

기초연금법은 국민연금 급여가 일정액 이상이면 기초연금을 감액한다[18]. 배경에는 소득재분배와 재원의 효율적 활용이 있다. 하지만 이 규정이 감액 대상자를 부당하게 처우한다면서 폐지를 주장하는 이들이 적지 않다[19].

다섯째는 국민연금의 제도 및 기금의 위상 문제이다. 장래에도 국민연금이 (노후)소득보장의 핵심적 제도로 기능하기 위해선 어떻게 보완해야 할지 등이 이슈가 될 것이다.

기금과 관련해선 운용 방식을 지금처럼 금융부문 위주로 할지, 금융부문내 포트폴리오를 어떻게 할지, 그리고 기금운용 지배구조의 개편 여부 등에 대한 문제가 남아 있다.

퇴직 후 국민연금 제대로 받을 수 있을까

첫째 재정불안정의 문제에 대해 살펴본다. 결론부터 말하면 퇴직 후 반드시 국민연금을 받을 수 있다. 다만 받는 금액이 지금 약속한 수준이 될지 그보다 줄어든 수준이 될지는 명확히 말하기 힘들다.

국민연금은 그 구조적 특성이 세대와 세대가 서로 도와가며 제도를 운영해 나가도록 설계되어 있어 미래의 성장률, 출산율, 이자율 등에 일정 부분 영향을 받을 수밖에 없다. 성장률과 출산율이 일정 수준 이상을 유지하면 약속한 수준의 연금액을 지급할 수 있지만 그렇지 못하면 하향 조정된 연금액이 지급될 수도 있다.

2019년 경제사회노동위원회, 지급보증 명문화 권고

그러면 무엇을 근거로 반드시 연금을 받을 수 있다고 단언할 수 있을까? 그것은 사회보장연금인 국민연금 운영의 책임이 정부에 있기 때문이다. 국민연금법에 연금의 지급책임이 정부에 있다는 명시적 규정은 없다. 하지만 국민연금이 정부주도 하에 도입된 사회보험이고, 사회보험의 운영 책임이 최종적으로 정부에 귀착한다는 점은 역사적으로 입증되어 왔다.

얼마전부터 이같은 추상적인 정부 보증에 대해 믿을 수 없다고 하면서 국민연금법에 정부의 지급 보증 규정을 명문화해야 한다고 주장하는 이들이 늘고 있다. 2018년 말의 국민연금법 개정을 앞두고 대통령과 장관 등 주요 인사들이 이를 언급하고, 2019년 사회적합의기구인 경제사회노동위원회 특위가 권고함으로써[20] 향후 입법 가능성이 높아졌다.

하지만 연금 지급을 보장하는 것과 약속한 연금액의 지급을 보장하는 것은 큰 차이가 있다. 법 개정을 통해 국민연금법에 국가의 연금 지급이 명시되더라도 여전히 약속한 연금액을 지급받을 수 있을지는 불확실하게 남는다.

세계적으로 유례가 거의 없는 국가의 지급 보증을 명문화하는 것보다 더 중요한 것은 어떻게 하면 지금 법에서 약속한 연금액의 지급을 보장할 수 있을지 실효성 있는 방안을 마련하는 것이라고 할 것이다.

국가의 지급보증 시 국가부채 늘어날 수 있어

일부 회계전문가들은 국민연금법에 국가의 지급보증을 명시하면 국가부채가 상당 규모로 늘어날 것을 우려한다. 공무원연금처럼 국가의 지급 보증을 명문화하면 국민연금의 미적립채무를 공무원연금부채처럼 '충당부채'로 인식해야 할지 모른다는 것이다.

재무제표상 우리의 국가 부채는 2017년 말 기준 1,555조 8천억 원 규모이며 이중 공무원·군인연금의 충당부채가 845조 원으로 절반 이상을 점한다.

국민연금의 미적립부채는 계산방식에 따라 다르게 나올 수 있으며, 개혁 여부와 강도에 따라 그 수준이 달라지지만 가입자수가 많아 장기적으로 공무원·군인연금의 충당부채 규모를 웃도는 규모가 될 가능성이 높다[21].

기금 고갈되더라도 부과방식으로 연금 지급 가능

"우려하던 대로 연금기금이 고갈되고 매년 징수하는 보험료가 그 해 지급해야 할 연금급여액보다 작은데도 연금을 지급할 수 있다는 말인가?" 하고 의아해 하는 이들도 있을 것이다. 하지만 이 경우에도 정부와 연금공단은 연금을 지급할 수 있다.

비밀은 정부가 운영하는 살림살이인 재정이다. 정부는 매년 막대한 양의 세금을 걷고 있는데 이중 일부를 국민연금 운영에 쓸 수 있기 때문이다. 실제로 많은 OECD 국가들의 국민연금이 지금 이같은 형태로 운영되고 있다. 이른바 부과방식 연금이다.

여기서 "세금이나 연금보험료나 다같은 국민의 부담 아니냐 그게 그거지 뭐가 다르냐" 는 반문이 나올 수 있다. 하지만 양자는 약간 다르다. 국민 부담이라는 점은 같지만 누가 부담하느냐는 점과 부담과 편익(연금 수급)의 연계 정도가 다르다.

나라에 따라 제도 특성에 따라 조금씩 차이가 있지만 일반적으로는 세금보다는 보험료가 부담과 편익의 양면에서 더 공평하고 연계성이 강한 것으로 알려져 있다. 그래서 가능하면 연금재정이 장기간 안정될 수 있도록 보험료율을 단계적으로 인상하여 적립기금을 일정 수준으로 유지하는 지금의 부분적립방식의 지속이 바람직할 수 있다[22].

그렇지만 국민 다수가 보험료율 인상에 거부감을 가지거나 경제사회적 여건으로 보험료율의 추가적 인상이 힘들 경우 이해 관계자인 국민들에게 부분적립방식과 부과방식의 장점과 단점을 널리 알리고 선택하도록 해야 할지 모른다.

이때 유념해야 할 점은 연금의 이해관계자에는 수급자나 가입자인 현 세대 노인과 청장년 외에 후세대인 소년, 유아 그리고 장차 태어날 후손들까지가 포함되는데 이들 후세대에게는 투표권이 없다는 사실이다.

따라서 후세대의 이익은 현 세대의 전문가나 양식있는 이들이 일정 수준 대변해주지 않으면 안 된다. 현세대의 수급자와 가입자만이 참가하여 정하면 편향된 결정이 내려질 수 있다. 이로 인해 백년대계(百年大計)여야 할 국민연금이 후세대의 거부로 조기 종료되거나 그 내용이 크게 변질되는 사태가 발생할 수도 있다.

정리하면 국민연금 가입자나 장차 가입할 후세대가 퇴직 후 연금을 받지 못하는 일은 없을 것이나 지금 약속한 연금액을 받을 수 있을지는 불확실하다. 이는 국민연금법에 국가의 지급보증 규정이

들어가더라도 마찬가지일지 모른다. 지급한다는 사실을 보증하지 약속한 금액의 지급을 보증하지 않을 것이기 때문이다.

지급보증 명문화 후 국가 주도 연금 개혁 강화 우려

상황에 따라선 국가의 지급보증이 명시화되면 지금까지 진행된 것 이상의 국가 주도 연금 개혁이 강화될 가능성도 배제할 수 없다. 예상되는 재정 파탄을 막는다는 이유로 혹은 후세대에의 연금 지급 보증을 이유로 급여수준 삭감, 수급개시연령 인상, 부분적인 물가 연동 등의 조치에 나설 수 있다.

중요한 것은 사회보장연금인 국민연금의 지급 보증은 제도의 안정적인 운영에서 얻어지는 것이지 국가의 선언적 지급보증으로 담보되는 것이 아니라는 사실이다. 이를 위해선 출산율을 높여 지속적인 보험료 납부로 제도를 지지해줄 후세대를 육성하고 이들이 주도하는 우리 경제의 기반을 탄탄히 하는 것이 긴요하다는 사실을 잊어선 안될 것이다.

황혼이혼 부추기지 못한 일본의 공적연금 분할

2007년 4월 도입된 연금분할제는 이혼 배우자의 노후를 지원하기 위해 이혼 시 후생연금을 받고 있거나 받을 배우자 연금을 나누도록 하고 있다. 청구가능기간은 이혼 후 2년이며 결혼기간과 보험료납부기간, 배우자 직장근무 여부에 따라 분할비율이 달라진다. 전업주부라면 남편 후생연금의 최대 절반까지 받을 수 있다.

아사히 신문 조사(2006.7, 기혼자 11,802명)에 따르면 여성의 63%(중년여성 68%), 남성의 44%가 도입을 지지하였고 응답자의 76%는 시행 후 황혼이혼이 늘 것으로 예상했다(朝日新聞, 2007.7.22.). 시행 후 1년간 연금분할 청구건수는 9,834건으로 여성의 신청이 80%인 7,773건이었다. 도쿄(1,185), 가나가와(942), 오사카(880) 등 도시지역이 많았다.

이혼건수는 연 25.5만 건으로 전년보다 2,500건 줄어 분할연금의 영향은 거의 없었다(NHK, 2008.5.5.). 이후 후생노동성 인구동태조사에 따르면 50대 전반에서 약간 증가세를 보인 것을 빼고 이혼 추세에 큰 변화가 없다(日本經濟新聞 2014.2.19.). 배경에는 이혼 시 추가로 얻을 수 있는 연금이 월평균 3만 엔 전후에 불과하여 이혼 후 생활에 큰 보탬이 되지 않는 현실이 있는지 모른다.

국민연금에 분할연금이 도입된 것은 1999년이다. 한국 남성들은 일본 남성보다 8년 먼저 황혼이혼을 걱정해야 했지만 당시에는 수급자가 많지 않아 걱정의 정도는 크지 않았을 것이다.

주목할 점은 일본은 국민연금과 공무원연금에서 모두 연금분할을 허용하는데 우리는 공무원연금에서는 허용하지 않고 있다는 사실이다.

국민연금으로 부족한
노후생활비 해법은

둘째는 장차 국민연금액만으로 노후생활비를 조달할 수 있을까 하는 급여수준의 적정성 문제다. 국민연금 발족 당시인 1988년 10세였던 김민연씨 사례를 예로 들어 살펴보자.

김씨는 2018년 40세인데 18세 때 국민연금에 당연가입하였지만 대학 재학과 군복무로 보험료 납부가 면제되었다. 25세 때인 2003년 중소기업에 취업하여 국민연금 보험료를 납부하기 시작한지 17년째를 맞이하고 있다.

2043년 65세가 될 때까지 직장 생활을 하다가 그해부터 연금을 수급할 것으로 전망하고 있는데 과연 차질 없이 연금을 받을 수 있을지, 또 수급액으로 노후생활비를 어느 정도 충당할 수 있을지가 걱정이다.

최근 정부가 걱정할 필요가 없도록 연금 지급을 보증해준다고 하니 여기선 연금 급여수준의 적정성만 검토해 보자.

발족 후 두 차례(1998년, 2007년) 개혁으로 연금액이 크게 줄어들었다. 여기서 김민연씨는 취업기간 중 내내 전체 국민연금 가입자 평균 소득 수준의 월급여를 받는다고 가정해 보자.

김민연씨가 연금에 가입하기 전인 1998년 개혁으로 소득대체율이 70%에서 60%로 떨어졌다. 소득대체율은 다양하게 정의될 수 있는데, 여기선 연금 월액을 (생애)평균 월소득으로 나눈 값으로 정의하며, 이는 급여수준을 보여주는 대표적인 지표이다.

연금 가입 후 보험료를 납부하기 시작한지 5년 차인 2007년의 개혁으로 20년 걸려 소득대체율이 60%에서 40%로 단계적으로 낮아졌다(2028년 이후 40%)[23].

김민연씨가 2043년부터 연금을 받기 시작할 때의 소득대체율은 40%보다 다소 높은 값이 될 것이다. 2003년부터 2027년까지의 가입 기간에 대해서는 40%보다 높은 소득대체율이 적용되기 때문이다.

노후 생활비, 전가구 월평균 소득의 41%(최소), 60%(적정)

노후에 어느 정도의 생활비가 들지에 대한 정확한 통계는 없다. 통계청·금융감독원·한국은행이 전국 2만 가구를 대상으로 조사해 2018년 12월 발표한 '2018년 가계금융·복지조사'에 따르면 부부가구의 월평균 최소 생활비가 197만 원, 적정 생활비가 203만 원이다. 이는 2017년 가구 월평균 소득 475만 원의 41%와 60%에 해당한다.

은퇴 가구는 가구원이 2인 이하인 경우가 일반적이고, 소득이 은퇴 전 소득의 60% 정도면 일정 수준의 생활을 영위할 수 있다고 알려져 있다. 조사된 수치는 상식에 근접하는 값으로 이해될 수 있다.

물론 미혼 자녀가 있다, 주택융자금 상환이 남아 있다, 소비씀씀

이가 크다, 또 건강상의 문제로 의료비 지출이 많다면 이 정도로는 부족할 것이다. 그리고 1인가구라면 이보다 적은 금액으로도 생활할 수 있을 것이다.

그런데 김민연씨 같이 국민연금액이 퇴직 전 소득의 40%를 약간 넘고 외벌이부부라면 이것만으로는 노후생활이 꽤 힘들지 모른다. 김씨 또래는 절반 이상이 맞벌이부부이므로 배우자 몫의 퇴직(여)금이나 국민연금이 있다면 노후생활에 큰 도움이 될 것이다.

다만 맞벌이 기간이 길지 않은 부부도 많기 때문에 퇴직 후 부부가 각각 국민연금을 수급하더라도 합계액이 노후생활비를 충당하기 힘든 이들도 있을 것이다.

장기가입자 소득대체율 : 하위층 60% 이상, 중하위층 35~50%

이렇게 보면 국민연금만으로 필요한 노후소득을 마련할 수 있는 이는 하위층 수급자 정도이고, 대부분의 국민연금 수급자는 별도 소득이 있어야 노후생활비를 해결할 수 있다는 얘기가 된다.

중하위층의 경우 국민연금 외에 기초연금이 지급되므로 30년 이상 가입한 가입자라면 둘을 합쳐 퇴직 전 소득의 35~50% 수준을 넘는 연금액을 받을 수 있다. 자녀 양육부담이 없어진 중하위층 세대라면 이 정도 소득이 주어지면 노후에 약간의 금융저축과 주택연금 등으로 근로기에 버금가는 생활 수준을 유지하는 데 큰 어려움은 없을지 모른다.

〈표 2-2〉 OECD 국가의 소득대체율 (2018년 기준)

(단위: %)

국가	총소득 대체율	순소득 대체율	국가	총소득 대체율	순소득 대체율
영국	21.7	28.4	슬로바키아	49.6	65.1
리투아니아	23.6	31.0	그리스	49.9	51.1
멕시코	25.7	28.6	이스라엘	50.1	57.8
아일랜드	27.0	35.9	스웨덴	54.1	53.4
폴란드	29.4	35.1	헝가리	56.1	84.3
호주	30.9	41.0	핀란드	56.5	64.2
칠레	31.2	37.3	프랑스	60.1	73.6
일본	32.0	36.8	아이슬란드	66.1	69.8
한국	**37.3**	**43.4**	터키	67.4	93.8
독일	38.7	51.9	네덜란드	70.9	80.2
슬로베니아	38.8	57.5	스페인	72.3	83.4
캐나다	39.0	50.7	덴마크	74.4	70.9
미국	39.4	49.4	포르투갈	74.4	89.6
뉴질랜드	39.7	42.8	오스트리아	76.5	89.9
스위스	42.4	44.3	룩셈부르그	78.8	90.1
라트비아	44.6	54.3	이탈리아	79.5	91.8
노르웨이	45.4	51.6	*브라질*	*58.9*	*64.8*
체코	45.9	60.3	*중국*	*71.6*	*79.4*
벨기에	46.8	66.2	*인도*	*83.4*	*94.8*
에스토니아	47.1	53.1	*러시아*	*49.6*	*57.0*
OECD 평균	**49.0**	**58.6**	EU 28	52.0	63.5

출처: OECD(2019), *Pensions at a Glance*, Table 5.1, Table 5.5

주 : 각국의 평균소득자 기준이며 이탤릭체의 4개 국은 OECD 비회원국임.

문제는 가입기간이 30년에 미달하는 이들이다. 이들은 기초연금을 합치더라도 연금액이 퇴직전 소득의 35~50% 수준을 밑돌아 노후생활에 다소 어려움을 느낄지 모른다. 이들은 70대 초반 가깝게까지 취업 현장에서 일하거나 주택연금과 금융저축에 의존하고, 이것으로 힘들 경우 기초생활보장 등 정부나 사회단체 등의 지원에 의지할 수밖에 없다.

이러한 이들이 머지 않아 다수 발생할 수 있다는 점에서 중하위층의 노후소득보장과 잠재적 빈곤 예방이 지금 중앙정부와 지방자치단체에 부과된 지상과제라고 할 수 있다.

〈표 2-2〉에서 보듯이 우리나라의 소득대체율은 OECD 국가 평균(2018년 기준)보다 꽤 작다. 게다가 이 값은 장기가입자 기준이므로 가입기간이 30년 미만인 이들은 더 작다. 은퇴자 다수가 제시된 값에 근접한 소득대체율을 지닐 수 있도록 근로기에 적절한 정책을 펼쳐야 함은 말할 필요가 없을 것이다.

중하위층의 잠재적 빈곤 예방 가장 중요

그래서 당국은 다층 노후소득보장체계 운운하면서 중하위층에 퇴직연금과 개인연금에의 가입을 종용하고 있다.

문제는 외형상 이처럼 처신하는 당국이지만 현장에서는 꽤 다른 모습이 확인되고 있다는 사실이다. 사적연금이 가입자 차원에서 내실있는 상품이 되도록 제도를 재정비하고, 취급 기관인 은행,

보험, 금융투자사(증권사) 등을 적극적으로 지도, 관리하지 않고 있다. 사실상 방치하고 있는 상황이 길어지고 있다.

개인연금 도입 후 25년 이상, 퇴직연금 도입 후 14년 이상이 지나고 있지만 이들 연금 상품 수익률은 국민연금 기금 수익률보다 훨씬 낮다. 지속적인 보완, 관리 대책이 수립되었지만 가입자 이익 대신 사업자 이익 관리에 중점이 놓여진 꼴이 되었다.

국민연금 보완 상품으로 도입된 개인연금과 퇴직연금이 가입자 노후소득보장에 실질적으로 크게 기여하지 못하고 있다.

문제는 그런데도 당국의 관심이 여전히 낮다는 것이다. '권리위에 잠자는 개인연금 당국, 퇴직연금 당국'이라는 말이 과장된 표현이 아닐지 모른다. 배경에는 사적연금 가입자의 상당수가 중상위층일 것이라는 인식이 있는지 모른다[24]. 하지만 가입자 중 중하위층이 절반에 가깝다는 점에서 당국이 가입자인 국민의 이익을 우선해야 함은 말할 필요가 없을 것이다.

중상위층 소득보장은 사적연금 등 자조노력 중심으로

한편 중상위층 가입자에게는 국민연금이 계륵과 같은 존재로 인식되기도 한다. 이들에게 국민연금 급여는 퇴직전 소득의 20~25% 수준[25]에 불과하고 대다수가 기초연금을 받지 못한다.

국민연금 급여가 낮은 것은 소득재분배 기능과 보험료 부과대상 기준소득월액의 상한(2019년 7월 기준 486만 원)으로 인해 실제 소득에 상응하는 보험료를 납부할 수 없고 연금급여도 높게 받을 수 없기 때문이다.

따라서 이들은 국민연금 외 별도 노후소득을 준비해야 할 처지이다. 후보로는 퇴직(연)금, 개인연금 외에 주택연금, 금융저축 등이 거론될 수 있다.

사실 이들 계층은 채권과 주식, 부동산 등의 각종 자산을 보유하여 이들로부터 얻는 소득이 적지 않아 국민연금에 큰 기대를 걸지 않고도 노후생활을 준비할 수 있다고 할 수 있다.

사적연금 활성화 위해 금융·자본시장 여건 정비 선결

다만 중상위층이 우리의 금융·자본시장을 적절히 이용하기 위해선 국내 시장이 일정 수준 이상의 여건을 갖추어야 한다. 양호한 거래 질서를 위해선 이해관계자의 기초적인 양식과 매너가 선결되어야 한다.

시장 참여 기업과 해당 직원들의 선량한 관리자 의무, 투자자에 대한 최소한의 설명책임 의무 완수 등 도덕성과 책임의식에 기반한 것이 그것이다. 금융시장에서 필요한 다양하면서 높은 수준의 지식과 능력도 필요하지만 이들은 그 이전에 정비되어야할 기본적인 요소이다. 그런데 OECD 주요국과 비교하면 여러 측면에서 격차를 보이고 있다.

이런 상황에서 우리의 연기금 자산운용 기관이 해외에서 경쟁 기관보다 더 나은 안정성과 수익성을 확보하는 것은 쉽지 않다. 영미권을 중심으로 한 OECD 주요국에 비해 금융 노하우가 너무 약하다. 제조업과 달리 금융서비스업 기관이 벌어들이는 달러는 극히 일부에 불과하다. 국제경쟁력이 그만큼 약하다는 얘기다.

일본도 금융서비스업의 경쟁력이 약해 한일 양국이 이 분야에서 경쟁력을 확보한다는 것이 쉬운 일이 아님을 시사한다. 제조업이 세계적 수준인 양국이 금융서비스업에서는 3류 수준의 경쟁력을 보여주고 있다. 안타깝지만 서구 금융기관이 만든 상품을 활용하여 영업하고 있는 것이 현실이다.

2007~2008년의 글로벌 금융위기에서 배운 교훈이 생각보다 많지 않을지 모른다. 우리 실정에 맞게 개발되어 정착되고 이를 토대로 세계로 수출되는 금융상품은 거의 없다. 세계 금융시장에서 우리가 점하는 비중은 여전히 미미하다.

그 결과 미국 등 금융대국에서 발생한 충격이 언제든지 이전처럼 국내에 막강한 영향을 미칠 수 있다. 서구권에서 발생한 충격 이상의 규모로 말이다.

정리하면 국민연금 급여만으로 노후소득보장을 해결할 수 없다면, 대안은 국민 각자가 별도의 노후수득 마련에 지금까지 이상으로 노력해야 한다는 것이다. 저소득층에서는 여전히 노후 취업 소득이 중요하고, 기초생활보장 등의 정부 지원 조치 강화가 추가적으로 고려될 수 있다.

중상위층은 지금보다 더 많은 이들이 재직 중 퇴직연금과 개인연금에 가입하고, 보험 등 금융저축, 주택연금, 부동산 신탁 등 다양한 방법으로 노후소득 확보에 나서야 할 것이다. 이때 세제지원 강화와 기관별 운용 지침 등의 재검토를 통한 수익률 강화로 퇴직연금과 개인연금의 소득보장기능을 강화해야 할 것은 말할 것도 없다.

국민연금 등 공적연금 못 받는
노인가구가 20~30%

셋째는 은퇴 후 국민연금을 받지 못하거나 연금액이 적어 국민연금으로 노후생활비를 충당할 수 없는 이들이 다수 존재하는 사각지대 문제다. 보건복지부와 국민연금공단은 사각지대 축소를 최우선 과제의 하나로 생각해 십수년 전부터 다양한 대책을 수립해 시행해왔다.

군복무·출산·실업급여 수급 등에의 크레딧, 두루누리 사업 등 저소득층에의 보험료 지원, 임의가입과 임의계속가입 장려, 보험료 추납 허용 등 다양한 지원책이 대표적이다.

공적연금 수급 노인가구, 2018년 60%, 2040년 75% 넘어

2018년 기준 국민연금을 받는 65세 이상 노인은 300만 명으로 전체 65세 이상 노인(738만 명)의 41%이다. 여기에 공무원연금, 군인연금, 사학연금 등 특수직역연금 수급자 중 65세 이상 45만 명(이중 공무원연금 28만 명)을 더하면 전체 공적연금 수급자는 65세 이상 노인의

47%로 높아진다.

이는 개인 단위로 파악한 것으로 부부가구 단위로 보면 그 비율은 더 높아져 60%를 넘을 것으로 추정된다.

따라서 20년 이상이 경과하여 국민연금이 성숙단계에 이를 경우, 전체 노인 중 국민연금 수급자 비율은 55%, 여기에 공무원연금 등 특수직역연금 수급자를 합친 공적연금 수급자는 65세 이상 노인의 60% 이상으로 높아질 것이다. 개인 아닌 부부가구로 보면 75%를 넘을 것으로 추정해 볼 수 있다.

문제는 이같은 증가에도 불구하고 전체 노인가구의 20% 이상이 공적연금을 받지 못하는 상태가 될 수 있다는 사실이다. 위의 값은 전망치이긴 하지만 각별한 노력을 기울이지 않으면 현실화할 수 있다.

저연금자 고려 시 노인가구 사각지대 30%로 늘어

덧붙여 고려할 점은 국민연금 수급자로 파악된 그룹안에서도 생계유지에 필요한 최소한의 연금급여를 받지 못하는 이들이 적지 않다는 사실이다. 이들 중 상당수는 저연금자로 실질적인 사각지대로 분류될 수 있을지 모른다. 여기까지 고려하면 전체 노인가구의 사각지대는 30% 규모로 늘어날 수 있다.

유념할 사실은 국민연금의 공동화(空洞化) 영역인 사각지대에 속하는 이들 중 극히 일부를 제외한 대다수가 노후생계를 정부 등 공적 조직에 의존할 가능성이 높은 이들이라는 점이다. 이들의 생계를 지지하는데 기초생활보장 수준은 아니더라도 그에 근접하는 수준의 예산이 소요될지도 모른다.

이러한 사실은 근로기에 가입자 다수가 취업 활동 등을 통해 국민연금 수급권을 확보할 수 있도록 자조 노력을 촉구하면서 공적 지원 조치 강화가 필요함을 시사한다.

무연금자 발생 억제 위한 사전 대책 대폭 강화해야

무연금자 발생을 억제하기 위해 경제적 궁핍 등의 이유로 보험료를 미·체납하는 가입자에 대해 보험료를 보조하고 있다. 확대 시 도덕적 해이가 우려된다면 저리융자 형태로 지원하는 방안도 고려될 수 있을 것이다.

동기를 유발하는 유인(誘引)형 소득지원정책이 대상자의 노후대비 의식을 고취시켜 노동시장에서의 조기퇴출을 막는 등 적은 비용으로 근로자의 연금 수급권 확보에 효과를 기대할 수 있음은 널리 입증된 바 있다.

우리나라는 주민등록번호를 활용한 효율적인 IT 정부망이라는 강력한 인프라를 갖고 있다. 잦은 직장 이동과 실업, 휴폐업자에 대해 적은 비용으로 자격관리에 나설 수 있는 등 유인형 소득지원정책의 시행에 유리한 여건을 갖추고 있다.

국내에서는 국민연금에 대한 강한 불신으로 이런 저런 조치에도 불구하고 국민연금에 끝내 가입하지 않거나 지속적인 미·체납으로 은퇴 후 무연금자, 저연금자가 될 이들이 적지 않다. 특히 중하위층으로 이러한 행동에 나서는 이들은 장래 중앙정부와 지방자치단체에 큰 부담을 지울 수 있다.

찾아가는 홍보와 교육 등으로 이러한 이들의 숫자를 줄여 나가는 사전적 사각지대 대책을 대폭 강화하고 인내심 있게 추진해야 할 것이다. 사각지대 해소는 경제사회노동위원회(2019) 권고사항 중 가장 먼저 제시된 내용이다[26].

앞으로도 노동시장이 지속적으로 변화하고 진화함에 따라 경제적 지위가 불안정하여 소정의 보험료를 제때 낼 수 없는 이들이 크게 줄어들지 않을지 모른다. 하지만 그렇다고 해서 제도의 운영과 재원조달 등의 측면에서 방향을 크게 선회하기보다 기존 제도를 잘 활용해 가면서 좀더 포용적이고 조화된 형태로 운영해 나가는 자세가 필요할 것이다[27].

기초연금 강화와 지급대상의 신축적 운영

획기적인 사각지대 해소책의 하나로 기초연금액 확대가 고려될 수 있다. 이는 국민연금으로 노후소득보장의 사각지대를 해소하는 데 한계가 있을 수밖에 없다는 것을 기정사실로 받아들일 경우의 해법이다.

기초연금법이 기초연금액 산정 시 국민연금 급여액과 연계시키고 있는 점을 감안하면, 생각해볼 수 있는 방안의 하나가 될 수 있다.

국민연금 급여가 일정 수준 이상일 때 기초연금액을 삭감하므로 국민연금 급여가 일정수준을 밑돌거나 아예 없으면 기초연금액을 늘리는 것이다.

기초연금 총재원 규모를 일정 수준으로 유지하면서 이같은 방식으로 운영해야 한다면 무연금자 급여액이 꽤 낮아질 수 있다. 이것이 문제라면 지급대상(소득 하위 70% 수준)을 축소 조정하는 등의 신축적 대응이 고려될 수 있을 것이다.

우리의 기초연금 도입은 OECD 국가 중에서는 1987년 일본이 도입한 후 27년만이다. 기초연금의 선 기능보다 역 기능이 부각되면서 그간 도입하려는 나라가 없었다. 연금 개혁에서 선구적인 나라로 평가받는 스웨덴은 1947년 도입한 기초연금을 1998년 폐지하고 1999년 1월부터 최저보증연금으로 이행한 바 있다.

기초연금을 운영하고 있는 일본에서는 도입 후 22년이 지난 2009년 8월, 선거에서 승리하여 집권당이 된 민주당이 야당 시절의 공약이던 최저보증연금의 도입을 시도한다.

수급자 1인당 월 7만엔 정도의 최저보증연금은 기초연금 평균급여월액(노령연금, 유형에 따라 5만~5만 5천엔)보다 1만 5천엔~2만엔 정도 가 많다. 전면시행 시 연 3조 엔 넘는 재원이 추가 소요될 것으로 전망되면서 공염불로 끝났다[28].

기초연금을 운영하는 나라마다 고민이 많고 개선해 보려는 움직임도 제각각이다. OECD 어느 나라보다 노인빈곤율이 매우 높은 우리이다. 실정에 맞게 기초연금을 운영해가는 지혜가 필요할 것은 말할 나위 없을 것이다.

국민연금과 기초연금의 관계

넷째는 국민연금과 기초연금의 관계 설정 문제다. 2008년기초노령연금이 도입될 때만 해도 이를 공적연금으로 인식하기보다 공공부조로 보는 시각이 강했다.

현안인 노인빈곤 문제가 완화되거나 해소되면 점진적 폐지로 이행할 수 있을 것으로 이해하는 이들도 많았다. '한시적'이라는 인식이 법 제정에 관여한 여야 정치가와 관련 전문가들 사이에서 일정 부분 공유되고 있었다고 볼 수도 있다.

기초노령연금과 기초연금의 차이

2014년 7월부터 기초연금으로 이름이 바뀌면서 제도의 성격이 다섯 가지 측면에서 달라졌다.

1) 도입 목적에서 지급 대상이 '생활이 어려운 노인'에서 '노인'으로 바뀌면서 그간의 공공부조적 특성이 대폭 약화되었다. 기초노령연금법(2008년)은 "노인이 후손의 양육과 국가 및 사회의 발전에 이

바지하여 온 점을 고려하여 생활이 어려운 노인에게 기초노령연금을 지급함으로써 노인의 생활안정을 지원하고 복지를 증진함"(1조)으로 되어 있다.

그런데 기초연금법(2014년)은 "노인에게 기초연금을 지급하여 안정적인 소득기반을 제공함으로써 노인의 생활안정을 지원하고 복지를 증진함"(1조)으로 규정하고 있다.

2) 도입 목적에서 기초연금과 국민연금의 차이가 좁혀지고, 기초연금액이 국민연금의 균등부분인 소득재분배부분과 더불어 급여수준이 높아진 '광의의 기초연금'으로 자리매김되었다. 기초연금은 더이상 '한시적'으로 운영되는 공공부조로서 기능할 수 없게 되었다.

두 연금의 도입 목적은 '노인의 생활안정 지원과 복지 증진', '국민의 생활 안정과 복지 증진'으로, 노인으로 한정되는 점 외에 별반 다르지 않다. 다른 점은 국민연금이 '노령, 장애, 사망 위험에의 대비'를 명시하는데 기초연금엔 관련 언급이 없다는 것이다. 보기에 따라선 기초연금을 이들 위험에 질병, 치매 등을 포함한 모든 위험에의 대비 제도로 이해할 수도 있다[29].

한편 '기초연금+국민연금의 균등부분'은 주요국의 기초연금과 비교될 수 있는 '광의의 기초연금'적 성격을 지닌다. 다만 주요국 기초연금과 비교하여 급여수준에서 큰 편차를 지닌다. 무연금자·저연금자가 상당수에 달하고 무연금자로 소득인정액이 선정기준액을 초과하는 이들에겐 기초연금이 지급되지 않기 때문이다.

나아가 기초연금이 더 이상 공공부조가 아니라면 부부 수급 시의 20% 삭감 조항(법 제8조 1항)은 재검토되어야 할지 모른다. 이 조항은 기초연금을 공공부조로 간주하는 규정으로 이해될 수 있다. 보충연금 등 공적연금의 일환으로 본다면 권리로서 수급하는 것이므로 삭감하지 않는 것이 합리적이다.

3) 기초연금액이 '국민연금의 균등부분'과 연계되면서 국민연금의 소득재분배 기능을 강화하고 저소득 무연금자·저연금자의 노후소득을 지원하는 보충연금의 특성을 띄게 되었다.

국민연금의 소득재분배 급여금액은 급여산식에 따라 20년 이상 가입한 이들과 20년 미만 가입한 이들 사이에 차이가 있다. 기초연금액은 이같은 가입기간에 따른 소득재분배 급여금액 격차를 줄여 소득재분배 기능을 강화시켜 준다.

또 급여 명칭이 기초노령연금의 '연금액'에서 기초연금액으로 바뀌고 급여 수준이 2배 정도 높아진 것도 그간의 공공부조에서 보충연금으로의 특성 변화를 설명하는 추가적인 이유가 될 수 있다.

4) 기초연금 지급 재원을 국민연금기금에서 끌어와 쓰는 것이 명시적으로 금지되면서(기초연금법 4조 2항) 국민연금과 기초연금의 재원조달 방식이 완전 구분되었다. 이는 기초노령연금법에 없던 규정으로, 이에 따라 기초연금 지급 소요 재원은 조세 등 국가와 지방자치단체 세입으로 충당하는 것이 확정된다.

이 규정의 삽입으로 한 해의 '기초연금+국민연금'의 총 급여지출에서 조세 등의 공비(公費) 부담과 사회보험료 부담의 추이, 이를 토대로 한 적정 수준의 공비 부담 및 기초연금 운영 방향에 대한 논의가 가능해질 전망이다.

5) 제도의 안정적 운영에 필요한 재원 조달과 관련한 국가와 지방

자치단체의 책무에서 국민연금이 기초연금보다 그 수준이 낮게 규정되어 있다.

국민연금법(2조)은 "관련 사업은 보건복지부장관이 맡아 주관"하도록 하고, 국가의 책무와 관련하여선 "국가는 이 법에 따른 연금급여가 안정적·지속적으로 지급되도록 필요한 시책을 수립·시행하여야 한다"(국민연금법 3조의 2)고 규정하고 있다.

이에 비해 기초연금법(4조 2항)은 "국가와 지방자치단체는 필요한 비용을 부담할 수 있도록 재원을 조성하여야 한다"고 규정해 그 수준이 높다[30].

2014년 이후 두 연금의 관계 설정에 대한 논의가 조금씩 일어나고 있다. 특히 문재인 정부에서 기초연금 급여수준이 2018년 25만 원으로 상향되고[31], 2022년까지 전 수급자에게 30만 원 지급이 예고되면서[32] 관련 논의가 고조되고 있다.

분명한 사실은 두 연금이 노후소득보장의 최저한(minimum)과 관련되어 있어 양자를 떼어 논의하기 힘들다는 점이다.

국민연금과 기초연금의 통합 바람직할까

향후 두 연금의 운영과 관련한 기본 방향은, 기초연금 급여 수준을 더 인상하더라도[33] 현행 방식의 독립 법제[34]와 국민연금 급여와의 연계 구조를 유지하면서 국민연금의 미흡한 소득재분배 기능을 강화하는 방향이 바람직할 것이다.

유념할 사실은 이같은 운영으로 기초연금법 4조 3항에 제시된 우려 즉 "기초연금의 지급에 따라 계층 간 소득역전 현상이 발생하지 아니하고 근로의욕 및 저축유인이 저하되지 아니하도록" 최대한 노력해야 한다는 점이다. 아울러 국민연금 가입과 보험료 납부 유인이 저해받지 않도록 하는 것도 긴요하다.

물론 이와 다른 방안의 개혁 방안도 고려할 수 있다. 국민연금과 특수직역연금을 다층화하여 1층 연금으로 기초연금을 도입하고 기왕의 국민연금과 특수직역연금을 2층 소득비례연금으로 바꾸는 방식이다.

오래전부터 '구조적 개혁방안'으로 알려진 방식이며 여러 선진국에서 시행하고 있는 방식이기도 하다. 사각지대 해소에 효과가 기대되지만 막대한 재원 소요가 걸림돌이다. 이행에 따른 비용 등 각종 부담도 만만치 않다. 실행 불가능이라고 할 수는 없지만 그에 근접한 힘든 개혁 방안이다.

끝으로 초고령사회 진입이 머지않은 가운데 지속가능한 기초연금, 국민연금의 구축이 요청되고 있다. 자기 책임과 자조에 입각한 보험료, 연대와 세대간 상조에 입각한 조세를 장기에 걸쳐 어느 정도 비율로 조합하여 노후소득보장 재원을 조달할 것인지가 남은 선택이다.

이때 간과해선 안될 점은 선택 시 투표권을 행사할 수 없는 후세대에 대한 배려가 반드시 있어야 한다는 사실이다. 그래야 백년대계로서의 제도가 후세대에 의해 거부, 단절되지 않고 장기 지속될 수 있기 때문이다.

국민연금, 제도와 기금의 장래 모습

다섯 번째는 국민연금의 제도 및 기금의 장래 모습에 대한 문제다. 사각지대 해소가 난제로 남아 있는 상황에서 먼 미래에도 국민연금이 노후소득보장의 핵심적인 제도로 기능할 수 있을 것인지가 궁금하다. 아니면 이를 대체하거나 보완, 보충하는 별도의 강력한 제도가 제시될 수 있을지가 관심사다.

나아가 예상되는 보험료율 인상 시 그렇지 않아도 큰 거대 적립기금의 규모가 더 빨리 커질 터인데 이때 기금이 국내 경제에 미칠 긍정적, 부정적 파급효과에 대한 검증이 충분하게 이뤄지지 못했다.

또 적립금을 지금처럼 금융부문 중심으로 운용하는 것만이 유일한 대안일까 하는 것도 고찰이 필요한 곳이다. 그리고 기금운용의 지배구조를 지금 상태로 둘지 오래전부터 검토해온 기금운용공사로 독립시킬지, 아니면 제3의 방법을 고려할 것인가 하는 문제 등이 남아 있다.

도입 후 30년 이상 지났는데 '가능하면 탈퇴하고 싶다'?

국민연금은 도입 후 30년 이상 경과하고 있지만 여전히 가입자인 국민들로부터 큰 지지를 얻지 못하고 있다. 지금도 선택이 가능하다면 국민연금에서 탈퇴하고 싶다는 생각을 갖고 있는 국민이 적지 않다.

국민연금 수급자가 460만 명(2018년 말 기준)에 달하고 이중 노령연금 수급자가 378만 명에 이르러 주변에서 수급자를 쉽게 찾아볼 수 있는데도, 청장년 가입자 중에는 기회가 주어진다면 빠져나가려는 생각을 갖고 이들이 제법 된다.

아마도 이들 중 다수는 당장의 생계가 어려운데 무슨 30, 40년 후 노후소득을 걱정해야 하느냐고 반문할지 모른다. 또다른 일부는 1988년의 발족 후 몇 차례 개혁이 이루어져 연금급여액이 줄어들었고 머지않아 보험료율 인상이 예고되면서 장래 은퇴 후 수급할 연금액에 대한 기대감이 약해졌다고 답할지 모른다.

저출산과 장수화에 따른 불가피한 개혁이라고 할 수 있지만 자신의 의사와 무관하게 강제가입한 가입자에게는 지속적인 개악으로 비쳐질게 틀림없다.

제도에 대한 가입자들의 불만과 반감에도 불구하고 성숙 단계를 향해 나가고 있는 국민연금이 폐지되거나 다른 제도로 바뀔 가능성은 높아 보이지 않는다.

우리보다 시행 연도가 오래된 주요국의 사례와 경험을 통해 예상해볼 수 있는 것은, 주기적인 개혁 조치를 통해 지속가능성을 확보함으로써 가입자들로부터 일정 수준 이상의 신뢰를 받는 사회보장 연금으로서의 지위를 확립해 나갈 수 있을 것이라는 점이다.

물론 이렇게 되기 위해선 개혁 시 가입자 내료는 물론 후세대 이익을 대표하는 전문가 등의 의견이 충분히 반영될 수 있는 제도적 장치가 마련되어야 한다. 또 이것이 잘 기능할 수 있도록 합리적으로 운영하는 개혁 주체의 노력도 필요할 것이다.

국민연금 대체할 기본소득 구상, 꿈만은 아니다?

덧붙여 무연금자·저연금자 등 사각지대 문제가 해결되지 않을 경우 기왕에 도입된 기초연금제의 확대 및 신축적 운영, 혹은 기본소득제 도입이 시도되어 국민연금을 보완하거나 대체할 가능성이 없지 않다.

가능성이 높은 것은 전자이다. 기초연금의 적용대상을 확대하되 급여수준을 수급자 소득 수준에 따라 차등 적용하는 방안이 고려될 수 있다.

최근 들어 화제가 되고 있는 기본소득제가 국민연금을 대체할 가능성도 전혀 없지 않다. 다만 효과에 대한 검증이 필요할 것이므로 지역 단위로 시험 도입한 후 시행 여부를 정해야 할 것이다.

이때 경기도 이재명 지사 등이 주장해온 토지보유세 재원을 토대로 한 기본소득제 시행이 우선적으로 검토될 수 있을 것이다. 이 지사의 발상은 기왕의 재산세 및 종합부동산세 외에 별도의 토지보유세를 부과하여 징수 재원을 활용하여 주민에게 균등하게 기본소득을 배분하겠다는 발상이다. 토지 소유자가 막대한 불로소득을 얻어 소득분배를 악화시키는데 합당한 과세가 이뤄지지 못하고 있다는 판단에 입각한 것이다.

구체적으로는 지방세법에 관련 세목을 신설하여 최고세율을 제한하고 광역자치단체가 필요에 따라 자율적으로 세율을 정해 운영하도록 하는 방식이다.

참고로 해외에서는 핀란드[35)]와 캐나다[36)]의 선구적인 실험이 실패한 이후 여러 나라에서 장기적인 안목으로 다양한 형태의 실험을 지속하고 있다. 배경에는 인공지능(AI)이 광범위하게 활용되면서 일자리가 줄어들고, 직업이나 직장 간의 소득 격차가 확대되어 경제활동 참가자 다수가 안정적인 취업 생활에 대해 위기감을 느끼고 있다는 사실이 있다.

국민연금에 크게 뒤진 개인연금·퇴직연금 기금 수익률, 이유는?

다음은 세계 3대 국부펀드의 하나로 일컬어질 정도로 규모를 키운 국민연금기금의 장래 위상에 관한 문제다. 국민연금기금은 운용자금 잔고가 2019년 4월말 기준 690조 원에 달한다. 2018년 말 기준 639조 원은 같은 해 GDP(1,893.5조 원)[37)]의 34% 수준이다. 앞으로도 한동안 증가하여 2030년대 후반에는 50% 전후 수준으로까지 커질 것으로 전망된다.

국민연금기금의 규모가 커지면서 국내 금융시장과 자본시장에 미칠 파급효과에 대한 관심이 높아지고 있다. 우리처럼 큰 적립기금을 운용하는 나라는 OECD 국가 중에 많지 않다.

미국 사회보장연금, 캘리포니아 주정부연금(CalPERS), 캐나다연금(CPPIB)과 퀘벡연금(QPP), 일본 공적연금적립기금(GPIF), 노르웨이 정부연금(GPFG), 네덜란드 공무원연금(ABP) 등이 대표적이다.

OECD 국가들은 공적연금기금보다 훨씬 많은 수의 퇴직연금과 개인연금 기금을 운영하고 있다. 2018년 기준 OECD 국가의 연금자산은 48.5조 달러로 이들 국가 GDP의 96.6%(가중평균, 단순평균은 63.9%)이다. 공·사연금 내역은 공적연금 6.0조 달러, 14.3%이고 사적연금 42.5조 달러, 82.3%로 후자가 월등히 크다[38].

이 조사에서 우리나라는 공적연금 5,732억 달러, 34.2%, 사적연금 4,560억 달러, 28.5%로 합계 10,292억 달러, 62.7%(대 GDP)를 보이고 있다.

우리나라는 OECD 평균 대비 공적연금은 적립금 규모가 배 이상 크고 비교 대상 국가 중 최고 수준이지만, 사적연금은 OECD 평균의 1/3 수준에 머물고 있다. 시간이 흐르면서 어떤 모습을 보일지 전망하는 것은 쉽지 않다.

분명한 것은 한동안 공적연금 적립금 규모는 좀더 빠르게 증가할 것으로 예상되는 반면 사적연금의 적립금 규모는 증가 속도가 더뎌 당분간 OECD 평균의 1/2 수준에도 이르지 못할 것이라는 점이다.

다만 정부가 퇴직연금과 개인연금을 재정비하여 노후소득보장의 주된 축의 하나로 고려하고 나온다면 전망이 달라질지 모른다. 두 연금은 2005년과 1994년의 도입 후 규모는 커졌지만 세제상 유인이 강화되지 않고 기금 운용 사업자들의 도덕적 해이로 수익률이 아주 낮다.

국민연금기금 수익률 증대, 최우선 과제이자 능사?

국민연금기금은 그 규모가 커지면서 해외 투자를 확대하고 있지만 여전히 국내 금융시장과 자본시장에 강력한 파급효과를 갖고 있다.

국내 최대 기관투자자로서 여유자금의 대부분을 금융자산에 배분하여 운용하는데 금융자산별로는 2018년 말 기준 채권이 53%로 가장 높고 주식 35%, 대체투자 12%의 순이다.

같은 시점 기준으로 채권은 국내 투자 비중이 해외 투자의 11.7배이지만, 주식은 국내 투자 비중이 해외 투자의 0.96배로 오히려 작다. 기금 규모가 커지면서 주식을 중심으로 해외 투자 비중이 빠르게 늘어날 전망이다. 이는 수익률 증대책의 일환이기도 하다.

국내 기금운용 당국(기금운용위원회, 국민연금공단 기금운용본부)은 노르웨이 정부연금(GPFG), 네덜란드 공무원연금(ABP) 등 우리보다 운용성과가 좋은 기금에 근접하기 위해 다양한 시도를 하고 있으나 안정성 추구와 관련된 각종 규제 조치로 뜻하는 대로 운용하지 못하고 있다.

관련하여 기금운용 조직에 더 큰 자율성을 부여하고 수익성 측면에서 더 높은 성과를 거두기 위해선 가칭 기금운용공사로의 독립 등

지배구조 개편이 필요하다는 주장이 십수년 전부터 제기되어 왔다.

하지만 보수 정부 하에서도 수면 하의 논의만 무성했을뿐 실천되지 못했다. 진보 성향의 문재인 정부에서 그리힌 직입이 추진될 가능성은 약해 보인다.

단 1998년과 2007년의 두 차례 국민연금 개혁이 김대중, 노무현의 두 진보 정부에서 추진되었다는 사실을 고려하면 관련 작업 추진이 불가능할 것이라고 일축할 수 없을지 모른다.

▍〈그림 2-2〉 국민연금의 미래상과 가입자 사전 대비

개혁작업의 긴급성에 대한 판단이 보수, 진보라는 이념의 문턱을 일시적으로 낮추어, 여야 정치가를 테이블에 끌어들여 진지하게 협상할 수 있게 하는 것은 주요국의 역사가 가르쳐 주는 바이다.

한편 공적연금기금의 대 GDP 비율이 OECD 국가 중 우리가 최고라는 점을 지적하면서(그림 2-3 참조) 적립기금의 지속적인 확대보다 기금의 적절한 활용이 필요하다는 주장이 앞으로도 제기될 수 있다. 실제로 기금의 일부를 활용해 출산, 보육 사업이나 저소득층 대상 주택 공급 사업을 지원하자든가 하는 얘기가 종종 제시되어 왔다.

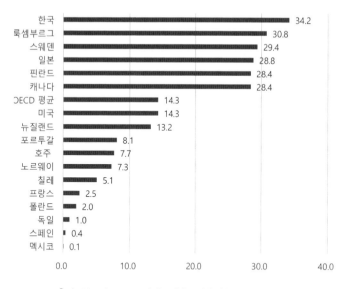

▌〈그림 2-3〉 OECD 국가의 공적연금 적립금(대 GDP, 2018년, %)

출처: OECD(2019), *Pensions at a Glance 2019*, table 9-2, p.211.

이에 대해서는 국민 다수의 우려 목소리 등으로 정책으로 채택되지 않았으나 적절한 검토 작업이 필요할 것으로 보인다. 국민연금기금의 성격이 공적연금 기금이고, 장기적으로 기금 규모가 출산율수준과 밀접하게 연관되어 있기 때문이다. 세계 최저 수준의 출산율을 보이는 우리이다. 국민연금과 기금의 지속가능성을 위협하는미래발 신호라고 할 수 있다.

5년만의 국민연금 재정재계산, 형식적 대응은 곤란

끝으로 2018년 말에는 5년마다 수행하는 국민연금 재정재계산작업의 결과를 반영한 제4차 국민연금종합운영계획안이 국회에 제출되었다.

이때의 계획안에는 단계적인 보험료 인상, 급여수준인 소득대체율 조정, 수급개시연령의 단계적 인상 등 국민연금 재정의 장기안정방안 등이 담겨질 예정이었지만, 문재인 정부의 소극적인 대응으로개혁으로 이어질 내실있는 내용이 담기지 못했다.

대통령을 위시한 문재인 정부 지도부와 여야 정치권이 관심이 엷어, 방향성이 담긴 안을 토대로 구체적인 제도 개편이 시도되는 것은 차기 정부가 출범할 무렵인 2022년 이후가 될지 모른다. 바람직하기는 이때 국민연금 외에 기초연금, 퇴직연금, 개인연금까지를 포함한 우리의 노후소득보장체계 전반을 재검토하여 실효성 있는 제도로 재구축하는 논의가 요망된다.

본 장과 이어지는 4장, 5장에서 서술되고 있듯이 우리 노후소득 보장체계의 구축과 운영의 방향성에는 적지않은 문제가 있다. 고령화·저출산 현상이 어느 나라보다 두드러지는데, 후세대에 큰 부담을 지울 수 있는 (수정)부과방식의 국민연금 등 공적연금 의존도가 높고 퇴직연금과 개인연금 등 현역세대 자조방식의 사적연금 의존도는 아주 낮다.

기득권 세력 및 대중인기영합정치와의 싸움인 연금개혁 작업은 착수가 빠를수록 수용도가 높고 갈등 해소에 따른 사회적 비용도 적게 든다. 요컨대 빈틈이 많고 허술하기 짝이 없는 우리의 노후소득보장체계이다. 재정립할 수 있는 역사적 호기를 놓치지 말아야 할 것이다.

▍〈그림 2-4〉 미뤄지는 근본적인 연금개혁

3장

공무원연금
지금대로 좋을까

김상호

공무원연금과 군인연금의 기원

국가가 특수직역에 종사한 사람에게 연금을 지급한 것에 대한 기록은 그리스 시대에서 찾을 수 있다. 기원전 400년 그리스의 웅변가 리시아스(Lysias)에게 지급되던 연금이 중단되었다는 기록이 있는데, 전장에서 입은 부상 때문에 국가연금을 받을 수 있었던 것으로 추측할 수 있다.

또한 고대 그리스의 도시국가에서도 전쟁에서 공동체에 대한 군인의 충성심을 높이기 위해 군인과 그 유가족을 위한 연금제도를 운영하였다.

로마는 당시 선진국이었던 그리스의 국가제도를 벤치마킹하여 자기 나라의 현실에 맞게 변형하여 운영하였다. 군인연금에서는 그리스 제도를 더 정교한 형태로 발전시켰다. 상비군제도로 막강한 군사력을 자랑한 로마는, 아우구스투스 황제 시대에 정규군으로 20년과 예비군으로 5년 등 총 25년 복무하면 3000 데나리 상당의 연금을 지급하였다. 직업군인의 노후생활을 보장하는 연금제도를 운영한 것이다.

한편 그리스와 로마 시대에 발달했던 군인연금제도가 중세 들어 사라지게 되는데, 이는 봉건제도에서 제후들이 군신관계 유지를 위해 가신들에게 봉토를 제공하였기 때문에 굳이 연금을 제공할 필요가 없었기 때문으로 보인다.

우리나라의 공무원연금은 1960년 도입되었는데, 당시의 어려운 경제 상황 때문에 봉급을 적게 줄 수밖에 없는 상태에서 고급인력을 유치하여 경제개발 전략을 성공적으로 실시하기 위한 공무원 유인책으로 도입되었다. 또한 노후생활에 대한 불안감을 해소함으로써 근무의욕을 북돋워 행정 효율성을 높이고 부정부패를 유발하는 요인을 예방하여 자기 업무에 충실할 수 있도록 하는 인사행정 측면의 목적을 가지고 공무원연금이 도입되었다[1].

▌〈그림 3-1〉 불공평한 공적연금 급여수준

주: 군인연금은 국민연금은 물론이고 공무원연금보다도 급여수준이 높다.

은급형과 사회보험형

은급형 : 독일

독일에서는 공무원연금이 직업공무원제도의 일환으로 도입되어 사용자인 정부가 공무원의 취업기간뿐만 아니라 퇴직기간의 생활을 보장하는 은급형으로 발전하였다. 따라서 일반국민을 가입대상으로 하고 사회보험 방식으로 운영되는 독일 국민연금과 다른 독립된 제도이다.

공무원연금을 부양제도 형태로 운영하는 국가와 사회보험 형태로 운영하는 국가로 분류할 때 독일은 전자에 속한다.

사회보험은 일종의 보험이므로 연금을 받기 위해서는 사전에 보험료를 납부했어야 한다. 이와 달리 부양제도에서는 공무원이나 군인처럼 국가에 기여한 대가로 연금을 지급하기 때문에 사전에 보험료를 납부할 필요가 없으며, 연령과 최소가입기간 같은 연금지급 요건이 충족되면 연금을 지급한다.

공무원연금을 의미하는 독일어 Beamtenversorgung에서 Beamte가 공무원을, Versorgung이 부양을 의미하는 데에서도 독일 공무원연금이 부양방식으로 운영됨을 알 수 있다.

독일 공무원연금의 적용대상은 연방공무원, 주공무원, 지방자치단체공무원 및 판사이며, 군인을 위한 군인연금이 공무원연금과 유사한 내용으로 운영되고 있다. 우리나라와 달리 독일에서는 선거를 통하여 선출된 공무원과 국회의원, 지방자치단체장 및 지방의회 의원이 공무원연금 적용대상에 포함된다.

2016년 6월말 기준 468.9만 명의 공공부문 종사자 중 공무원(군인 16.4만 명 포함)이 39.2%(183.6만 명), 공공근로자가 60.8%(280.8만 명)를 차지한다. 공무원 중 연방정부 소속이 34.4만 명, 주정부 소속이 127.5만 명, 지방자치단체 소속이 18.6만 명, 사회보험 관장기구 소속이 3.1만 명이다. 2016년 1월 1일 기준 공무원연금 수급자 161.4만 명 중 퇴직연금 수급자는 123.4만 명, 유족연금 수급자는 38만 명이다[2].

2006년의 연방제 개혁에 따라 단일체계로 운영되던 공무원연금이 연방공무원연금과 주별공무원연금으로 분리됨에 따라 주공무원과 지자체공무원에 대한 연방정부의 연금 관할권이 소멸되고, 개별주는 독자적인 공무원연금을 운영할 수 있게 되었다.

참고로 공공부문에 종사하는 공공근로자는 공무원 신분이 아니기 때문에 연금 또한 일반국민을 가입대상으로 하는 국민연금을 적용받는다.

퇴직연금을 수급하기 위해서는 공무원으로 5년 이상 근무하였거나 공무수행 중 발생한 재해로 재직이 불가능하며, 연금수급 개시연령에 도달하여야 한다. 연금수급 개시연령은 2012년 65세에서 단계적으로 인상되어 2029년부터 67세가 적용되며[3], 일반국민을 가입대상으로 하는 국민연금과 달리 최저연금이 있다.

재직기간 1년에 대한 연금지급률은 1.79375%이며, 최대지급률은 40년 재직 시 최종보수의 71.75%이다. 5년 이상 재직하고 혼인관계가 1년 이상 지속된 공무원이 사망하면 그 배우자에게 퇴직연금의 55%를 배우자연금으로 지급한다.

공무원연금을 부양제도로 운영하기 때문에 사용자인 정부가 운영 비용을 전부 부담하며 이 비용은 회계연도의 인건비 예산에서 지출된다.

도입 후 오래되어 연금수급자가 많은 상태에서 높은 수준의 퇴직급여를 보장하는 부양제도로 운영하기 때문에 인건비 예산의 50% 이상을 퇴직공무원의 노후소득보장에 지출하며, 퇴직공무원 대상 지출이 GDP에서 차지하는 비중이 2018년 2.4%에 달했다[4].

이처럼 높은 지출 부담에 추가하여 저출산 여파로 경제활동인구가 지속적으로 감소할 것으로 예상되는 미래에 대비하기 위해 재직공무원의 임금과 퇴직 공무원의 연금 인상을 억제하여 마련한 금액을 연방공무원연금지급준비금에 적립하여 미래의 재정난에 대비하고 있다.

그러나 이러한 재정난 해소 방법 역시 미래세대가 직면할 심각한 부담 증가 문제를 해결하는데 한계가 있음을 알게 되었다. 이러한 인식 하에 공무원연금 재정 문제를 근본적으로 해결할 목적으로 법률을 개정하였다[5].

즉 2007년 이후 연방정부 관할 업무에 신규로 임용되는 모든 공무원에 대해, 미래의 연금지급에 소요될 것으로 예상되는 비용을 취업연도에 연방공무원연금기금에 적립토록 하였다. 보험수리에 기초하여 산정한 이체율에 해당공무원 보수를 곱하여 산정한 금액을 연방공무원연금기금에 이체토록 한 것이다. 이체율은 고위직 공무원과 판사에게 36.9%, 상급직 공무원에게 29.3%, 중하위직 공무원에게 27.9%를 적용하였다.

이처럼 신규 임용 공무원에게 높은 이체율을 적용하여 노후소득보장을 위한 적립금을 축적하는 것은 공무원연금이 궁극적으로 완전적립방식으로 전환되도록 재정방식이 변경되었음을 의미한다.

퇴직 공무원의 연금을 회계연도 인건비에서 지급하면서, 동시에 신규 임용 공무원에 대해서는 미래세대의 과도한 부담을 억제하기 위해 은퇴시기를 대비한 적립금을 축적하기 때문에 정부는 이중부담에 직면해 있다. 이는 공무원연금의 장기재정 안정성을 확보하기 위한 연방정부의 의지가 얼마나 확고한지를 보여준다.

참고로 독일에는 우리나라의 공무원연금공단 같은 공무원연금을 위한 독립된 관장기구가 없으며, 내무부 연금관리국에서 행정 업무를 담당한다.

사회보험형 : 미국

미국은 일반국민에 대해 1층의 노령유족장해연금(OASDI), 2층의 퇴직연금 및 3층의 개인퇴직계좌(IRA)로 구성된 다층노후소득보장체계를 운영한다. 사회보장연금인 OASDI는 우리나라의 국민연금처럼 보험방식 형태로 운영되지만 소득재분배가 많이 이루어지도록 설계되어 있고, 민간근로자, 자영자 및 대부분의 연방공무원이 가입해 있다.

OASDI의 재원은 근로자와 사용자가 각각 6.2% 총 12.4%의 보험료를 부담하여 조달하며, 최소가입기간인 10년 이상 가입 후 연금수급 개시연령에 도달하면 지급한다. 수급개시 연령은 1937년 이전 출생자는 65세이며 이후 22년에 걸친 단계적 인상으로 1960년 이후 출생자는 67세이다[6].

1986년 6월 제정된 연방공무원퇴직연금법에 따라 1983 12월 31일까지 임용된 연방공무원에게 단층 형태의 구 공무원연금(CSRS)을 적용하고, 1984년 1월 1일 이후 임용된 연방공무원에게는 연방공무원연금(FERS)을 적용하고 있다.

CSRS가 우리나라의 공무원연금처럼 공무원을 위한 종합적인 독립된 제도인 반면, FERS는 사회보장연금인 OASDI에 기본 가입 후 부가의 공무원연금과 개인저축계정을 적용한다.

신 공무원연금인 FERS는 1층의 OASDI, 2층의 직역연금인 FERS Basic Retirement Annuity(이하 FERS annuity), 3층의 개인저축계정(TSP)으로 구성되어 있다.

2016년 9월말 기준 연방공무원 268.8만 명의 가입 분포는 CSRS 15.9만 명(5.9%), FERS 252.9만 명(94.1%)이다. 10년 전인 2006년에는 양자의 분포가 24.4%와 75.6%였고 20년 전인 1996년에는 47.1%와 52.9%였다. 지속적으로 CSRS가 줄고 FERS가 늘고 있음을 알 수 있다[7].

연금수급자 261.2만 명의 구성은 CSRS 186.8만 명(71.5%), FERS 74.4만 명(28.5%)이 분포를 보인다. 연금수급자를 은퇴자 본인과 유족으로 구분하면 은퇴자 본인은 CSRS 139.5만 명(67.1%), FERS 68.3만 명(32.9%)이지만 유족은 47.3만 명(88.6%)과 6.1만 명(11.4%)으로 압도적으로 CSRS가 많다.

재직자 대비 연금수급자 비율은 공무원 본인으로 한정하면 77.3%이며 유족까지를 포함하면 97.2%이다.

FERS Annuity에는 퇴직연금, 장해연금 및 유족연금이 있으며, 퇴직연금 수급개시 연령은 가입기간별로 차이가 있다. 예를 들면 30년 이상 가입 시 55세에 연금을 받을 수 있는 반면 5년 이상 가입 시에는 62세에 연금을 받을 수 있다.

가입기간 1년에 대한 연금은 최고임금 3년 평균의 1%이기 때문에 40년 가입하면 최고임금 3년 평균의 40%에 해당하는 연금을 받게 되며,[8] 소비자물가 상승률을 반영하여 연금액을 인상한다[9].

CSRS가 부분적립방식으로 운영되는 것과 달리 FERS Annuity는 명목적립방식으로 운영된다. CSRS 재원은 공무원과 소속기관이 각 7%씩 부담하는 보험료로 조달되며, 일반재정에서는 미적립채무 이자 등을 부담한다. CSRS와 동일한 보험료율이 FERS 가입자에게 적용되고 있는데, 7% 보험료 중 6.2%는 OASDI 보험료로, 나머지 0.8%는 FERS Annuity 보험료로 사용된다.

연방정부는 사용자로서 부담하는 OASDI 보험료 6.2%, 그리고 재직 공무원이 부담하는 0.8% 보험료를 제외한 FERS Annuity 운영에 소요되는 모든 비용을 추가로 부담한다.

미 공무원연금에서 흥미로운 것은 FERS Annuity가 납부 보험료와 수급 연금액이 일치하도록 운영된다는 점이다. 그러나 정부가 채권발행을 통해 사용자 보험료를 조달하기 때문에 국민경제 차원의 실질적인 자본 축적이 이루어지지는 않는 점에 주목할 필요가 있다.

한편 1987년 도입된 개인저축계정은 부족한 공적연금을 보충하는 제도로 개인이 가입을 선택하면 정부에서 매칭 보조금을 지원한다. 보조금 지원 내용을 구체적으로 살펴보면 연금산정 임금의 1%에 해당하는 금액을 매월 모든 FERS 가입자의 개인계좌로 이체하며, 여기에 추가하여 공무원이 개인저축을 하면 저축률에 따라 추가보조금을 지급한다[10].

사회보험형 : 일본

미국처럼 사회보험 방식으로 공무원연금을 운영하는 다른 국가로 일본이 있다. 일본 공무원의 공적노후소득보장체계는 1층의 국민연금과 2층의 공제연금(2015년 10월 이후 후생연금으로 통합)으로 구성되어 있다.

1961년 전체 국민을 가입대상으로 하는 기초연금인 국민연금이 도입되어 일정 보험료를 납부하고 정액연금(가입기간에 따른 급여 차이 있음)을 받고 있다. 원칙적으로 국민연금 재원의 50%를 정부가 부담하고, 나머지를 피보험자가 부담하며, 전업주부가 보험료를 납부하지 않아도 취업한 배우자가 납부한 보험료로 대신 납부한 것으로 인정하여 가입시키기 때문에 소득재분배 기능이 강하다.

미취업자와 미취업자를 남편으로 둔 전업주부는 지역가입자로 정액보험료를 납부한다. 일본은 일정 보험료·정액급여 형태의 기초연금을 운영하여 노후보장 사각지대 문제를 완화하고 있다.

일본 공무원연금인 공제연금은 1875년 군인을 대상으로 도입된 은급에서 출발하였지만, 1907년 제국철도청에 노사가 분담하는 공제가 도입되면서 사회보험 방식의 공제연금으로 전환되었다[11].

공무원과 사립학교교직원을 대상으로 별도로 조직된 독립된 공제조합에서 공제연금을 운영하고 있는데[12], 재원은 공무원과 정부가 50%씩 부담하는 보험료와 정부의 추가부담금으로 조달된다. 보험료율은 2015년 9월 기준 17.278%에서, 매년 9월에 0.354%p씩 인상되어 2018년 9월부터 18.3%가 적용되고 있다.

보험료율 인상이 완료되면서 공무원연금 보험료율이 근로자를 가입대상으로 하는 후생연금 보험료율 18.3%와 동일해졌다.

공무원 퇴직연금은 기초연금, 민간근로자를 위한 2층 공적연금인 후생연금의 후생연금 상당액 및 지역가산액으로 구성된다. 기초연금이 정액연금인 반면 후생연금은 소득비례연금이어서 공무원 역시 소득이 높을수록 연금액이 증가하는 연금산식을 적용받으며, 공무원에게 후생연금의 10%에 상응하는 금액(약 2만엔/월)을 직역가산액으로 추가로 지급하도록 설계되었다.

이처럼 일본에서는 공무원의 특수성을 인정하여 제한적이지만 일반 근로자보다 유리한 방향으로 적용받도록 하고 있다.

이후 법률 개정을 통해 2015년 10월부터 공무원 역시 후생연금에 가입하여 후생연금을 적용받을 뿐만 아니라 2015년 10월 이후 임용되는 공무원에게는 직역가산액 대신 급여수준이 약간 낮아진 연금형 퇴직급여를 적용한다. 연금형 퇴직급여는 적립방식의 유기연금과 종신연금의 혼합 형태로 보험료율 상한은 노사 합쳐 1.5%이다.

일본은 이미 1986년 재정안정화 조치를 실시하여 장기재정 안정화를 위한 기틀을 잡았고, 공무원과 사립학교교직원의 특수성을 인정하지 않고 2015년 10월부터 일반근로자와 동일하게 후생연금에 가입하도록 변경함으로써 직역 간 형평성을 높이고자 하였다.

이상의 내용을 요약하면 일본은 은급 형태의 공무원연금을 도입하였지만 지금은 사회보험 형태로 운영하고 있으며, 공적 노후소득보장에서의 민관 형평성을 높이기 위해 공무원을 일반국민이 가입 대상인 후생연금에 편입시켰으며 이 과정에서 공무원의 특수성 인정 제도를 개편하였다.

우리나라의 공무원연금

적용대상

공무원연금의 적용대상은 「국가공무원법」과 「지방공무원법」에 따른 공무원과 국가 또는 지방자치단체의 청원경찰, 청원산림보호직원 등이다.

몇 년 전에 전직 대통령에게 매달 1300만 원의 연금을 지급하고 비서관 3명을 배치하여 언론에 '과잉 예우'로 지적되었다. 이는 「전직 대통령 예우에 관한 법률」에 따라 현직 대통령 보수연액의 95%에 해당하는 금액을 연금으로 지급하기 때문이다.

전직 대통령의 연금이 현직 대통령 보수연액에 연계되어 인상되는 반면 퇴직공무원의 연금은 물가상승률에 비례하여 인상되기 때문에 전직 대통령이 유리하게 설계되어 있다. 그러나 전직 대통령은 공무원연금 가입대상이 아니며, 연금 지급에 소요되는 비용 역시 일반 예산에서 조달되기 때문에 공무원연금과 직접적인 관련이 없다.

급여 내용

공무원연금은 공무원 대상의 종합적인 보장제도로 노후소득보장, 비공무상 재해보상, 퇴직금 기능을 수행하도록 설계되어 있다. 공무상 재해보상은 2018년 9월부터 별도의 공무원재해보상법에 의해 시행되고 있다.

노후소득보장 목적의 장기급여로는 퇴직급여인 퇴직연금, 퇴직연금일시금, 퇴직연금공제일시금, 퇴직일시금, 유족급여인 유족연금, 유족연금일시금, 유족연금부가금, 유족연금특별부가금, 유족일시금, 유족보상금, 순직유족연금, 순직유족보상금이 있다.

재해보상 급여는 비공무상 재해급여인 비공무상 장해연금과 비공무상 장해일시금이 공무원연금법에 규정되어 있고, 공무상 재해급여인 요양급여, 재활급여, 장해급여, 간병급여, 재해유족급여, 부조급여가 공무원재해보상법에 규정되어 있다.

이상의 급여와 별도로 퇴직금적 성격을 지닌 퇴직수당이 공무원연금법에 규정되어 있다.

대표적인 급여인 퇴직연금은 20년 이상 재직하고 퇴직연금 지급연령에 도달할 때 받을 수 있으며, 연금수급을 시작할 때의 퇴직연금은 평균 기준소득월액, 가입연수 및 1년 가입기간에 대한 연금지급률을 곱하여 산정한다.

또한 소비자물가(CPI) 변동률에 연동하여 연금을 조정하여 생계비 상승에 의한 실질소득 감소를 방지토록 하고 있다[13].

아울러 유족연금으로 퇴직연금의 60%를 지급한다. 2009년 법 개정으로 2010년 이후 임용자에게 먼저 적용되었고, 2011년 법 개정으로 그 이전 임용자까지 그간의 70%에서 10%p 낮춘 60%를 적용하고 있다.

재원 조달

공무원연금법 66조와 71조에 따르면 공무원연금 급여 지급에 드는 비용은 공무원이 부담하는 기여금, 국가나 지방자치단체가 부담하는 (연금)부담금[14]과 보전금으로 조달한다.

법 66조는 퇴직급여, 퇴직유족급여, 비공무상 장해급여 지급에 필요한 비용을 공무원과 국가 또는 지방자치단체가 부담하고, 퇴직수당 지급 비용을 국가나 지방자치단체가 부담하도록 규정하고 있다.

또 71조는 국가나 지방자치단체가 퇴직급여 및 퇴직유족급여 비용을 기여금과 (연금)부담금으로 충당할 수 없을 경우 부족금액에 대해 보전금을 부담토록 규정하고 있다

다만 이하의 서술에서는 기여금과 (연금)부담금을 모두 보험료라고 칭한다. 이는 이 책이 다른 부분 서술과의 혼동을 피하기 위함이다.

이상과 같이 조달한 재원을 활용한 공무원연금의 재정운영 방식은 부과방식이다. 그해 조달한 재원으로 그해에 필요한 급여를 지급하는 형태로 운영된다. 부과방식에서는 원활한 운영에 필요한 일정 수준의 기금 외에 적립금이 필요 없다.

유념할 점은 앞에 서술한 퇴직수당 외에 공무상 재해에 따른 각종 보상급여 지급에 드는 비용도 국가나 지방자치단체가 전액 부담한다는 사실이다(공무원재해보상법 48조).

퇴직수당은 민간 근로자의 경우 퇴직 시 재직기간 1년에 대해 한 달 치 월급에 상당하는 퇴직금을 주듯이 공무원에게 지급하는 수당인데 퇴직금보다 수준이 낮다[15]. 퇴직금 소요 비용을 사용자가 부담하듯이 퇴직수당 소요 비용을 사용자인 국가나 지방자치단체가 전액 부담한다.

공무상 재해보상은 산재보험에 의거해 민간 근로자의 업무상 재해보상 비용을 사용자가 모두 부담하듯이, 공무원 재해보상 비용을 사용자인 국가나 지방자치단체가 부담토록 한 것이다.

퇴직급여와 유족급여에 대해 2019년 기준으로 기준소득월액의 8.75%(2020년 9%)를 공무원은 기여금으로, 국가 또는 지자체는 부담금으로 부담하였다. 퇴직급여와 유족급여에 소요되는 비용을 기여금과 부담금으로 충당할 수 없을 경우에는 정부가 그 부족금액을 보전금으로 부담한다.

이처럼 회계연도에 발생한 적자를 전액 정부보전금으로 부담하는 강제조항이 2000년 법률 개정 시 도입됨에 따라 정부가 부담하는 비용이 급격히 증가하고 있다. 정부보전금 규정에 따라 2001년부터 매년 발생하는 연금급여 부족분을 일반예산에서 부담하였다.

정부보전금은 2001년 599억 원에서 시작하여 2010년 1조 3,071억 원, 2015년 3조 727억 원, 2018년 2조 2,806억 원을 기록하는 등 매년 2조 원 이상이 지원되고 있다. 2015년부터 2017년까지 3년간은 예외적으로 기금보전금 2,957억 원이 투입되었다[16].

흥미로운 것은 공무원연금 기금이 2018년 말 기준 10조 원을 넘어섰는데 2001년부터 회계연도 적자를 정부보전금으로 충당한 점이다. 공무원연금이 여유자금으로 기금을 보유하고 있어 적자를 충당할 수 있었음에도 정부가 보전금을 지급한 것이 이상하다고 생각하는 독자가 있을지 모른다.

2000년 12월 30일의 법률 개정 이전에는 회계연도 적자를 기금에서 보전하게 규정되어 있었기에 1993년부터 2000년까지의 연금급여 부족액 6조 3,120억 원을 기금에서 지출하였다. 그러나 2000년의 법 개정으로 적립기금이 있어도 회계연도 적자를 정부보전금으로 충당하게 됨에 따라 기금이 독자적으로 적립되게 되었다.

기금 규모는 2000년 말 1조 7,752억 원에서 2018년 말 10조 8,379억 원으로 불어났으며, 증가분의 대부분은 유가증권 투자, 융자, 주택사업 등에서 발생한 기금운용수익이다[17].

공무원연금의 특징과 문제점

공무원연금의 특징은 다음과 같이 정리할 수 있다.

첫째, 사회보험 형태로 운영되기 때문에 제도 운영에 소요되는 재원의 대부분이 사용자인 정부와 피보험자인 공무원이 부담하는 보험료로 조달되며, 퇴직연금을 수급하려면 최소 10년 동안 보험료를 납부하여야 한다.

둘째, 공무원 대상의 종합적인 보장제도로 노후소득보장, 비공무상 재해보상, 퇴직금 기능을 동시에 수행한다. 공무상 재해보상 및 부조 기능은 2018년 9월부터 새롭게 제정된 공무원재해보상법으로 이관되었다.

셋째, 저부담·고급여 구조의 정도가 국민연금보다 강해 수급자 1인당 소득이전인 순연금액이 국민연금보다 많다. 순연금액은 연금 총액에서 보험료 총액을 뺀 값이다. 소득이전은 같은 세대내 비공무원에서 공무원으로의 세대내 이전, 후세대 국민(공무원 포함)에서 현세대 공무원으로의 세대간 이전을 포함한다.

넷째, 2015년 개혁으로 공무원 세대내 소득재분배 기능이 추가되어 더 이상 소득비례연금이 아니게 되었다.

공무원연금의 주요 문제점을 정리해보자.

첫째, 2015년 개혁을 포함한 그 간의 단계적 개혁에도 불구하고 재정수지 불균형 구조가 해소되지 않아 재정적자가 지속적으로 증가하면서 국고보전금 규모가 커져 일반재정에 큰 부담을 지울 것으로 예상된다.

2015년 개혁 시 보험료율이 2016년부터 2020년까지 단계적으로 인상되어 2020년까지 한 해 적자가 2조 원대를 유지하겠지만, 이후 2026년 6조 5,692억 원, 2045년 10조 7,284억 원으로 다시 빠르게 늘어날 전망이다[18].

둘째, 개혁 후 1년 가입기간 당 연금지급률인 1.7%의 근거가 모호하다. 이 중 어느 정도가 국민연금 상당 부분, 공무원 특수성 반영 부분, 민간 퇴직금과 공무원 퇴직수당의 차이 보전 부분인지가 불분명하다. 이같은 구분이 명시적으로 제시될 수 있어야 국민연금과의 형평성 논의에 설득력이 붙고, 이를 통한 국민연금과의 통합과 공무원 특수성 반영 제도 설계 등 다층노후소득보장체계 구축이 검토될 수 있을 것이기 때문이다.

공무원연금의 변천 과정

급여 확대기(1960년-1995년)

1960년 공무원연금을 도입한 후 1995년 말에 법을 개정할 때까지 급여를 지속적으로 확대하였다. 1962년 10월 1일 퇴직연금을 봉급의 30~50% 수준에서 40~50% 수준으로 인상하고, 연금수급 개시연령(60세) 규정을 폐지하여 20년 이상 재직한 공무원은 연령에 관계없이 퇴직연금을 받을 수 있도록 하였다.

연금수급 개시연령 제한의 폐지는 기대여명이 길지 않았던 당시에는 큰 영향이 없었지만 의료기술의 발달과 생활수준의 향상에 따른 지속적인 기대여명 상승 때문에 연금 수급 기간의 장기화를 초래하였고, 이는 재정안정화를 위협하는 중요한 요인으로 작용하고 있다. 평균 수명이 1970년 61.9세(남자 58.7세, 여자 65.6세)에서 2017년 82.7세(남자 79.7세, 여자 85.7세)로 빠르게 증가한 결과 연금수급 기간이 빠른 속도로 증가하였다.

이어서 1967년 1월 1일 퇴직연금을 봉급의 40~50% 수준에서 50~70% 수준으로 대폭 인상하였고, 1980년 1월 1일 퇴직연금 상한을 봉급의 70%에서 75%로 인상한 후 1981년 5월 1일 76%로 다시 인상하였다. 또한 1988년 1월 1일 유족연금을 퇴직연금의 50%에서 70%로 인상하고, 1991년 10월 1일부터 민간근로자의 퇴직금과 유사한 퇴직수당을 신설하여 재직기간 1년에 대해 보수월액의 10~60%를 지급토록 하였다[19].

단계적 개혁기(1996년-2009년)

재정 안정화를 위한 단계적 개혁기의 주요 법률 개정은 1995년, 2000년 및 2009년에 있었다. 먼저 1995년 12월 29일의 법률 개정을 통해 1996년 이후의 임용 공무원에게 60세의 연금수급 개시연령을 적용토록 하고 단기재정 안정화를 위해 보험료율을 인상하였다. 1996년부터 13%의 보험료율을, 이어서 1999년부터 15%의 보험료율을 적용하였다.

또한 2000년 12월 30일의 법률 개정을 통해 보험료 수입을 확대할 목적으로 보험료율을 17%로 인상하고, 지출을 줄이기 위해 연금수급 개시연령 적용대상자를 1995년 이전 임용 공무원으로 확대하였다. 다만, 충격을 줄이려고 연금수급 개시연령으로 2001년 50세에서 시작하여 2년마다 1세씩 인상하여 60세를 적용토록 하였다[20].

아울러 연금 인상 기준을 보수 인상률에서 소비자물가 상승률로 바꾸어 인상 폭을 줄이고, 연금을 산정하는 기준보수를 최종보수에서 퇴직 전 3년 평균보수로 바꾸어 연금액을 소폭 삭감하였다.

2000년 법률 개정에서 눈여겨보아야 할 사항은 회계연도에 적자가 발생하면 정부가 전액 보전하도록 바뀐 것이다. 이전에는 회계연도에 적자가 발생하면 보험료율 인상을 통해 공무원과 정부가 공동으로 부담하던 것을 새로운 규정의 도입을 통해 향후 발생할 회계연도 적자를 전액 정부가 부담하도록 변경되었다. 이는 세금 증가를 통해 국민 부담이 증가하게 됨을 의미한다.

한편 2009년 말 법률 개정의 배경에는 적자 확대에 따른 정부보전금 증가가 있다. 보험료를 내는 공무원수가 제한된 상태에서 연금을 받는 퇴직공무원수가 빠르게 늘다보니 당해연도 징수 보험료 총액이 지급해야할 연금 총액보다 크게 부족했기 때문이다.

보험료율 인상 효과로 2001년 599억 원으로 줄어든 정부보전금이 2008년 1조 4,294억 원으로 급증하였다. 2000년 개정 법률에 따라 회계연도 적자를 전액 세금 등 재정으로 보전해야 하는 상황에서, 정부보전금이 급증하자 공무원연금에 대한 비판이 쇄도하였다.

이같은 비판에 대응하여 행해진 2009년 개혁에서는 아래와 같은 광범위한 조치가 취해졌다.

(1) 보험료율과 연금 산정의 기준이 되는 소득을 그간의 '보수월액'에서 과세대상 총소득인 '기준소득월액'으로 변경하였다. 이는 국민연금에 적용되는 기준에 맞춘 것이다.

(2) 연금재정을 안정시키기 위해 보험료율을 3년에 걸쳐 단계적으로 인상하였다. 이는 장기적인 재정안정화 효과와 더불어 단기적으로 가시적 성과를 얻기 위함이었다. 그 결과 보험료율은 2010년 기준소득월액의 6.3%[21], 2011년 6.7%, 2012년 7%가 되었다.

(3) 연금 산정 기준보수를 '퇴직 전 3년 평균보수'에서 '재직기간 평균소득'으로 변경하였다. 이 역시 국민연금에 적용되는 기준에 맞춘 것이다. 이를 통해 퇴직을 앞둔 수년에 행해진 승진·승급에 의한 보수인상 효과가 제약되면서 연금액을 약 30% 삭감하는 효과를 기대할 수 있게 되었다.

(4) 1년 재직기간에 대한 퇴직연금 지급률을 2.1%에서 1.9%로 낮추었다. 이로써 연금액을 10% 상당 줄이는 효과가 기대되지만 국민연금에 비하면 여전히 높은 지급률이다.

(5) 월 400만 원 이상의 고액연금 수급자 발생을 줄이기 위해 보험료 부과 기준소득월액에 상한을 도입하였다. 기준소득월액 상한은 공무원 평균 급여의 1.8배로 설정되었다.

(6) 신규 임용 공무원의 퇴직연금 수급개시연령을 기존의 60세에서 65세로 인상하였다

(7) 신규 임용 공무원의 유족연금 지급률을 기존의 70%에서 60%로 낮추어 국민연금과 기준을 맞췄다.

이같은 다방면의 개혁에도 불구하고 이때의 개혁으로는 공무원 연금 재정을 장기적으로 안정시킬 수 없었다. 또한 재정안정 효과의 많은 부분이 신규 임용 공무원 급여의 삭감에서 발생하고 현 세대 공무원의 급여 삭감이 최소화되었다. 이러한 점에서 단계적 개혁 중에서는 종합적 접근을 시도한 2009년 개혁에 대한 평가는 엇갈릴 수 있다.

대부분의 개혁이 그러하듯이 현직 공무원의 기득권을 대폭 침해하는 방향의 개혁작업은 쉽지 않다. 더구나 이때의 작업에는 전과

달리 갓 발족한 공무원노조가 위원으로 직접 참가하여 목소리를 높였다. 이러한 점이 반영되어 개혁에 따른 피해와 충격이 신규 임용 공무원에게 집중되면서 공무원 세대간의 연금 형평성이 크게 훼손되었다.

요컨대 2009년 개혁은 재직공무원의 기득권 침해를 최소화함으로써 수용성을 높였지만, 개혁방식의 정당성에 대한 회의를 불러일으킴으로써 향후 추가 개혁 작업의 필요성과 그 방향성에 대해 여지를 남겼다. 이후 이해관계자 중심으로 개혁 논의의 불씨가 이어졌다.

사회적 합의형 개혁 : 2015년 5월

이때의 개혁은 2014년 2월 시작하여 2015년 5월의 법률 개정으로 종료되었는데, 우리나라 연금 개혁 역사상 처음으로 사회적 합의 방식에 의한 개혁 추진의 선례를 남겼다.

초기에는 집권 새누리당과 박근혜 정부 주도로 개혁이 시작되었다. 하지만 개혁 대상자인 공무원이 주도하는 '셀프 개혁'이라는 비판에 직면한다. 이후 추진동력이 약화되었다가 2014년 중반 이후 국회 중심으로 사회적 합의 방식의 해법이 모색되면서 개혁작업에 힘이 실려 개혁이 결실을 맺는다.

초기에 지지부진한데는 제1야당인 열린우리당과 공무원 노조 측의 집단적 반발이 있었다. 이러한 상황에서 박근혜 전 대통령이 공무원연금의 재정건전성 확보와 국민연금과의 형평성 제고의 필요성을 강조하면서 개혁작업에 탄력이 붙는다. 국회에 공무원연금개혁 특위가 구성되어 본격적인 논의가 시작된다[22].

대통령이 나선 배경에는 2009년 개혁에도 불구하고 공무원연금 재정 적자가 2014년 2조 5,548억 원에 달할 것으로 전망되고, 국민연금과의 형평성 문제가 여전히 해소되지 않았다는 국민들의 불만 어린 인식이 있다.

국민연금은 2047년 기금이 고갈될 것으로 예상됨에도 불구하고 2007년 개혁으로 가혹할 정도의 연금 삭감에 나섰다[23]. 그런데 이미 적자가 발생하고 있는 공무원연금은 여전히 급여수준이 높게 유지되면서 일반 국민들이 국민연금과의 형평성에 대해 강한 의구심을 갖게 되었다.

이후 여당인 새누리당은 2014년 가을 공무원노조를 배제하고 법 개정에 나선다. 배경에는 2009년 개혁에 이해당사자인 공무원노조가 주도 세력의 일원으로 참여하여 약한 '셀프 개혁'으로 끝났다는 인식이 있다.

하지만 제1 야당인 새정치민주연합(이전 열린우리당)의 반대에 부딪히자 야당의 제안을 수용하여 정부대표, 전문가 및 공무원노조가 참여한 국민대타협기구를 국회에 설치하였다. 이 기구는 2014년 12월부터 90일간 활동하였지만 합의안 도출에 실패했다.

배경에는 야당과 공무원노조 등이 공무원연금과 비교되는 국민연금의 적정노후소득 보장수준 명기 등 공무원연금과 직접적 관계가 없는 문제를 들고 나선 사실이 있다.

이후 대타협기구와 별도로 설치된 실무기구에서 공무원연금 개혁에 대한 합의안이 마련되어 연금 개혁이 완료되었다. 주요 개정 내용은 다음과 같다.

(1) 보험료율을 7%에서 9%로 인상하였다. 2016년 8%로 올린 후 매년 0.25%p씩 인상하여 2020년 9%를 적용토록 하였다. 국가 부담까지를 포함하면 보험료율은 14%에서 16%로 인상된 후 단계적으로 18%로 오른다.

(2) 급여 수준과 관련하여 재직기간 1년당 연금지급률을 20년에 걸쳐 1.9%에서 1.7%로 단계적으로 인하하였다[24].

(3) 1995년 말 이전 임용자를 제외한 모든 공무원의 연금 수급개시연령을 2022년부터 11년에 걸쳐 61세에서 65세로 단계적으로 인상하였다[25].

(4) 2016년부터 5년간 모든 수급자의 연금 인상을 동결하였다. 이로써 소비자물가 상승분 만큼 연금액 인하 효과가 기대된다. 이는 재직자만이 아닌 수급자들도 연금개혁에 동참토록 하기 위함이었다.

(5) 보험료 부과 기준소득월액 상한을 공무원 평균 급여의 1.8배에서 1.6배로 하향 조정하였다.

(6) 소득재분배 제도를 도입하여 저연금 수급자의 연금액을 늘렸다. 연금지급률 1%에 대해 국민연금 같은 방식으로 재분배 제도를 도입하였다. 적용대상은 30년 이하 가입기간이며 31년 이상 가입기간은 이전처럼 소득비례방식으로 연금액을 산정한다.

(7) 비공무상 장애에 따른 퇴직에 공무상 장해연금의 1/2을 지급하는 장해연금이 신설되었다.

(8) 연금 수급을 위한 최저가입기간이 20년에서 10년으로 단축되었다.

(9) 최장 가입기간을 33년에서 36년으로 늘렸다.

이상의 개혁을 종합 평가하면 재정안정 측면에서 (1)에서 (5)까지는 긍정적 조치이고, (7)에서 (9)까지는 부정적인 조치라고 할 수 있다. 다만 재정안정이 유일한 정책 목표가 될 수 없다는 점에서 (7)과 (8)은 공무원 복지 개선책으로 평가받을 수 있을 것이다.

(6)은 재정안정에 중립적 성격이 강하지만 소방직, 경찰직을 위시한 위험 직종 종사 공무원, 저임금 공무원의 급여 수준을 다소나마 늘려줄 수 있다는 점에서 한정적이지만 평가받을 조치라고 할 수 있다.

이번 개혁의 의의와 한계점을 정리해보자.

먼저 의의로는 대통령 등 정치권이 개혁의 필요성을 강조함으로써 연금개혁에 대한 국민적 관심이 유례없을 정도로 커졌고 그 결과 국회 주도로 개혁 작업이 마무리될 수 있었다는 점이다. 이는 행정부 주도로 추진된 그간의 개혁과 구별되며, 이때의 경험은 향후 연금 민주주의가 국내에 정착하는데 시금석이 될 수 있을 것이다.

한계점은 많은 사회적 비용을 지불하며 추진한 국회 주도 개혁이었음에도 불구하고, 근본적 개혁안이라고 할 수 있는 '신규 공무원의 국민연금 가입과 공무원 특성 반영 별도 제도 신설'(새누리당 초기안) 등을 충분히 검토하지 못했고, 연금재정 안정면에서도 행정부 주도 개혁인 2009년 개혁과 별 차이가 없는 성과에 머물렀다는 점이다.

그간의 경험과 남은 불씨를 잘 활용하면 머잖은 장래에 근본적 개혁 등 장기재정 건전성 확보[26]를 위한 또다른 작업에 착수할 수 있을 것이다.

공무원연금과 국민연금의 형평성

공무원연금과 국민연금의 형평성을 수익비 비교를 통해 평가해 보도록 한다. 2016년 1월 1일 신규 임용된 7급 공무원의 기준소득월액은 241만 원이며, 이 공무원이 30년 재직 후 퇴직, 20년 수급할 때의 수익비는 1.48이고, 순연금액(연금총액-보험료 총액)은 2015년 불변가격으로 1억 1,849만 원이다(안전행정부 발표자료).

국민연금에 가입자 평균소득(2018년의 경우 236만 원)으로 2020년부터 30년 동안 가입한 후 20년 동안 노령연금을 수급하는 남자 가입자의 수익비는 1.8로, 순연금액은 2019년 현가로 6,774만 원으로 조사되었다[27].

7급 공무원의 기준소득월액이 동일한 상황에 처해 있는 공무원의 평균에 해당하는 것으로 상정하고 공무원연금과 국민연금의 형평성을 평가하면 다음과 같다. 2015년 공무원연금법 개혁을 통해 공무원연금의 수익비가 국민연금보다 오히려 낮게 되었다. 그러나 이처럼 수익비는 공무원연금이 더 낮지만 높은 보험료율(9% 대비 18%)에 상응하는 연금 때문에 후세대로부터의 소득이전을 통해 충당되어야 하는 순연금액(연금총액-보험료 총액)은 공무원연금이 월등히 많다.

공무원연금과 국민연금의 형평성을 비교할 때 국민연금의 직장가입자에게 지급되는 퇴직금과 공무원연금 가입자에게 지급되는 퇴직수당의 차이를 포함시키면 순연금액의 차이는 그만큼 줄어든다.

그러나 국민연금의 평균소득월액(2018년 기준 241만 2593원)이 공무원연금(2019년 5월 1일에서 2020년 4월 30일까지 530만 원)보다 월등히 작으며, 보험료를 납부할 수 있는 최대 소득인 국민연금의 기준소득월액 상한액(2019년 7월 1일에서 2020년 6월 30일까지 421만 원) 역시 공무원연금(2019년 5월 1일에서 2020년 4월 30일까지 848만 원)보다 월등히 작다. 그 결과 공무원연금과 국민연금의 연금총액에서 보험료 총액을 차감한 순연금역에서의 차이가 확대된다.

이상의 내용을 요약하면 2015년 공무원연금 개혁을 통해 공무원연금의 수익비가 크게 하락하여 국민연금보다 오히려 낮아져 수익비 기준으로 평가하면 형평성이 확보된 것처럼 보인다. 그러나 순연금액으로 평가하면 공무원연금이 월등히 많기 때문에 공무원연금이 여전히 유리한 것으로 평가할 수 있다.

공무원연금의 미래상

그간의 몇 차례 개혁작업 때마다 거론되어 왔던 근본적 개혁안 가령 '신규 임용 공무원의 국민연금 적용과 공무원 특성 감안한 별도 제도 창설' 등이 결실을 맺지 못해 바람직한 형태의 미래상을 그리기가 쉽지 않을지 모른다. 이러한 상황하에서 앞으로 전개될 수 있는 공무원연금의 미래상을 전망해 본다.

첫째, 공무상 재해보상과 부조 업무 관련 체계의 재편이다. 2018년 개혁으로 공무원재해보상 업무가 공무원연금에서 분리되어 별도의 공무원재해보상법으로 규정되었다. 그 결과 공무원 복지가 단층 형태의 종합 보장제도에서 기능이 분화된 다층 형태의 보장제도로 전환되어 규정된다.

그런데 공무원에게 다른 근로자와 구분된 별도 기계 보상제도를 적용할 논리적 근거와 현실적 이유가 있는지 불명확하다. 별도 운영의 명분이 약하고 예산 집행의 효율성 측면에서 실리가 없다면 산재보험으로 통합하고, 필요하다면 공무원의 업무 특성과 직무수행 위험 정도를 고려하여 몇 개 업종을 신설하는 등의 조정이 고려될 수 있을 것이다.

둘째, 공무원연금에 규정된 연금, 퇴직금, 공무원 특수성 기능 부분이 각각 독립된 제도로 규정된다.

향후 근본적인 국민연금 개혁이 추진되어 장기 재정수지균형 방안이 마련될 경우, 이를 신규 임용 공무원에게 적용하여 이들로부터 미적립채무가 추가 발생하지 않도록 한다. 아울러 이때 퇴직수당을 일반근로자의 퇴직금 형태로 개편한다.

여기에 공무원의 특수성을 반영하는 추가 급여 장치를 신설한다. 미국 공무원 대상의 개인저축계정(TSP)이나 일본 공무원 대상의 연금형 퇴직급여[28] 같은 제도이다. 전자는 가입한 개인연금에 정부가 매칭 보조금을 주고, 후자는 노사가 함께 기여하는 미니 퇴직연금이다.

이때 소방직과 경찰직처럼 위험도가 높은 직종에 종사하는 공무원에게는 업무의 특수성을 인정하여 좀더 높은 급여를 지급하는 방식도 고려가능할 것이다.

4장

퇴직연금 지금대로 괜찮을까

류건식

한국형 퇴직연금호 출범

우리나라에 근대기업의 싹이 튼 것은 조선말 개화기 때이다. 이 시기는 외국의 제국주의적 기업들이 본격적으로 우리나라에 진출한 시기이기도 하다. 그러나 기업의 노사관계는 일제강점기를 경험하면서 일본식 전제적 노사관계로 변하고 말았다.

그 결과 노동자의 권리보장과 장기근속 유도와는 매우 거리가 먼 노사관계가 형성되었고 단순한 형태의 퇴직금제도가 도입되는 결정적인 계기가 되었다.

우리나라의 퇴직금제도는 1953년 5월 10일 근로기준법이 제정됨으로써 명실상부한 법률적 제도로 등장하게 되었다. 근로기준법 28조에 "2년 이상 근무한 근로자에 대해서는 근무년수 1년에 30일에 해당하는 퇴직금을 지급할 수 있다"고 규정하였다.

이 규정의 골격은 지금까지도 유지되고 있다. 초기의 퇴직금 규정은 강제규정이 아닌 임의규정이었으며 단순히 권장사항에 지나지 않아, 일부 기업에서는 퇴직금 지급규정을 마음대로 정하거나 실시조차 하지 않았다.

그러다가 1961년 12월 24일 근로기준법 1차 개정으로 퇴직금 규정은 임의규정에서 강제규정으로 변경되어 30인 이상의 사업장은 이 규정을 따르도록 법제화되었다.

1961년 국가재건최고회의가 법을 개정한 이유를 보면 "현행법상 미비점을 보완하여 기업과 근로자의 이익을 공평하게 보호함으로써 노사관계의 원활을 도모하려는 것이다"라고 되어 있다. 여기에서 임의제도로 인한 노사간의 퇴직금분쟁을 적극 해결하고, 나아가 퇴직금이 어느 정도 사회보장적 기능을 담당해주길 바라는 군사정부의 정치적 의도를 엿볼 수 있다.

이후 몇 번의 근로기준법 개정이 이루어졌고, 1989년부터는 5인 이상 사업장으로 퇴직금제도 적용이 확대되었다. 현재 근로기준법은 근로자의 근로기간 1년에 대하여 30일 이상의 평균임금을 지급토록 하고 있다.

법정퇴직금제도의 가장 큰 문제는 퇴직근로자가 퇴직금을 받지 못하는 경우가 많다는 것이다. 일부 기업은 사내에 유보된 퇴직급여충당금을 기업의 운전자금으로 전용하였으며, 장부상으로만 퇴직급여충당금을 설정하였다.

이에 따라 기업 도산, 폐업 또는 경영 악화 시 근로자는 퇴직금을 한 푼도 받지 못하는 사태가 빈번히 발생하였다. 근로자가 아무리 열심히 일을 해도 퇴직금을 제대로 받지 못하는, 즉 근로자의 퇴직금 수급권이 박탈되는 상황에 봉착할 수 있다는 것이 퇴직금제도의 결정적 한계였다.

이러한 실정을 인식한 정부는 근로자의 퇴직금을 보호할 목적으로 1977년 금융기관에게 퇴직금을 위탁하는 사외적립형태의 종업원퇴직적립보험(종퇴보험)을 전격적으로 도입하였다.

종퇴보험은 기업이 근로자를 피보험자로 정하고, 보험회사가 설정하는 상품에 가입하여 피보험자가 퇴직할 때 가입비율에 따라 연금 또는 일시금 형태로 보험금을 지급하는 제도이다. 그러나 기업이 종퇴보험을 담보로 대출을 받는 등 여러 문제가 발생하여 2000년 10월 이 제도를 폐지하였다.

한편 정부는 1997년 12월 종퇴보험보다 근로자의 수급권을 강화한 퇴직보험을 도입하고 보험을 담보로 한 기업대출을 완전히 금지

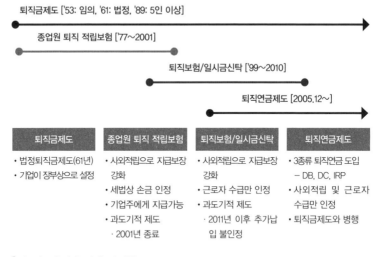

〈그림 4-1〉 퇴직급여제도의 변천

하였다. 이때의 퇴직보험에는 퇴직일시금신탁이 포함된다.

사실 퇴직보험은 기존의 법정퇴직금을 대체할 수 있는 사외적립 제도이다. 퇴직보험은 보험회사가 판매하는 상품으로 퇴직금을 연금 또는 일시금으로 수령할 수 있도록 하고, 퇴직일시금신탁은 은행 및 투자신탁회사가 판매하는 상품으로 일시금 수령만이 가능하다.

그러나 근로기준법에서 퇴직일시금의 지급을 허용함으로써 퇴직보험 및 퇴직일시금신탁의 근간이 흔들렸고, 1997년 3월 퇴직금 중간정산 제도 도입은 퇴직보험 시장을 축소하는 결과를 초래하였다. 특히 세법에서 퇴직급여충당금에 대해 과다한 세제혜택을 부여함으로써 퇴직보험신탁 시장이 확대되지 못하였다.

또한 산업화에 따른 고용구조의 변화, 높은 이직률 및 연봉제의 확산 등으로 노동시장이 급격히 변화하고 있음에도 기존의 퇴직보험은 이러한 변화를 제대로 수용하지 못했다.

이러한 상황에서 노동부는 근로자의 노후소득보장을 강화하기 위해 2000년부터 퇴직연금제도의 도입을 적극 추진하였다. 퇴직금 제도 중 사외적립 형태인 퇴직보험이 활성화되지 못했기 때문이다.

노동부에서는 사내유보 퇴직금에 비해 기금의 적립과 운용, 연금 수급권, 급여지급형태, 연금이과성 등과 관련하여 여러 가지 강점을 지닌 퇴직연금 도입을 추진하였다.

그 결과 2005년 12월 확정급여형 퇴직연금, 확정기여형 퇴직연금의 형태로 퇴직연금제도가 도입되었다. 여기서는 퇴직금을 금융기관에 완전 적립하도록 하여 근로자의 수급권을 강화하였고, 근로자에게 다양한 투자상품을 선택할 수 있도록 하였다.

또한 퇴직급여는 일시금 아닌 연금 형태로 수급할 수 있도록 설계되어 퇴직연금의 노후소득보장 기능을 강화하였다. 이를 통해 퇴직연금이 1층의 국민연금, 3층의 개인연금과 더불어 노후소득보장제도의 2층 기능을 담당토록 하였다.

근로자퇴직급여보장법 개정으로 문제점 보완

2005년 12월 퇴직연금 도입 이후 노출된 여러 문제점을 개선하고 제도를 보다 활성화하기 위해 근로자퇴직급여보장법(이하 근퇴법)의 개정을 추진하였다. 개정의 주된 이유는 퇴직금 대부분이 중간정산 되어 노후자금이 소진되고 영세사업장의 퇴직연금 가입이 활성화 되지 못하였기 때문이다.

그 결과 퇴직금 중간정산 요건 신설, 개인형 퇴직연금 활성화 등을 주요 내용으로 하는 근퇴법 개정안이 2011년 6월 30일 국회 본회의를 통과하였고 1년후인 2012년 7월부터 시행되었다.

개정된 근퇴법은 퇴직금 중간정산으로 연금재원 대부분이 소실되어 근로자의 안정적 노후보장이 미흡하다는 점을 고려하여 퇴직금 중간정산 사유를 매우 엄격히 제한하고 있다. 예를 들어 무주택자가 주택을 구입하거나 질병으로 요양하는 경우 등 특별한 사유를 제외하고 중간정산을 하지 못하도록 규정한 것이다.

또한 가입자가 퇴직 등으로 퇴직급여를 받을 경우 개인형 퇴직연금으로 자동이전 하도록 하여 세제혜택을 받으면서 적립금을 은퇴시까지 계속 유지되도록 규정을 신설하였다.

근로자가 원하는 경우 복수의 퇴직연금에 동시 가입할 수 있도록 복수 퇴직연금제도를 도입하였으며 신설 사업장은 1년내에 퇴직연금을 설정하도록 의무화하여 퇴직연금 가입을 확대하였다.

　또한 개인형 퇴직연금에 가입할 수 있는 사업장 범위를 10인미만 사업장에서 모든 사업장으로 확대하고 보험설계사가 퇴직연금 모집 업무를 위탁수행하도록 허용하여 영세사업장까지 퇴직연금이 확산되도록 하였다.

　특히 보험설계사 등 퇴직연금 모집인에 대한 모집업무 위탁 허용으로 자영업자, 특수형태 근무자의 퇴직연금 가입을 유도하고 중간정산자의 은퇴자금을 개인형 퇴직연금으로 이관할 수 있도록 하였다.

퇴직연금 활성화 대책 이후 제도 개선

정부는 노인빈곤율 완화를 통해 안정적 노후소득보장을 유도하는 차원에서 퇴직연금 활성화 대책을 2014년 8월 27일 발표하였다. 발표된 대책은 연금제도의 가입단계·운용단계·수령단계별로 이루어져 있으며 지금까지 퇴직연금 활성화의 장애요인으로 지적되어온 제도를 개선하는 내용이 모두 포함되어 있을 정도로 종합적이다.

퇴직연금 활성화 대책 이후 근로자퇴직급여보장법 개정이 필요 없는 부분에 대해선 제도가 꽤 활발하게 개선되었다. 예를 들어 2017년 7월부터 1년 미만 정규직, 자영업자, 특수직역연금 가입자까지 퇴직연금 가입이 허용되었다. 사실상 소득활동을 하는 모든 국민으로 퇴직연금이 확대된 셈이다.

또한 퇴직연금 운용규제를 대폭 완화하여 확정기여형 퇴직연금, 개인형 퇴직연금도 확정급여형 퇴직연금과 동일하게 위험자산에 대한 투자한도를 70%로 상향조정하였고, 확정급여형 사외적립비율 상향조정, 확정기여형·개인형 퇴직연금에 대한 별도의 예금자보호 한도 설정 등의 개선이 이루어졌다.

이와 더불어 연금수령시 일시금 수령에 비해 세액을 30% 경감하는 세제개편이 이루어졌고 퇴직소득 정률공제에서 퇴직급여 수준 별 차등공제로 공제방식을 전환하여 퇴직연금의 연금화를 유도하 는 개선이 이루어졌다.

기금형 퇴직연금 도입 법률안 국회 제출

사적연금 활성화 대책 일환으로 기금형 퇴직연금의 도입 필요성이 제기된 이후, 2016년 8월 기금형 퇴직연금 도입을 골자로 하는 근로자퇴직급여보장법 개정안이 입법예고되었다.

하지만 고용노동부는 기금형 퇴직연금 도입 여건이 미흡하다고 판단하여 도입을 전면 보류하였다. 그 후 자산운용업계를 중심으로 금융업계가 기금형 퇴직연금 도입의 필요성을 거듭 주장하면서 보류 철회를 지속적으로 요구하였다.

이러한 과정을 거쳐 정부는 2018년 3월 10일 기금형 퇴직연금 도입을 위한 근퇴법 일부 개정안을 국무회의에서 의결하고 국회에 법안을 제출하였다. 하지만 2019년 말 기준 법안이 통과되지 않고 있다.

근로자퇴직급여부장법이 개정되면 근로자와 사용기는 기업경 상황에 맞게 계약형 퇴직연금과 기금형 퇴직연금 중에서 하나를 선택할 수 있다. 기금형 퇴직연금은 사용자로부터 독립된 기관을 설립하여 운용하는 구조인 반면, 계약형 퇴직연금은 사용자가 퇴직연금사업자와 운용 및 자산관리계약을 체결하여 운용한다는 점에서 차이가 있다.

기금형 퇴직연금의 핵심인 수탁법인은 민법 및 근퇴법상 절차에 따라 비영리 재단법인의 형태로 설립된다. 기금형 퇴직연금이 도입되면 퇴직연금을 둘러싸고 공고히 형성되어 있는 기존의 퇴직연금 시장 구도에 직접적인 영향을 미칠 것으로 예상된다.

퇴직연금의 현주소

퇴직연금 도입 13년이 되는 2018년 말 기준 퇴직연금 사업자는 총 48개사로 은행 13개사, 금융투자 14개사, 생보 13개사, 손보 7개사, 근로복지공단 1이다. 다만 하나생명과 MG손보는 실적이 없다.

퇴직연금사업은 성격상 크게 운용관리업무와 자산관리업무로 사업영역이 분리되며, 이를 금융회사인 퇴직연금사업자가 수행하도록 의무화하였다.

그러나 현행 법률상 운용 및 자산관리업무에 대한 등록요건이 마련되어 있지 않아 퇴직연금사업자로 등록된 48개사 모두 운영관리업무와 자산관리업무를 동시에 하고 있다. 따라서 현행 제도에서는 구조적으로 서비스 차별화가 이루어질 수 없는 근본적 한계가 있다.

특히 퇴직연금제도 도입초기에는 퇴직연금시장 선점을 위해 치열한 경쟁양상을 보였지만 2010년 이후 재무건전성이 취약한 금융회사는 퇴직연금시장에서 퇴출되었다.

퇴직연금사업자의 시장점유율을 보면 퇴직연금사업자 중 35개 금융회사의 경우 시장점유율이 1%에 미치지 못하고 있으며 메트라이프생명, 한화손보, 제주은행의 경우 운용관리계약 체결실적이 전무하고 골든브릿지 증권, 교보증권, 흥국화재 등은 사업을 중단하였다.

그러면 퇴직연금의 도입, 운용, 수령단계에서의 현실은 어떠한가? 퇴직연금 도입면에서 볼 때 퇴직연금이 시행된 이후 가입이 지속적으로 증가하여 2017년 말 기준 퇴직연금 도입 사업장수는 총 34만 3,134개소에 이르고 있다.

퇴직연금 사업장 도입률은 2010년 6.6%에 불과하였으나 2017년 말 기준 전체사업장 126.0만개소의 27.2%로 늘었다. 배경에는 2010년 12월부터 퇴직급여제도가 전체 사업장으로 확대되고 2012년 7월부터 신규사업장까지 퇴직연금 설정이 의무화된 조치 등이 있다.

퇴직연금 가입자수는 543.8만 명으로 가입대상 근로자(주로 상용근로자) 1,083만 명 대비 가입률은 50.2%를 보이고 있다. 상용 근로자 300인 이상 대기업의 도입률은 90.8%로 매우 높은 반면, 상용 근로자 30인 미만 중소기업의 도입률은 23.9%로 사업장간 퇴직연금 도입률[1] 차이가 큰 것으로 나타났다.

이에 정부는 2014년 8월 영세사업장의 퇴직연금 도입을 촉진하기 위해 중소기업 퇴직연금기금을 도입하여 영세사업장의 퇴직연금 가입을 유도하는 방안을 제시하였다.

재정지원은 퇴직연금 적립금 지원과 자산운용수수료 지원으로 구분된다. 퇴직연금적립금 지원은 저소득근로자(30인 이하 사업장의 월소득 140만 원 미만)에 대한 사업주 부담의 10%, 자산운용수수료 지

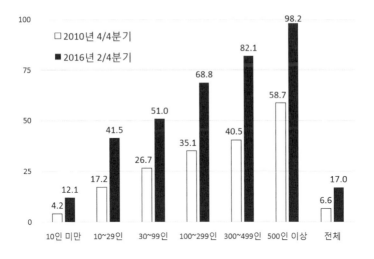

〈그림 4-2〉 회사규모별 퇴직연금 도입률 (%)

출처: 고용노동부(2016), 퇴직연금통계

원은 사업주가 부담하는 운용수수료의 50%이다. 운용수수료는 적립금의 0.4%이다.

퇴직연금 운용면에서 볼 때, 2018년 12월말 기준 퇴직연금 적립금 규모가 190조 원에 이를 만큼 증가했지만 연간수익률은 1.01% 대에 머물고 있다[2]. 이는 국내 전체 퇴직연금 적립금 중 약 95.1%가 예·적금과 보험상품 같은 원리금 보장형으로 운영되기 때문이다[3].

이처럼 원리금 보장형 상품에 적립금이 묶여 있어 수익률 제고를 위한 실적배당형 상품 활용은 거의 이루어지지 못하고 있다.

퇴직연금 수령면에서 볼 때 우리나라 은퇴자의 대부분은 퇴직적립금을 연금보다는 오히려 일시금으로 수령하고 있다. 2018년 12월 말 만 55세이상 퇴직급여 수령 개시 계좌 296,372좌에서 연금 수령 선택 비율은 2.1%인 6,145좌에 불과하며, 97.9%인 290,227좌가 일시금 수령을 선택했다.

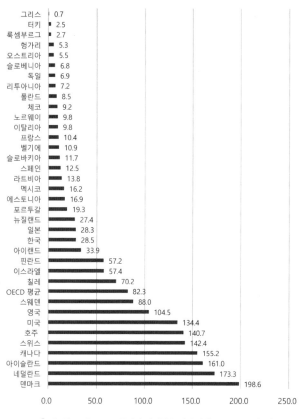

《그림 4-3》OECD 국가의 사적연금 적립금(대 GDP, 2018년, %)

출처: OECD(2019), *Pensions at a Glance 2019*, table 9-2, p.211.

주 : OECD 평균은 가중치로 단순 평균은 49.7%임.

퇴직급여 수령액 기준으로는 전체 5조 9,002억 원 중 21.4%인 1조 2,643억 원이 연금으로 수령되었다. 이를 반영하여 일시금수령 계좌의 평균 수령액 1,597만 원에 비해 연금수령 계좌 평균 수령액은 2억 575만 원으로 월등히 많다.

퇴직연금 도입 후 양적 성장을 보이고 있다고 할 수 있지만 국내총생산(GDP) 대비 퇴직연금 적립금 비중이 9.0%에 불과해 선진국에 비해 아직도 퇴직연금의 역할은 미흡하다.

개인연금과 합치더라도 GDP의 28.5% 수준으로 경제협력개발기구(OECD) 36개국 중 14위 수준이다[4]. 우리의 경우 개인연금의 세제 비적격 상품도 포함한 값이다.

그런데 덴마크, 네덜란드, 캐나다, 아이슬란드, 스위스, 미국, 호주의 7개 국은 사적연금 자산 규모가 GDP를 상회한다.

인구 고령화 상황을 고려하면 좀더 높은 값을 보여주는 것이 바람직한데 그렇지 못한 배경에는 개인연금기금 대비 퇴직연금기금이 생각보다 늘지 않고 있기 때문이다[5]. 그 원인은 무엇보다도 법정퇴직금과 퇴직연금으로 이원화되고 있는 퇴직급여제도에서 찾을 수 있다. 법정퇴직금의 존속으로 퇴직연금으로의 전환이 원활하지 않다.

또한 저소득 취약계층의 퇴직연금 가입 여력 부족, 노후소득보강 기능 강화를 위한 통산(혹은 이관) 기능 제약, 근로자 퇴직급여의 연금화 유인 어려움, 투자운용의 자율성과 감시기능 취약, 연금수급권 보호 미흡과 퇴직연금 선택폭 제약도 퇴직연금 활성화의 장애 요인으로 작용하고 있다.

퇴직연금의 문제점

퇴직급여의 이원화

우리나라의 퇴직급여제도는 법정퇴직금, 퇴직연금으로 이원화되어 있다. 이처럼 법정퇴직금이 존치되는 상황에서 퇴직연금을 운영하다 보니 퇴직연금 운영체계 중 상당 부분이 법정퇴직금의 운용체계를 띠고 있다.

예를 들어 확정급여형 퇴직연금의 급여수준은 법정퇴직금제도와 동일하게 "근속연수×30일분의 평균임금"이며 확정기여형 퇴직연금의 기여금 수준 또한 "연간 임금총액의 1/12"이라는 점에서 그러하다. 법정퇴직금에 적용되는 급여 및 기여금 수준이 그대로 퇴직연금에 반영되어 운영되고 있는 셈이다.

따라서 연금수리 개념에 기초하여 기업의 예정이율, 예정사망율, 예정승급률, 예정탈퇴율을 재정방식에 반영하여 기여금의 수준을 산정하고 책임준비금을 추계하는 전통적 퇴직연금 운용체계와는 많은 차이가 존재한다. 연금수리 개념이 적용되지 않는 한국형 퇴직연금은 전통적 퇴직연금과 상당한 괴리가 있다.

이런 점에서 연금수리 개념이 제대로 반영된 전통적 퇴직연금으로 전환하여 법정퇴직금과 차별화해야 하는 근본적 과제를 지니고 있다. 따라서 연금수리 개념에 입각한 전통적 퇴직연금 도입과 더불어 퇴직연금 중심으로 퇴직급여제도를 단일화하는 노력이 요구되고 있다.

퇴직연금의 통산기능 취약

근로자퇴직급여보장법에서는 퇴직연금 가입자가 55세 이전에 퇴직하는 경우 퇴직적립금을 개인형 퇴직연금에 자동적으로 이전하도록 규정하고 있다. 또한 국회에 제출한 근퇴법 개정법률안에서는 법정퇴직금에서 받은 퇴직적립금까지 개인형 퇴직연금으로 이전하도록 규정하고 있다.

그러나 개인형 퇴직연금으로 이전이 이루어진다고 하더라도 세제상의 불이익 없이 바로 중도해지할 수 있으며, 이전이 55세 이전 퇴직자로 한정되어 있어 55세 이후 퇴직자는 일시금 수령이 가능한 구조이나.

또한 퇴직연금의 노후소득보장기능을 강화하기 위해 중간정산 사유를 제한하고 있지만 미국 등 선진국에 비해 중간정산이 허용된 범위가 매우 광범위하다. 근로자의 자산규모를 반영하지 않은 채, 주택 구입이나 질병·부상에 따라 6개월 이상 요양시, 전세자금 필요시에도 중간정산을 할 수 있도록 규정하고 있다. 중간정산 방지의 실효성이 의문시되고 있다.

이러한 이유로 인해 개인형 퇴직연금의 적립금 수준은 2018년 12 말 기준 전체 퇴직연금 적립금의 10.1%에 불과하다. 개인퇴직계좌 (IRA) 적립금 규모가 전체 은퇴자산의 약 25%에 이르고 전체가구의 약 40%가 1개 이상의 개인퇴직계좌를 보유할 만큼 노후소득보장 을 강화하고 있는 미국과 대조적이다. 따라서 근로자의 노후소득보 장 기능 제고를 위해 퇴직급여제도간의 이관을 통한 통산 기능 강 화가 요구된다.

퇴직급여의 연금화 유인 부족

의학기술의 발전과 건강에 대한 관심 증대로 기대수명이 빠르게 늘어나고 있다. 따라서 은퇴후 노후대비를 위해 안정적이고 지속적 인 현금흐름을 창출할 수 있는 연금의 중요성이 커지고 있다. 그럼 에도 퇴직자의 90% 이상은 일시금으로 퇴직금을 수령하고 있다.

그런데 2017년 통계청 조사 결과에 따르면 퇴직연금 적립금이 주 택구입(45.7%), 장기요양(25.7%), 전세금 및 임차보증금 충당(18.1%) 목적으로 대부분 중도인출되는 것으로 나타나고 있다. 퇴직연금 적 립금이 연금재원으로 적립되지 못하고 조기에 소진될 우려가 있는 것이다.

특히 고소득계층에 비해 상대적으로 투자지식과 정보가 부족한 중하위 소득계층이 일시금을 받아 주식 등 위험자산에 투자하여 손실이 발생하는 경우 개인의 장수위험이 증대할 뿐만 아니라 사회복지지출 증대에 따른 정부의 고령화 위험이 심화될 가능성이 있다.

따라서 퇴직금 중간정산에 따른 은퇴자금 소진을 막고 은퇴시 일시금보다 연금을 보다 선호하도록 유인하는 대책 마련이 요구된다. 그럼에도 연금과 일시금 수령시의 세제상 혜택 차이가 크지 않으며 다양한 고연령 친화형 연금상품 개발이 저조하고 연금지급 옵션이 부재하여 연금으로의 유인이 미흡하다.

강한 자산운용 규제와 약한 감시기능

우리나라는 선량한 관리자의무에 입각한 자율규제인 질적규제보다 연금운용의 안전성제고 차원에서 양적규제(legal list rule)[6]를 지향하고 있다. 이러한 양적규제는 장기적으로 근로자의 운용상품 선택폭을 제한하고 투자수익률의 저하를 초래하여 금융시장의 활성화에 장애요인으로 작용할 수 있다.

이에 따라 2008년 3월 규정을 개정하여 퇴직연금 운용규제를 일부 완화하여 확정급여형 퇴직연금의 경우 부동산·펀드에 대한 투자를 완화하게 되었다.

이처럼 퇴직연금 운용규제가 부분적으로 완화되었다고 하지만 근로자가 운용위험을 모두 부담하는 확정기여형 퇴직연금은 확정급여형 퇴직연금보다 위험자산 투자가 매우 제약되어 있다. 이에 따라 퇴직연금 운용규제 합리화를 위한 개선요구가 2014년 3월부터 급격히 제기되어 확정기여형 퇴직연금 중심으로 퇴직연금 운용규제 완화작업이 추진되었다.

그 결과 2014년 8월 퇴직연금 운용규제의 합리화 차원에서 확정기여형 및 개인형 퇴직연금의 총 위험자산 보유한도를 확정급여형 수준으로 상향조정하는 퇴직연금 운용규제 완화 대책이 발표되었다. 문제는 이러한 두 번에 걸친 퇴직연금 운용규제 완화에도 불구하고 여전히 우리나라의 퇴직연금 운용규제는 양적규제 방식을 견지하고 있다는 데 있다.

우리나라와 달리 영미 등 앵글로 색슨 국가는 기본적으로 충실의무, 주의의무 등과 같은 선관주의(prudent men rule)에 입각한 질적규제로 전환하여 신중한 투자원칙에 기초한 자율규제를 선택하고 있다. 집중투자 및 이해상충 방지 규제는 두고 있으나 투자대상자산별 규제는 거의 존재하지 않는다.

다만 독일 등 일부 대륙국가의 경우는 연금운용의 안전성제고 차원에서 최소한도의 양적규제를 견지하고 있다. 또한 OECD국가의 경우 확정급여형 퇴직연금에 대해서는 최소한도의 양적규제, 확정기여형 퇴직연금에 대해서는 질적규제를 시행하고 있는 점이 특징적이다.

이처럼 자율규제방식을 지향하고 있는 영미 등은 주식의 투자비중이 상대적으로 높게 나타나고 있는 반면, 우리나라처럼 양적규제방식을 지향하고 있는 독일 등은 채권투자비중이 상대적으로 높게 나타나고 있다.

미국과 영국은 전통적으로 주식 비중이 높은 국가로서 이들 국가에서 주식 비중은 60%를 상회하고 있는 것으로 나타나고 있다. 독일의 경우에는 퇴직연금의 자산 운용시 채권에 대한 비중이 높은 특징을 나타내고 있다. 독일의 경우 엄격한 자산운용규제를 지향하고 있어 미국이나 영국에 비해 근로자의 투자운용 자율성이 상대적으로 낮다.

그러면 근로자의 이익보호를 위한 감시체계는 어떠한가? 근로자는 은퇴 이후에 일정기간 동안 퇴직연금을 받을 권리가 있는 연금수급권자이다. 따라서 근로자는 퇴직연금의 주인이다.

이에 반해 퇴직연금자산을 운용하는 금융기관은 퇴직연금을 잘 운용하여 주는 대가로 수수료를 받는 대리인이 되는 것이다. 결국 퇴직연금제도에서 대리인에 해당하는 금융기관은 자신의 이익이 아닌 주인의 이익을 위해 노력할 책임과 의무가 있다.

만약 대리인이 자신의 이익을 위해 연금자산을 운용하는 경우 근로자의 이익을 침해하여 근로자와 금융기관간 이익상충문제가 발생한다. 예를 들어 시민들을 위해 봉사하라고 선출한 시장이 자신의 이익을 위해 비밀정보를 활용한 땅투기를 한다면 주인인 시민의 권익은 보호되기 어렵다.

그렇다고 날마다 시장을 감시하기란 더욱 어렵고, 많은 비용이 든다. 따라서 시장이 시민의 권익만을 위해 행동하도록 제반 규정과 지침을 법적·제도적으로 만드는 것이 매우 중요하다.

이와 같이 주인과 대리인이라는 관계에서 나타나는 문제를 일반적으로 본인·대리인문제, 지배구조문제, 이익상충문제라 불린다[7].

우리가 살고 있는 세상에는 거의 지배구조문제가 작용하고 있다고 해도 지나친 말은 아니다.

하물며 퇴직연금처럼 근로자 이외에 사용자, 운용 및 자산관리 기관 등의 금융기관, 상품제공기관, 정부 등 많은 이해관계자가 존재하는 경우 근로자의 이익과 상충되는 문제는 더욱 자주 발생하게 될 것이다. 따라서 이와 같은 이익상충문제를 해결할 수 있는 제반 대책 마련이 퇴직연금에서는 매우 중요하다.

우리나라는 근로자의 투자지식 부족, 신탁제도의 미발달, 금융시장의 불안 등을 고려하여 확정급여형 및 확정기여형 퇴직연금 모두 계약형 지배구조방식을 채택하고 있다. 우리나라의 계약형 퇴직연금 지배구조는 사용자와 금융기관이 1대 1로 계약하는 형태로, 금융기관과 사용자와의 금전계약 등 불공정계약의 문제가 생길 수 있다.

우리나라는 퇴직연금을 퇴직연금사업자에게 위탁하여 실제 기금운용을 금융기관에 일임하게 되는데, 이 경우 근로자의 권익을 보호할 감시장치인 감시자가 없다는 문제도 있다. 따라서 대리인 문제 등 근로자와 이익상충 문제가 없도록 근로자와 사용자간, 근로자와 금융기관간의 이익상충을 감소시키는 장치가 마련되어야 한다.

나아가 미국의 퇴직연금지급보증공사(PBGC)와 같은 퇴직급여보장기구가 없기 때문에, 기업이 도산하였을 때 이에 대한 보장장치가 없을 뿐만 아니라 연금계리사나 외부감시인에 대한 내용도 정해져 있지 않은 상황이다. 확정급여형에서 연금계리에 대한 언급은 있으나, 구체적으로 연금계리에 대한 정의나 방법, 그리고 자격에 대한 언급은 존재하지 않는다.

또한 우리나라의 경우 제도를 일괄적으로 퇴직연금사업자에게 위탁 운영하기 때문에 상대적으로 사용자의 책임은 적은 편이다. 그러나 제도운용의 직접적인 책임은 사용자에게 있고, 퇴직연금사업자 선정 및 위탁운용에도 영향을 미치게 때문에 사용자의 책무는 매우 중요하다.

우리나라 퇴직연금 지배구조를 미국 등 선진국[8]과 대비하는 경우 수탁자책임측면에서는 퇴직연금사업자 중심으로 규정이 만들어져 있어 사용자의 책임, 의무, 권한 등에 대한 규정이 미흡한 실정이다.

약한 연금수급권 보호와 다양하지 못한 퇴직연금

우리나라의 경우 미국 등 선진국과 같은 지급보증제도는 도입되어 있지 않지만, 퇴직급여우선변제제도 및 임금채권보장기금제도 등과 같은 협의의 지급보증장치는 마련되어 있다.

근퇴법에 의하면 최종 3년간의 퇴직급여 등은 사용자의 총재산에 대하여 진권 또는 저당권에 의하여 담보된 채권, 조세·공과금 및 다른 채권에 우선하여 변제하도록 되어 있다.

그리고 근로자가 기업의 도산으로 임금 등을 지급받지 못할 경우, 최종 3개월분의 임금 휴업수당 및 최종 3년간의 퇴직금 중 체불액을 임금채권보장기금에서 사업주 대신 지불함으로써 연금지급보증 관련 기능을 일부 담당하고 있다. 이 점에서 기업 및 금융기관

도산시 협의의 수급권보장 장치는 마련되어 있다.

이에 반해 선진국들은 대체로 퇴직연금 도입 시, 연금지급보증제도 도입으로 연금지급을 의무화하고 있다. 예를 들면 우리나라처럼 퇴직연금의 가입을 임의가입방시형태로 의무화하고 있는 국가들은 정부에서, 독일·스웨덴 등 공적연금의 소득비례부분을 대체하는 국가들은 민간기구에서 연금 지급을 보장하고 있다.

이처럼 우리나라 근로자가 퇴직연금을 법적으로 받을 수 있는 권리는 선진국들에 비해 미흡한 것으로 나타나고 있다.

그렇다면 근로자가 선택할 수 있는 퇴직연금에는 어떤 것들이 있을까.

우리나라의 퇴직연금제도는 확정급여형 퇴직연금, 확정기여형 퇴직연금, 개인형 퇴직연금으로 이루어져 있다. 따라서 외형적으로는 미국이나 일본 등 선진국과 같은 퇴직연금을 가지고 있으나 제도 운용의 다양성은 매우 부족하다. 그 이유는 기존 퇴직금제도인 법정퇴직금 하에서 임의선택방식으로 퇴직연금을 도입하였기 때문이다.

또한 우리나라에서는 확정급여형 퇴직연금과 확정기여형 퇴직연금의 특징을 감안한 하이브리드형 퇴직연금의 도입이 이뤄지지 않고 있다. 또 미국 등에서와 같이 다양한 형태의 확정기여형 퇴직연금이 도입되지 않아 퇴직연금의 선택폭이 상대적으로 미흡하다.

미국의 퇴직연금은 조세지원이 허용되는 적격퇴직연금과 조세지원이 허용되지 않는 비적격퇴직연금으로 분류된다. 적격연금이 되기 위한 요건은 미국의 내국세법에 규정되어 있다. 미국의 적격퇴직연금의 대표적인 예로는 연금신탁이 있으며, 이 연금제도하에서 사용자는 일정금액의 출연금을 매년 부담한다.

여기에 사용자뿐만 아니라 근로자 자신도 일부 출연금을 부담할수 있다. 다만 사용자 출연금은 근로자의 소득으로 보지 않고 사용자의 비용으로 처리되는 반면 근로자의 출연금은 소득공제가 허용되지 않고 있다.

연금신탁이 확정급여형이므로 연간 기여금액 한도에 대해서는 세법상 특별한 제한은 없다. 연금수령 시 급여액은 자신의 3년간 평균보수액과 연 17만 5000달러 중 적은 금액을 한도로 제한된다. 이는 확정기여형이 연간 기여액에 일정 한도를 두는 것과 대조적이다. 이에 반해 적격 확정기여형 퇴직연금에는 여러 형태가 있다.

대표적으로 이윤분배제(PSP), 급여적립제(MPP), 주식상여제(SBP), 종업원지주제(ESOP), 근로자저축유인플랜(SIMPLE), 약식근로자연금(SEP), 401(k)플랜, 키오플랜 등을 들 수 있다. 이들 제도들은 각각 별개로 존재하는 것이 아니라 금융상품으로서의 연금 특징을 반영한 분류체계라고 할 수 있다.

예를 들어 401(k)플랜의 경우 취할 수 있는 형태는 이윤분배형, 주식상여형, 근로자저축유인플랜 등이 있으며, 이들 제도들은 401(k)형 이윤분배형, 404(k)형 주식상여형, 401(k)형 근로자저축유인플랜 등으로 분류할 수 있다.

또한 미국에는 확정급여형 퇴직연금과 확정기여형 퇴직연금의 특징을 가미한 하이브리드형 플랜이 있는데, 그 대표적인 상품이 캐시밸런스(CB)플랜이다. CB 플랜은 급여의 일정비율이 적립된다는 점에서 확정기여형 퇴직연금과 동일하지만 운용이율이 확정기여형

처럼 실적변동형이 아닌 사전에 결정된 이율이 적용된다는 점에서 차이가 있다.

일반적으로 CB플랜은 기업이 확정급여형으로 존속하면서도 통산성, 개인계정, 비용관리 등의 이점을 포함시키고자 할 때 도입된다.

노후소득보장에서 퇴직연금
비중 높이는 주요국

OECD 주요국은 인구고령화에 따른 낮은 노동시장 참여율, 저출산 심화 등으로 공적연금의 재정부담이 가중됨에 따라 퇴직연금의 비중을 높이는 노후소득보장체계로 변화하고 있다. 국가의 역할을 축소하는 반면 시장기능의 원리에 따라 기업과 개인의 역할을 점점 늘리는 방향으로 연금개혁을 추진하고 있다.

OECD 주요국의 노후소득보장체계 변화의 특징을 살펴보자. 첫째, 퇴직연금이 공적연금의 일부 또는 전부를 대체하거나 공적연금의 일부를 적용 제외하는 등 공·사연금 간의 유기적 역할분담체계[9]를 통해 사적연금의 기능을 강화하고 있다.

예를 들어 프랑스·호주·네덜란드·덴마크·핀란드 등은 사적연금이 공적연금이 일부 또는 전부를 대체함으로써 사적연금의 기능을 강화하고 있다.

일반적으로 사적연금이 국민연금의 역할을 대체할 경우 사회보장제도로서의 기능이 크고, 보완할 경우 유능한 근로자를 채용하기 위한 인센티브로서의 기능이 더 크다고 할 수 있다.

둘째, 퇴직연금 역할 강화 차원에서 퇴직연금의 가입을 일부 의무화하거나 강제하는 경향이 뚜렷하게 나타나고 있다. 퇴직연금의 강제가입 등을 통해 퇴직연금 가입률을 90% 이상으로 높이고 있다. 대표적인 국가로 호주와 아이슬란드가 있다.

그러나 폴란드·헝가리·슬로바키아의 경우 청년 노동자 및 신규 시장가입자에 한하여 민영보험에 가입하도록 하고 있어 근로자의 45~60% 가량이 이 제도의 적용을 받고 있다.

호주·칠레·홍콩 등에서는 국민연금의 역할을 퇴직연금 또는 개인연금으로 완전 대체하기 때문에 법으로 가입을 강제화하고 있다. 특징적인 것은 이들 국가 모두 연금개혁 차원에서 퇴직연금이 도입되었으며 확정기여형으로만 운용되고 있다는 점이다.

프랑스·네덜란드·덴마크·핀란드 등 일부 북유럽 국가에서는 퇴직연금이 국민연금의 소득비례부분을 대체(부분대체)하고 있는데, 프랑스는 법으로 가입을 강제하고 있으며, 네덜란드, 덴마크 등은 단체협약에 의한 사회적 연대에 의해서 가입을 강제하고 있다.

이들 국가들의 특징은 연기금이 대부분 산업별로 설치된 기금에 의해 운영된다는 점이다.

프랑스는 국민연금을 이원화하여 전 국민에게 공통적으로 적용되는 기초연금은 정부에서 운영하고, 소득에 따라 연금액이 달라지는 소득비례연금은 법정퇴직연금으로 각 산업별로 관리한다. 더욱이 퇴직연금도 국민연금과 같은 부과방식으로 운영하므로 가입률이 100%일지라도 축적된 기금액은 미미하다.

미국·영국·독일·이탈리아 등에서는 퇴직연금이 국민연금의 보완역할을 하므로 임의 가입이다. 이탈리아의 경우에는 국민연금의 비중이 매우 크며, 우리나라와 같은 퇴직금도 운영하고 있기 때문에 퇴직연금의 발달은 미미한 편이다.

셋째, 영국 등처럼 공적연금의 재정부담을 축소하는 방향으로 연금개혁이 추진되고 있다는 점이다. 공적연금에 의한 노후소득보장 부족분을 개인 또는 퇴직연금에 의해 보전하고 있는 추세라 할 수 있다.

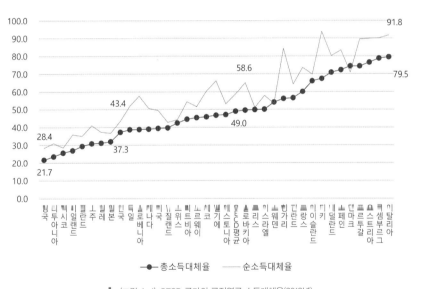

〈그림 4-4〉 OECD 국가의 공적연금 소득대체율(2018년)

출처: OECD(2019), *Pensions at a Glance 2019*, table 5.1, p.147, table 5.5, p.155.

주 : 평균소득자(22세 입직, 전기간 가입) 남자 기준. 여자(OECD 평균)는 48.2%임.
　　이때의 공적연금에는 강제 가입의 사적연금도 포함됨.

국제노동기구(ILO)는 30년 가입기준으로 연금급여의 소득대체율이 최소 40~45% 수준이어야 한다고 보고 있다.

이와 같은 국제노동기구의 명목적 소득대체율과는 별도로 경험적으로 대부분의 선진국은 공·사연금에 의한 적정수준의 총소득대체율을 60%~70%로 설정하고 있다. OECD 국가를 대상으로 공적연금에 의한 총소득 대체율(평균소득자 기준)을 추정한 결과에 의하면 총소득대체율의 범위는 21.7%(영국) ~ 79.5%(이탈리아)에 이르고 있으며, OECD 국가의 평균은 49.0%로 나타나고 있다.

주요 영어권 국가(호주·캐나다·아일랜드·뉴질랜드·영국 및 미국)와 유럽대륙국(벨기에·체코·독일) 및 일본의 총소득대체율은 OECD 국가의 평균 소득대체율 보다 작게 나타나고 있다. 특히, 영국의 경우 공적연금의 총소득대체율이 21.7%로 나타나 OECD 평균소득 대체율인 49.0%에 도달하기 위해서는 퇴직연금을 통해 27.3%p 수준의 소득대체율 보전이 필요하다고 보고 있다.

넷째, 우리나라와 같이 퇴직연금 가입이 임의가입 형태를 띠고 있는 독일·영국·미국의 경우 임의연금의 가입률이 전체 근로자의 50%를 초과하고 있으며 과감한 연금세제 혜택으로 사적연금의 가입을 적극 유도하고 있다. 이에 반해 핀란드·이탈리아·포르투갈·스페인의 경우 10% 미만의 근로자가 임의 연금에 가입하고 있는 것으로 나타나 OECD 주요국의 임의 사적연금의 가입률은 국가별로 차이를 보이고 있다.

다섯째, 공적연금의 소득대체율이 낮을수록 퇴직연금의 가입률 증대 현상이 뚜렷하게 나타나고 있다. 공적연금의 소득대체율과 퇴직연금의 가입률간에는 역의 상관관계에 있다. 예를 들면, 미국·영국·독일·캐나다는 퇴직연금 가입률은 높지만 공적연금의 소득대체율은 낮게 나타나고 있다. 이와 더불어 퇴직연금의 발달, 공적연금의 의존도 경감 등을 통해 노년층의 자산가치를 늘리는 방향으로 노후소득보장체계를 변화시키고 있다. 호주 등은 퇴직연금을 의무화함으로써 퇴직연금 가입률을 증대시키고 있다.

바람직한 퇴직연금 정책 방향

우리나라는 세계에서 유례를 찾아볼 수 없을 정도로 인구고령화가 빠르게 진행되고 있다. 이에 따라 사회적인 노인부양의 부담도 급격히 늘어나고 있어 퇴직연금의 중요성이 그 어느 때보다도 커지고 있다.

우리나라 근로자를 대상으로 퇴직후 평균기대여명 동안 퇴직연금으로 실현할 수 있는 실질 소득대체율[10]을 추정한 결과, 근로기간(연금가입기간) 30년 기준시 11.3%, 근로기간 35년 기준시 퇴직연금의 실질소득대체율은 13.0%에 그치고 있는 것으로 나타나고 있다.

따라서 우리나라 근로자의 경우, 퇴직연금의 실질 소득대체율은 세계은행에서 권고하고 있는 소득대체율 30%에 훨씬 못 미치고 퇴직연금에 의한 노후소득보장기능은 미흡한 것으로 나타나고 있다.

또한 공적연금 소득대체율 35%(35년 기준)에 퇴직연금 소득대체율 13.0%를 합하더라도 48.0% 수준에 머문다. 세계은행 등 국제기구에서 권장하고 있는 공·사연금의 실질소득대체율인 60~70%에 비해 약 12.0~22.0%p가 미달한다.

이처럼 퇴직연금의 노후소득보장효과가 국제기구에서 권장하는 수준에 훨씬 미치지 못해 국제기구 권고 수준으로 소득대체율을 끌어올리기 위한 대책 마련이 요구되고 있다. 그렇다면 퇴직연금의 소득대체율을 높이기 위해서 어떻게 하여야 할까?

우선적으로 법정퇴직금에서 퇴직연금으로의 전환이 시급하다. 법정퇴직금과 퇴직연금으로 이원화되어 있는 현행 퇴직급여제도를 퇴직연금 중심으로 단일화하여 퇴직연금 가입의 사각지대를 해소시켜 나가야 한다.

이를 위해서는 무엇보다 2014년 8월 정부가 발표한 단계적 퇴직연금 의무화 조치와 중소기업 퇴직연금기금 도입이 조속히 이루어져야 한다. 대기업의 퇴직연금 도입률은 높은 반면, 중소기업의 퇴직연금 도입률은 상대적으로 낮아 기업간 퇴직연금 가입의 양극화가 심화되는 점을 감안할 때 '중소기업 퇴직연금기금제도' 도입이 필수적이다.

다만 이 제도의 실효성을 높인다는 차원에서 넓고 얇은 지원이라고 할 수 있는 30인 이하 영세사업장에 적용하기보다 좁고 두터운 지원인 10인 이하 영세사업장에 적용할 수 있도록 정부의 재정지원 대상과 폭을 재조정할 필요가 있다.

또한 최소한의 운용 수익을 보증하거나 3년의 한시적인 재정지원 기간을 더 연장하여 영세사업장에 실질적 지원이 이루어지도록 하여야 한다.

더불어 퇴직연금의 사각지대 해소차원에서 미국이나 일본 등 선진국처럼 점진적으로 퇴직연금의 가입자 범위를 전업주부 등으로 보다 확대해 나갈 필요가 있다.

다음으로 퇴직연금의 소득대체율 제고를 위해서는 퇴직연금의 연금화가 이루어져야 할 것이다. 아무리 퇴직연금 가입이 원활하게 이루어졌다 해도 은퇴시 퇴직급여가 모두 일시금으로 인출되어 생활비로 소진된다면 퇴직연금의 노후보장기능은 저하되기 마련이다.

우리나라의 노인빈곤율이 매우 높고 국민연금 소득대체율도 낮은만큼 퇴지급여의 연금 전환 필요성은 그만큼 크다.

그럼에도 불구하고 확정기여형과 확정급여형 퇴직연금을 합한 전체 퇴직연금의 연금선택 비율은 2018년 기준 2.1%에 그치고 있다. 이런 점에서 퇴직급여를 연금으로 전환하기 위한 최소한의 정부역할이 필요하다.

왜냐하면 투자지식이 상대적으로 부족한 중산층 근로자가 투자실패로 연금재원을 소실할 경우 비단 개인의 장수 위험뿐만 아니라 국가의 고령화 위험인 정부재정부담 증대로 이어질 수 있기 때문이다.

따라서 개인의 선택권이 저해되지 않는 범위 내에서 당사자의 복지권이 제고될 수 있도록 퇴직급여의 연금화 정책이 요구된다. 이러한 점에서 일시금 또는 연금 중 하나의 방식으로 퇴직급여를 지급하도록 한 근퇴법 규정을 개정하여 지급방식을 다양화하여 일시금과 연금을 함께 수령할 수 있도록 할 필요가 있다.

아울러 정부는 연금으로 전환을 유인할 수 있는 고령친화형 연금상품 개발을 독려하고 일시금에 비해 연금수령시 세제혜택을 더 부여하는 방향으로 세제를 개선해야 한다.

지난 정부의 사적연금 활성화 대책에서 퇴직연금의 연금화 유도를 위해 연금수령시 일시금 수령에 비해 30% 세액을 경감해 주었지만, 호주 등 선진국에 비해 연금수령시 세제혜택이 여전히 미흡한 수준이다. 종신연금 수령시 비과세 혜택을 부여하거나 연금수령시 30% 이상 세액 경감이 이루어지도록 제도를 개선할 필요가 있다.

마지막으로 퇴직연금의 가입, 퇴직급여의 연금 수령 다음으로 소득대체율을 높이기 위해서는 퇴직연금 적립금의 투자수익률 제고가 중요하다. 2017년 보험연구원 연구결과에 의하면 투자수익률 1% 상승은 약 5%의 소득대체율 상승효과가 있는 것으로 나타나고 있다. 그런데 기준금리 인하 등 저금리가 지속되면서 2018년의 퇴직연금 전체의 연간수익률은 1.01%에 그치고 있다.

이에 반해 호주는 2017년 5월말 기준으로 최근 1년 투자수익률이 10.3%, 미국은 2017년 4월말 기준으로 최근 1년 투자수익률이 13.4%에 이르고 있다[11]. 따라서 투자수익률 제고를 위한 다양한 투자상품 개발과 자산배분전략의 모색이 이루어져야 할 것이다.

5장

개인연금으로 여유로운 노후가 보장될까

이순재

노후 준비

혼자 사는 단독 가구 노인이 빠르게 증가하여 2017년 기준 23.6%에 달한다. 이들이 생활하면서 느끼는 어려움은 첫 번째가 '아플 때 간호'(19.0%)이고 그 다음이 '경제적 불안감'(17.3%)으로 조사되고 있다[1]. 부부 가구에 대한 조사 결과는 없지만 두 가지가 상위권에 위치할 것은 쉽게 짐작해 볼 수 있다. 다만 순위는 뒤바뀔지 모른다.

지금이야 국민연금과 기초연금, 퇴직연금 등이 뿌리를 내리기 시작하였지만 이들 연금제도가 없던 시절의 노후소득보장은 자신과 가족들의 몫이었다. 퇴직금과 개인 저축, 그리고 부동산이 유력한 보장수단이었다. 하지만 직장에서 일시금으로 지급되는 퇴직금과 스스로 모은 금융 저축으로 노후소득을 충당할 수 있는 이들은 극소수였다. 부동산을 추가하더라도 노후소득을 보장받을 수 있는 이들은 많지 않았다.

그래서 선진국 사례를 참고하여 단계적으로 연금제도를 도입해 왔다. 선진국들에서는 노후소득보장을 3층 보장체계로 구축하고 가입유인책을 통해 공적부문과 사적부문이 노후소득보장을 분담하도록 해오고 있다.

우리나라도 복지국가를 지향하면서 1988년 공적연금인 국민연금을 도입하였다. 그리고 사적연금으로 1994년 세제적격 개인연금, 2005년 말 퇴직연금을 도입하였다. 이로써 우리나라도 외형상 3층 보장체계를 갖추게 되었다.

국민연금은 전 국민을 대상으로 사회보장 측면에서 최소한의 기본적인 노후소득을 제공하는 수준으로 설계되었다. 2층 보장에 해당하는 퇴직연금은 기금의 사외 적립 및 운용으로 회사가 도산하더라도 퇴직금에 준하는 지급보증이 제공될 수 있도록 하였다.

퇴직연금이 개인의 평균적인 경제생활을 보장하기 위해 설계되었다면, 개인연금은 3층 보장으로서 여유있는 노후생활에 필요한 소득을 보장하기 위해 설계된 것이라고 할 수 있다.

여기서 3층 보장에 해당되는 개인 차원의 노후소득을 위한 재원으로는 개인연금 외에도 예금이나 증권투자, 부동산 등 다양한 보장수단이 활용될 수 있다. 노후를 대비한 개인의 자산 구성은 경제적·문화적 여건에 따라 국가별로 다르게 나타난다.

통계청·금융감독원·한국은행(2018)에 의하면 2018년 3월말 기준 평균 가계자산은 4억 1,573만 원이며, 이 중 금융자산은 25.3%, 그리고 실물자산이 74.7%이다. 실물자산의 대부분을 점하는 부동산의 비중은 70.2%이다[2].

전체 가구 중 은퇴가구 비중은 17.0%이고 실제 은퇴연령은 62.5세로 예상 은퇴연령 67.5세보다 5세 빠르다. 은퇴생활 가구 중 생활비 충당에 '여유 있는 가구'는 10.7%에 불과하고, 59.5%는 '부족한 가구'로 나타난다.

은퇴가구의 생활비 충당에서 개인연금 등 '개인저축액과 사적연금' 의존율은 4.1%로 낮다.

우리나라의 노인빈곤율은 43.8%로 OECD 국가 평균인 13.5%의 3배 이상으로 회원국 중 가장 높다. 전체 빈곤율도 17.4%로 OECD 평균인 11.5%보다 꽤 높고 이스라엘(17.9%), 미국(17.8%) 다음이다[3].

평균 실질은퇴연령도 남자 72.0세 여자 72.2세로 높고 노동시장

〈표 5-1〉 국가별 노후 주요 수입원 비교(2015년 기준)

(단위 : %)

	취업수입	공적연금	사적연금	저축인출 재산수입	자녀원조	생활보호 등
한국a	61.2	20.0		14.2	4.7	
한국b		61.7	4.1		24.7	9.5
한국c	42.8	32.5	1.2	9.9	10.7	2.9
미국	22.5	55.0	12.5	6.3	0.7	3.0
독일	10.3	77.2	3.3	4.5	0.5	4.3
스웨덴	16.7	72.6	4.4	1.0	0.1	5.2
일본	23.4	70.8	1.1	1.8	0.8	2.1

출처: 内閣府, 「高齢者の生活と意識に關する國際比較調査」,第8回, 2016.5, pp.89-90. 図表 3-4-ア-1 生活の主な収入源(男女別), 図表 3-4-ア-2 生活の主な収入源(年代別). 통계청·금융감독원·한국은행(2018), 〈표 4-6〉, 〈표 4-10〉.

주 : 1) 한국a는 취업자 포함 60대 이상(표 4-6), 한국b는 은퇴자 가구(표 4-10), 한국c는 한국a와 한국b의 가중 평균(70:30).
　　 2) 한국은 2017년 기준치임.

잔류 기간이 가장 길다[4].

　배경에는 노후소득에서 차지하는 공적연금 비중이 낮다는 사실이 있다. 〈표 5-1〉을 보면 2015년 기준(한국은 2017년) 미국, 독일, 스웨덴, 일본에서 이 값이 55~77% 수준인데 우리나라(한국c)는 33%이다[5]. 근로기에 중산층의 지위를 유지하던 사람들 중 일부가 은퇴 후 빈곤층으로 전락할 수 있음을 시사한다.

　위 표에 제시된 주요국의 값은 일본 내각부가 5년마다 조사하여 공표하는 '고령자의 생활과 의식에 관한 국제비교조사'에서 인용한 것이다. 2015년 조사가 8회째로 다음번 조사는 2020년이다. 60대 이상의 1000명에서 1100명 정도를 연령대를 고려하여 표본으로 뽑아 조사하고 있다.

　통계청 등이 수행하는 우리 측 조사는 내각부 조사보다 표본수(2018년 응답 가구수 18,640 가구)가 월등히 많아 조사치의 신뢰도가 높다. 그리고 노후 주 수입원 조사시 택일 응답 방식이라는 점도 같다[6]. 다만 조사대상에 포함된 은퇴자 비율이 나라별로 꽤 달라 여기선 이를 조정하여 비교하고 있다.

　통계청·금융감독원·한국은행(2018)의 가계금융·복지조사 결과에 따르면 은퇴자 비율이 높은 60대 이상이 가구 연 소득은 평균 3,758만 원으로 30세 미만 가구의 3,533만 원보다 크지만 50대의 7,292만 원의 51.5% 수준이다. 이같은 격차는 60대 이상의 근로소득과 사업소득 합계가 2,298만 원으로 50대 6,672만 원의 34.4%에 불과하기 때문이다[7].

　〈그림 5-1〉에서 보듯이 50대 가구 대비 60대 이상 가구의 근로·

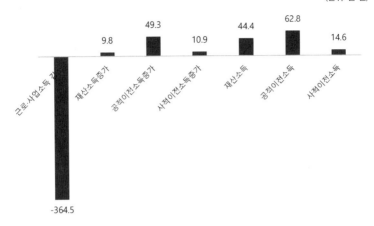

(단위: 만 원)

| | 9.8 | 49.3 | 10.9 | 44.4 | 62.8 | 14.6 |

근로·사업소득 ...
재산소득증가
공적이전소득증가
사적이전소득증가
재산소득
공적이전소득
사적이전소득

-364.5

┃ 〈그림 5-1〉 60대 이상 가구의 50대 가구 대비 월소득 변화

출처: 통계청·금융감독원·한국은행(2018), 〈표 4-6〉

주 : 가구소득 변화는 앞의 네 막대, 이후는 60대 이상 가구 월소득

사업소득은 월 364.5만 원 감소하고 재산소득·공적이전소득·사전이전소득[8]의 증가는 월 70.0만 원에 불과하다. 50대에 비해 월 소득이 294.5만 원 감소했다. 이들 가구의 주요 소득원인 재산소득·공적이전소득·사전이전소득 합계는 121.8만 원에 머물고 있다.

문제는 60대 이상 가구의 연령 특성과 자산 상황 등을 감안할 때 공적연금이 포함되는 공적이전소득[9] 외 다른 소득을 늘리기가 쉽지 않다는 사실이다.

공적연금을 강화하면 노인 빈곤률을 낮추는데 큰 도움이 되겠지만 인구 고령화와 구조적인 저성장으로 공적연금 강화책은 일정한 한계를 지닌다. 여기서 대안으로 고려될 수 있는 것이 사적연금의 활용이다. 〈표 5-1〉과 〈그림 5-2〉에 나와 있듯이 공적연금 비중이 상대적으로 낮은 미국이 사적연금에서는 독일, 스웨덴, 일본보다 높은 비중을 보이고 있다.

사적연금의 주목적은 노후소득을 늘리는데 있다. 즉 근로소득 및 사업소득이 상대적으로 많은 현역시절에 미래의 소비를 위해 현재의 소비를 자제함으로써 생애소득의 평준화를 통한 생활의 안정을 가져다준다.

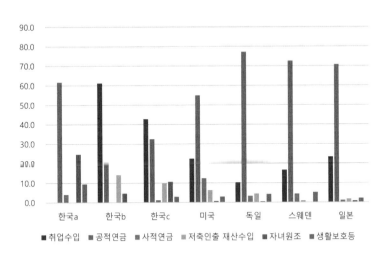

▎ 〈그림 5-2〉 국가별 노후 주요 수입원 비교(2015년 기준)

출처: 〈표 5-1〉과 동일

개인연금의 종류

　노후보장을 위한 연금은 공적연금과 사적연금으로 분류되고, 사적연금은 다시 퇴직연금과 개인연금으로 나뉜다. 우리나라에서 개인연금은 생명보험회사와 손해보험회사가 판매하는 연금보험 상품과 은행 및 금융투자회사가 판매하는 연금신탁 및 연금펀드 상품이 있다.

　이는 개인이 보험회사나 은행 및 금융투자회사에 일정액을 불입한 후 55세나 65세 등 약정된 나이가 되면 매월 등 일정기간마다 일정액을 지급받는 금융상품이다. 국민연금처럼 연금수급자가 죽을 때까지 연금을 받는 종신연금은 생명보험회사만 판매할 수 있다.

　확정된 금액이나 기간 동안만 지급하는 확정연금과 달리 종신연금은 개인의 장수 위험을 완전히 제거할 수 있다는 점에서 노후설계를 위해 중요한 가치를 갖는다. 다만 확정연금 상품만을 취급할 수 있는 타 금융회사에서도 90세, 100세까지 연금을 지급받도록 설계하여 종신연금에 버금가는 초장기 연금 수령을 보장할 수 있다. 소비자의 입장에서는 상품 구입시 향후 생존기간인 기대여명과 수익률을 잘 따져볼 필요가 있다.

　개인연금 상품은 소득세법에 의해 세제혜택을 받을 수 있는 세제적격연금 상품과 일반연금 상품으로 나눌 수 있다. 세제적격 상품은 연간 보험료 또는 저축액에 대해 연말정산 시 소득세 산정에서 소득공제나 세액공제를 받을 수 있다.

1994년 도입된 구 개인연금인 개인연금저축과 2001년 도입된 신개인연금인 연금저축, 그리고 2013년 도입된 신연금저축[10]이 이에 해당한다. 신연금저축은 연금저축계좌로 일컬어지기도 한다.

개인연금저축 상품은 2000년 12월부로 판매가 중단되었고, 연금저축은 2013년 소득세법 개정으로 신연금저축으로 통합되었기에 지금은 신연금저축 상품만 판매되고 있다.

세제적격 개인연금 상품의 금융권역별 판매 비중을 보면 2014년 말 기준 생명보험사 53.0%, 손해보험사 23.1%, 은행 14.3%, 금융투자사 6.5%, 우체국예금보험 등 기타 3.1%로 나타난다.

일반연금 상품으로는 종신연금, 상속연금, 변액연금보험, 또는 유니버셜연금보험 등의 다양한 명칭으로 판매되고 있다. 이 상품들은 소득세법의 대상이 되지 않기에 세제비적격 상품으로 부르며, 연말정산 시 소득공제의 대상이 되지 않는다.

하지만 10년 이상 계약을 유지할 경우 이자소득(일명 보험차익)에 대한 과세가 면제되다 금융소득 종합과세의 대상이 되지 않기 때문에 금융소득 종합과세 한도를 3,000만 원에서 2,000만 원으로 인하하였을 때 많은 사람들이 상속연금과 같은 일반연금 상품을 절세 차원에서 많이 가입하기도 했다.

미국·독일·일본 등 주요 선진국은 공적연금을 20세기 초에, 퇴직연금을 20세기 중반에 본격적으로 도입하여 실시해 왔고, 공적·

퇴직연금에 의한 노후 소득대체율[11]은 최종 평균소득월액 대비 대부분 60%를 상회하고 있다. 35% 수준인 우리나라 국민연금과 비교해 노후소득보장의 충실화수준에서 차이를 보이고 있다.

1990년대에 들어서면서 우리나라는 출생률 저하에 따른 유년 인구의 감소와 평균수명의 연장으로 인한 노령인구의 증가로 고령사회로 급속히 진입하고 있다. 주요 선진국처럼 3층 보장에 입각한 노후소득보장체계를 적절히 갖추어 고령화 사회에 대비해야 할 시점이다.

개인연금이 도입된 1994년 이전의 상황을 보면 퇴직연금을 대신하는 퇴직일시금 제도는 근로자 수급권 보장의 불확실성으로 노후소득보장 기능을 충분히 발휘하지 못하는 실정이었다.

이러한 부족분을 보완함으로써 이미 진행되고 있는 고령화 사회에서 노후생계보장 기능의 충실화를 기하고, 노령자 부양에 필요한 총비용과 공적연금 운영에 따른 비용을 줄일 필요성이 대두되었다.

이러한 이유에서 개인연금을 도입하면 저축 및 장기자본의 축적이 더욱 용이해지고, 이로 인해 정부의 사회보장비용 부담을 감소시켜 재정 부담을 덜어주며 자본시장을 활성화하여 국민경제에 기여하기 때문에, 개인연금 도입 시 세제혜택으로 인한 세금수입 감소 이상의 경제적 효과를 얻을 수 있을 것으로 기대되었다.

이처럼 사회보장을 충실화하고 정부 재정 부담을 감소시키며 장기저축의 증대 및 자본시장의 발전을 도모하는 차원에서 개인연금 도입이 요구되었다.

이러한 사회보장적인 측면과 재정 운용의 측면 외에도 개인연금이 금융실명제 시행을 뒷받침하는 중요한 역할을 했다는 사실을 언급하지 않을 수 없다. 이 책의 1장에서 상술하고 있듯이 금융실명제가 1993년 8월부터 전격 시행됨에 따라 금융저축이 위축되고 오히려 지하경제 규모가 커질 수 있다는 우려가 많았다.

이러한 부작용을 완화시키기 위한 대안으로 검토된 것이 세제적격 개인연금 도입이었다. 정부 입장에서는 국민연금 적용제외자의 노후소득 마련을 지원하고, 금융실명제에 따른 부작용을 최소화하기 위해 개인연금 도입만큼 효과적인 대안은 없었을지 모른다.

개인연금 세제와 노후보장 금융상품

은행의 1년 만기 정기예금 금리가 2% 전후 수준인 저금리 추세가 지속되고 있다. 이에 따라 금융상품의 세제 혜택은 더욱 의미를 갖는다. 1994년 도입된 구 개인연금인 세제적격 개인연금저축 상품에는 상당히 관대한 세제 혜택이 부여되었다.

납입단계에는 연간 보험료 또는 저축액에 대해 최대 72만 원까지 소득공제 혜택이 제공되고, 운용단계에서는 적립자산에 발생한 이자소득에 대해 과세가 이루어지지 않는다. 아울러 연금을 받는 수령단계에서는 지급받은 연금에 대해 연금소득세를 내지 않는 비과세 혜택을 받는다.

2001년 도입된 신 개인연금인 연금저축 상품은 공제 가능한 연금 불입액 한도가 처음에는 240만 원 이었다가 점차 확대되어 400만 원까지 공제 가능하였다.

그런데 2014년 소득세법이 개정되어 그간의 소득공제가 세액공제로 바뀌면서 종합소득 4000만 원(연소득 5500만 원)이하 15%, 초과 12% 세율이 적용된다. 지방세까지 고려하면 세율은 16.5%와 13.2%로 높아진다.

연소득 5500만 원 초과자가 2013년부터 신연금저축 상품에 1년간 400만 원을 불입하였다면 52만 8천 원의 세금을 절약할 수 있다. 다만 2020년부터 3년간 한시적으로 50세 이상자에 대해 세액공제 납입한도가 600만 원으로 늘어나 세금 절약액은 79만 2천 원으로 늘어난다. 단 연소득 1억 2천만 원 이하이고 금융소득종합과세 대상자가 아니어야 한다.

그러나 개인연금저축과 달리 신연금저축 상품은 연금을 받을 때 지급받는 금액이 과세 대상이 된다. 따라서 신연금저축 상품은 납입 및 운용단계에서 세제혜택이 주어지지만 수령단계에서는 연금소득에 대해 세금이 부과되는 구조이다.

한편 퇴직연금에 대해서는 퇴직연금 활성화 차원에서 2015년부터 신연금저축 상품과는 별도로 300만 원까지 추가적인 세액공제 혜택을 제공하고 있다.

이러한 세제적격 개인연금은 금융기관 별로 상품의 명칭을 다르게 사용하고 있다. 은행에서 판매되는 상품은 신연금저축신탁, 보험회사의 상품은 신연금저축보험, 그리고 금융투자회사의 상품은 신연금저축펀드로 구별하여 판매되고 있다.

본질적인 상품의 구조는 같지만 신연금저축보험은 연금 수령 개시일 이전에 사망이나 장애 등의 사고발생 시 보험금 지급 등의 보장 기능이 추가되어 있으며, 신연금저축펀드는 가입자의 납입액이 펀드에 투자되기 때문에 자본시장이 호황일 경우에는 높은 투자수익을 가져올 수 있지만 불황일 경우에는 원금보장이 안될 수도 있다.

전술한 바와 같이 생명보험회사의 개인연금 상품만 종신연금 설계가 가능하다. 계약기간 중 가입한 금융회사의 건전성, 운용수익률 성과 등이 만족스럽지 못할 경우에는 개인연금 계약 이전 제도를 활용하여 일부 예외적인 경우를 제외하고는 금융회사를 바꿀 수 있다.

일반 연금보험 상품인 세제비적격 연금보험 상품은 거의 모든 생명보험회사에서 다양한 이름으로 시중에 판매되고 있다. 세제비적격 연금보험에 대한 세제 혜택으로는 세제적격 개인연금처럼 연간 납부보험료에 대한 소득공제 혜택은 없으나, 10년 이상 장기 보유의 경우 투자수익에 대해서는 비과세 혜택을 주고 있다.

그리고 연금 수령 단계에서는 세금이 부과되지 않는다. 이런 이유로 세금우대 연금보험이라 부르기도 한다. 이러한 연금보험 상품들은 수익창출의 기본이 되는 이자지급 방식에 따라 확정금리형, 변동금리형, 변액·신탁형으로 분류되기도 한다.

여기에 속하는 대표적인 노후대비 투자상품이 변액연금보험으로서 판매규모 면에서 개인연금보다 크다. 금융감독원에 따르면 개인연금의 적립금은 2018년 말 기준 337.7조 원으로 공적·사적연금 전체(국민연금, 퇴직연금, 개인연금) 적립금 1,166.5조 원[12]의 29.0%를 차지하고 있다. 개인연금 중 세제비적격 연금의 적립금은 202.5조 원으로 전체 개인연금의 60.0%를 점유하고 있다[13].

현금자산이나 부동산자산이 충분하여 노후자금 대비에 대한 필요성이 없는 자산가일지라도 다음과 같은 장점 때문에 세제비적격 연금 상품에 대한 수요가 존재한다고 재무설계 전문가들은 추천하고 있다.

누구나 가입할 수 있어 가입조건이 까다롭지 않으며, 보험료 소득공제 혜택이 없는 대신 중도해약 시 가산세 추징 등 불이익이 없다. 또한 보험료의 납입한도가 없어 불입금을 자유롭게 설정할 수 있으며, 일정기간이 지나면 언제든지 찾아서 쓸 수 있다.

10년 이상 유지할 경우 이자소득세가 면제되고, 연금 수령 시 연금소득세가 없다. 또한 연금 수령이 45세부터 가능하여 인생의 5대 자금[14] 설계가 가능하다는 점 등이 그 이유다.

이러한 장점에도 불구하고 변액연금보험은 가입자의 보험료가 주식이나 채권과 같은 투자상품에 투입되어 운용되기 때문에 투자수익률이 낮을 경우 연금을 수령하는 시점에 원금보전이 안될 가능성이 존재하며[15], 운용회사의 높은 관리비용 등으로 노후대비 금융상품으로 제 구실을 못할 수도 있다.

초기사업비가 다른 노후보장 상품에 비해 과다해 가입자가 납입한 보험료의 10% 정도를 7년간 생명보험회사의 사업비와 위험보험료로 책정하고 이것을 제외한 나머지 90%만 특별계정에 편입되어 운용되고 있다.

아울러 운용금융회사가 파산하는 경우 예금자보호법의 적용을 받지 않기 때문에 원금전체를 손해볼 수도 있다. 이런 이유로 일부에서는 변액연금보험이 노후보장 금융상품으로는 부적합하다고 평가한다.

OECD(2017)에 의하면 우리는 개인연금을 포함한 사적연금 가입률이 낮게 나온다. 임의 가입인 개인연금 가입률이 24.0%로 독일(70.4%), 일본(50.8%), 아일랜드(46.7%), 영국(43.0%) 등과 비교할 때 낮다[16].

OECD 국가들의 자영업자 비중이 평균 15%인데 반해 우리는 28%로서 매우 높은 편이기에 개인연금 가입률 제고의 필요성이 존재한다. 그런데 설사 가입하였다 할지라도 가입 후 10년이 지나도록 계약을 유지하는 가입자는 약 절반 정도밖에 되지 않는다.

아울러 저소득층보다 중고소득층 가입자 비율이 높나. 국세통계 연보(2018)에서 근로소득자로서 연금저축에 가입한 이들의 소득계 층별 비율을 확인할 수 있다.

〈그림 5-3〉에서 보듯이 과세대상 근로소득이 3천만 원 이하인 계층의 가입률은 5.5%에 불과하다. 이들은 공제대상 연금저축액에 서는 전체 5조 6,733억 원의 1.8%, 세액공제액에서는 전체 7,176억 원의 2.1%를 점하고 있을 뿐이다(표 5-2 참조)[17].

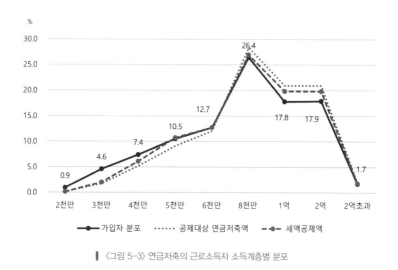

▌〈그림 5-3〉 연금저축의 근로소득자 소득계층별 분포

출처: 〈표 5-2〉와 동일.

주 : 가로축 금액은 '해당금액 이하'를 나타냄.

〈표 5-2〉 연금저축의 근로소득자 소득계층별 분포

(단위 : 원, %)

과세대상 근로소득	가입자 분포	공제대상 연금저축액	세액공제액
-2천만	0.9	0.1	0.1
-3천만	4.6	1.7	2.0
-4천만	7.4	5.2	6.1
-5천만	10.5	9.1	10.7
-6천만	12.7	12.0	12.7
-8천만	26.4	28.3	26.9
-1억	17.8	20.9	19.8
-2억	17.9	20.9	19.8
2억 초과	1.7	2.0	1.8
		100.0	

출처: 국세청(2018), 국세통계연보 4-2-4 '근로소득연말정산 신고현황'.

주택연금의 현황

우리나라의 경우 미국이나 일본 등과 비교하여 고령자가 보유하는 총자산에서 금융자산의 비중은 낮은 반면, 아파트와 같은 주거 부동산의 비중이 높은 점에 착안하여 정부 보증이 제공되는 주택연금(reverse mortgage annuity) 제도가 2007년 7월 도입되었다.

주택연금은 만 60세(2020년부터 55세) 이상의 고령자가 자신이 소유한 주택을 담보로 제공하고 한국주택금융공사가 발급한 보증서를 가지고 금융기관으로부터 일정 금액을 매달 받다가, 사망 시 담보자산을 매각하여 그동안 지급받은 연금과 이자를 일괄 상환하는 방식을 지칭한다.

정부가 이행책임을 보증하고 종신 지급과 종신 거주를 허용하기 때문에 다른 나라의 역모기지론(reverse mortgage loan)[18]과 차별된다.

주택연금을 주택담보대출과 비교해보면 자금의 용도가 주택구입자금이 아닌 노후생활자금이며, 주 이용대상이 장년층이 아닌 고령층이고, 대출방식도 담보대출의 경우 일시금 지급인 반면 매월 분할지급하고, 대출기간도 평생 동안으로 미확정 기간이다.

상환방법은 대부분 원리금을 분할 상환하는 담보대출과 달리 주택연금 수령자가 사망 시 일시에 상환되며, 계약이 종료되면 주택연금의 경우는 주택을 처분한다.

주택연금의 이용 자격은 주택소유자가 만 60세(2020년부터 55세) 이상이어야 하고, 신청일 현재 소유자와 배우자가 주택 한 채 만을 소유해야 하며, 해당되는 주택은 단독주택, 다세대주택, 연립주택 및 아파트(주상복합 포함)에 국한하고, 주택가격이 공시지가 기준 9억 원 이하여야 하며 경매신청, 압류, 가압류, 가처분, 가등기 등의 권리 침해와 저당권 및 전세권, 임대차계약이 없는 주택이어야 한다[19].

주택연금 이용자의 세제 혜택으로는 저당권 설정 시 등록세 면제와 국민주택채권 매입 의무 면제가 있고, 재산세의 25% 감면과 주택연금 대출이자비용의 소득공제가 200만 원 한도 내에서 허용된다.

참고로 현재 소득인정액[20]이 기초연금 수급기준을 초과하여 기초연금을 받지 못하는 경우 주택연금에 가입하는 것이 유리하다. 왜냐하면 소득인정액 산정 시 주택연금 대출채무를 차감항목인 부채로 계상하고, 현재 기초연금을 받지 못하는 경우 주택연금 가입 후 일정기간이 경과하면 기초연금 수령이 가능하게 되기 때문이다.

한국주택금융공사의 예시 자료에 의하면 부부가 70세 동갑이며 가격이 3억 원으로 평가되는 아파트를 담보로 주택연금을 종신토록 받는 '정액형'으로 가입하면 생존하는 배우자가 이 아파트에서 거주하며 사망할 때까지 매월 92만 2천 원을 지급받을 수 있다. 또 2020년 2월 18일 기준으로 15년을 확정해서 받기로 한다면 매월 114만 6천 원을 받는다.

한편 연금을 지급하는 동안 거래 금융회사가 파산하면 정부가 남은 기간 동안의 연금 지급을 책임진다. 사망 시 아파트는 매각되고 매각 대금으로 대출 원리금을 상환하며, 아파트 가격 상승으로 차액이 남을 경우 상속자에게 상속된다.

주택연금 가입자는 가입 당시 초기 보증료로 1.5%와 연 보증료로 0.75%를 지불하며, 재건축·재개발 등으로 담보 주택 소유권이 상실되면 연금 지급이 정지된다.

주택연금 제도는 공적 보증, 낮은 대출금리, 세제 지원 등의 혜택이 있기에 주택 자산의 비중이 높고 고정 소득이 미흡한 은퇴자들의 노후복지에 유용할 것으로 기대된다.

제도 시행 초기에는 활용도가 미미하였지만 노령인구의 빠른 증가세, 그리고 은퇴부부 중심의 생활상 및 노인 부양에 대한 가치관의 변화 등 사회적 변화에 힘입어 괄목할 성장세를 보이고 있다.

연금지급액은 2007년 44억 원, 2008년 230억 원에 불과하였으나 신규 계약의 증가에 따라 2009년 531억 원, 2011년 1,401억 원, 2013년 3,423억 원, 2015년 4,112억 원, 2017년 7,454억 원, 2018년 8,966억 원으로 증가하고 있다[21]. 이러한 빠른 증가세는 공적 보증에 따른 향후 정부의 재정 위험을 우려하게 할 정도이다.

농지연금의 현황

농촌지역의 고령 농업인을 위해 주택연금과 유사한 개념으로 농지를 담보로 하는 농지연금이 2011년 도입되었다. 법적 근거인 "한국농어촌공사 및 농지관리기금법" 10조(사업) 및 24조의5(농지를 담보로 한 농업인의 노후생활안정 지원 사업 등)에 의하여 농지자산을 유동화하여, 노후생활자금이 부족한 고령농업인의 노후생활안정 지원으로 농촌사회의 사회 안전망 확충 및 유지를 위하여 추진되고 있다.

농지연금을 받을 수 있는 자격은 부부 모두 만 65세 이상이고, 영농 경력 5년 이상의 농업인으로 소유하고 있는 농지의 총면적이 3만㎡ 이하여야 한다. 지원 대상자로 선정되면 농업인은 한국농어촌공사에 농지를 담보로 제공하고, 공사는 농지에 저당권을 설정하여 농지관리기금을 재원으로 고령농업인에게 농지연금을 매달 지급한다.

농지연금 지급방식은 살아있는 동안 지급받는 '종신형'과 일정 기간(5년/10년/15년/20년) 동안 지급받는 '기간형'이 있다. 또 농지연금을 받던 농업인이 사망한 경우 배우자가 담보 농지의 소유권 이전등기와 농지연금 채무의 인수를 마치면 농지연금을 승계해 받을 수 있다.

농지연금은 2011년 출시 후 2018년 말 기준 1만 1천 건 이상이 가입되었으나 가입률은 가입대상 49만 명의 2% 수준이다.

평균적인 가입자는 2017년 기준 74세, 농지규모 0.4ha, 월 연금 98만 원으로 나타나고 있다[22].

사업초기에는 농촌이라고 해도 수도권 지역에서 60대 연령층보다는 70~80대의 고령자들이 많이 가입하였다. 사업이 시행되면서 점차 문제점도 나타나고 이를 해결하기 위해 많은 개선이 이루어져 60대 가입자가 수도권 뿐 아니라 전국에서 꾸준히 증가하고 있다.

평균수명이 지속적으로 늘어나면서 다소 연금을 적게 받더라도 평생연금을 희망하는 신청자들이 많아져 기간형 가입보다 종신형 가입 추세가 증가하고 있다.

다만 농지연금은 그 대상 규모가 작고 농지라는 특성상 주택보다 상속 의지가 강해 대상자인 고령농업인 모두 가입하는 데는 어려움이 있을 것으로 예상된다.

개인연금의 소득보장 효과

세제적격 개인연금의 주요 기능은 노후소득의 다층보장체계 구축을 통한 사회보장의 충실화이다. 이러한 사회보장 기능에 얼마나 기여했는지를 평가할 수 있는 일반적인 지표는 개인연금 수급자 비율과 개인연금의 소득대체율이다.

개인연금의 가장 심각한 문제로 지적되어 온 저조한 수급자 비율의 원인은 낮은 세대가입률과 유지율이다. 개인연금의 세대별 가입률은 도입 초기인 1996년 39.2%를 정점으로 점점 하락하여 2009년 15.4%로 낮아졌으며, 2012년 가입률이 17.2%로 피크를 보인 후 지속적으로 낮아지고 있다[23].(그림 5-4 참조)

지금의 개인연금 가입률이 유지되는 경우에도 개인연금 수급자는 2030년경에도 10.4%에 지나지 않을 것이라는 비관적인 추정 결과도 있다[24]. 물론 이 분석은 세제적격 개인연금을 기초로 했기 때문에 세제비적격 개인연금을 포함하면 다소 나아지겠지만, 세제적격 개인연금에 가입하지 않은 세대가 세제비적격 개인연금을 가입하는 경우는 많지 않기 때문에 개인연금의 수급자 비율은 큰 변동이 없을 것이다.

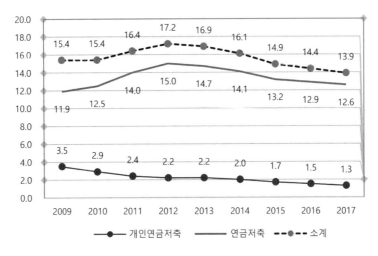

〈그림 5-4〉 근로소득자 세제적격 개인연금 가입률 추이

출처: 국세청, 각년도 국세통계연보

주 : 근로소득 연말정산 개인연금저축 및 연금저축 소득공제 신고자 기준(결정세액없는자 포함)

　　전반적으로 우리나라의 노후소득에 대한 사적 보장은 매우 취약한 것으로 나타나고 있다. 선진국의 연금개혁은 시장의 자율기능에 초점을 맞추어 퇴직연금 등과 같은 사적연금의 기능을 보다 확대하는 방향으로 추진되고 있다는 점이 특징이다.

　　장기적으로 공적연금인 국민연금과 기초연금에 의한 실질소득대체율은 30~35% 수준으로 예상된다. 퇴직연금 가입자의 경우 여기에 13%p가 가산되어 43~48% 수준으로 높아진다. 문제는 공적연금과 퇴직연금으로도 OECD와 세계은행 등 국제 기관에서 권장하는 적정 소득대체율 70%에 크게 부족할 것이라는 점이다.

여기서 국제기관이 제시하는 소득대체율과의 격차분 22~27%p를 채우기 위해선 개인연금을 포함한 3층의 개인저축에 주목하지 않을 수 없다[25].

〈그림 5-5〉에는 국제기관이 권고하는 사적연금의 소득대체율과 우리나라 사적연금의 소득대체율의 차이가 제시되어 있다. 사적연금에서 18.8%p 이상의 격차를 보이고 있다. 나아가 우리나라에서는 퇴직연금 가입률이 국민연금 만큼 높지 않고 퇴직연금의 소득대체율을 지금 이상으로 끌어올리는 것도 쉽지 않을 것으로 예상된

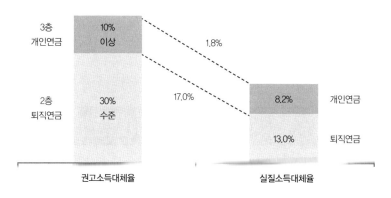

┃ 〈그림 5-5〉 사적연금의 소득대체율

출처: 류건식(2013), p.14

주 : 실질소득대체율은 2012년 기준.

다. 따라서 개인연금을 포함한 개인저축의 중요성이 한층 더 중요하다고 할 수 있다.

세제적격 개인연금의 판매 및 운용기관인 은행, 보험회사, 금융투자회사의 개인연금 총적립금 규모는 지속적으로 성장하여 2018년 말 기준 135.2조 원에 이르고 있다.

개인연금 자산의 운용수익률은 금융권역별로 매우 차이가 있다. 은행의 개인연금신탁과 금융투자회사의 개인연금펀드의 수익률 변동이 상대적으로 큰데, 배경에는 높은 주식 편입 비율이 있다.

운용수익률은 분석 기간에 관계없이 금융투자회사가 가장 양호하고 이후 보험회사, 은행의 순이다(표 5-3). 은행 적금의 이자율보다 높지만 물가인상률을 감안할 때 개인연금의 수익률은 낮은 편이라고 할 수 있다[26].

〈표 5-3〉 개인연금 수익률(2001-2017)

(단위: %)

	연금저축신탁 (은행)	연금저축보험		연금저축펀드 (금융투자사)	예금은행 적금	저축은행 적금
		생보	손보			
수익률	3.74	5.21	5.02	7.17	2.68	3.66
표준편차	0.30	0.56	0.23	2.06	–	–

출처: 금융감독원(2018), 「연금저축수익률, 적금만 못한가?」, 7.27.

주 : 세액공제 효과 및 연금소득세를 고려.

개인연금신탁은 수익률이 변동되어도 원금이 보장되는 반면에 개인연금펀드는 원금이 보장되지 않기 때문에 노후소득보장을 담보하는 연금의 기능상 수익률의 변동이 큰 것은 단점으로 볼 수 있다.

보험회사의 개인연금 수익률은 높지 않지만 원리금이 모두 보장되므로 연금 재원의 손실 우려가 없다는 점을 장점으로 들 수 있다.

개인연금은 투자대상에 따라 주식형, 채권형, 혼합형으로 나뉘며 최초 가입 시에 가입자가 선택할 수 있으나, 그 이후에는 투자대상을 변경할 수 있는 선택권이 없다. 반면에 대체상품으로 간주되는 변액연금에서는 가입자가 3개월마다 투자대상을 변경할 수 있다.

선진국 사례

우리나라의 개인연금과 유사한 세제적격 연금제도를 다른 국가들에서 찾아볼 수 있다. 이들 국가들은 국가 차원의 노후소득보장제도인 공적연금과 기업 차원의 보장제도인 퇴직연금이 확립되고, 소위 3층 보장체계의 마지막인 개인 차원의 노후소득보장을 위하여 제도화한 것이다.

개인연금의 중요성이 부각된 것은 1990년대에 유럽 각국에서 공적연금 개혁이 시급한 과제로 떠오르면서부터다.

유럽의 사회보장체제는 사회보장모형과 다층보장체계로 분류하는데, 사회보장모형은 단일 공적연금이 전 국민을 대상으로 비교적 높은 수준의 은퇴 후 소득을 지급하는 것으로 독일, 프랑스, 이탈리아, 스웨덴 등이 해당한다.

반면에 다층보장체계는 국가가 기본적 소득보장만을 책임지고 그 외의 보장은 개인의 결정에 따라 선택하도록 하는 것으로 영국, 덴마크, 네덜란드, 스위스 등이 이에 속한다.

영국의 사적연금은 직역연금, 스테이크홀더연금, 개인연금으로 나뉜다. 스테이크홀더연금과 개인연금은 본질적으로 개인의 노후소득을 보장하기 위하여 만들어진 제도로서 다양한 개인들이 가입할 수 있으며, 특히 자영업자가 퇴직연금에 가입하지 않은 경우에 적합한 사적연금이다[27].

보험료는 취업시에는 고용주, 자영업이나 미취업시에는 본인이 내며, 수준을 신축적으로 조절할 수 있고 최저 보험료가 낮다. 수수료에 상한이 있고 수수료 없이 계좌를 이전할 수 있다. 특별히 정하지 않으면 디폴트 방식으로 운용된다. 취급 기관인 보험사, 투자회사, 은행, 빌딩소사이어티 등은 기본세율을 적용해 감면한 세액을 투자금에 보태준다. 기본세율 이상이 적용되는 가입자는 납세시 추가로 리베이트를 받아 적립금을 키울 수 있다.

연금 수령 개시 연령은 55세 이상이다. 은퇴 시에는 총적립금액의 25%를 일시불로 비과세 인출하는 것이 가능하다.

스테이크홀더연금이 다른 점은 다음과 같다.

첫째, 연금운용사가 가입자에게 부과하는 비용에 상한이 설정되어 있다. 연금운용사는 가입 후 10년 동안에는 적립금의 1.5%까지를 비용으로 부과할 수 있고 이후에는 1%로 줄어든다. 개인연금의 높은 관리비용을 줄이면서 개인의 실질 연금급여를 증가시키는 데 유리하다.

둘째, 가입자는 최소납입금 이상을 납입해야 하는데 1회에 20파운드 정도다.

셋째, 납입방식에 융통성이 있어 가입자가 언제 얼마나 자주 납입할 것인가를 결정할 수 있고, 납기일을 놓쳐도 불이익이 없다.

넷째, 다른 스테이크홀더연금으로 전환해도 불이익이 없다.

반면에 개인연금은 운영비용에 상한이 없고 가입상품을 바꾸면 수수료 등의 불이익이 있다. 하지만 상품 선택의 폭이 더 넓은 장점이 있다.

영국 정부는 국민들이 자신들에게 가장 잘 맞는 연금체계를 선택할 수 있도록 돕고 있으며, 그 일환으로 연금제도와 금융시장에 대한 교육과 개인의 미래 연금액에 대한 예상치를 제공하는 '충분한 정보 제공 후의 자발적 선택(Informed Choice)' 정책을 시행하고 있다.

영국의 다층노후소득보장체계는 사적연금이 노후소득보장체계에 편입되어 있으면서 주도적인 역할을 하는 사적연금 중심의 통합된 구조를 유지하고 있다.

미국의 공적연금은 사회보장법에서 정한 노령유족장애연금(OASDI)이며 사회보험의 일종이다. OASDI의 가장 큰 지출은 노령연금(OA)이며, 정상 은퇴 연령에 도달해야 연금액 전체를 받을 수 있다.

사적연금은 퇴직연금과 개인퇴직구좌(IRA)로 나뉘며, 영국과 달리 고용주는 퇴직연금을 제공할 수도 있고 안할 수도 있다.

IRA는 1974년 근로자퇴직소득보장법(ERISA)이 제정되면서 도입되었는데, 사업주가 제공하는 퇴직연금의 혜택을 받지 못하는 사람들의 은퇴 준비를 돕는 것이 목적이었다. 개인이 세제우대를 받으면서 퇴직자산을 마련하는 제도로 뮤추얼펀드 및 예금상품 등에 투자가 이루어진다. IRA에의 납입금은 그해의 과세소득에서 제외된다.

도입 당시의 IRA는 퇴직연금에 가입하지 않은 사람들만 이용할 수 있었는데, 1981년 경제회복세법을 통해 모든 개인이 가입할 수 있게 되었다가, 1986년 세제개혁법에 의해 퇴직연금 가입자 중 고소득자는 IRA의 소득공제 혜택을 받을 수 없게 되었다. 연금 수령 시 원금을 초과하는 이자 부분에 대해서는 과세가 된다.

IRA의 종류는 크게 전통형 IRA, Roth IRA, SEP IRA, SIMPLE IRA의 네 가지로 나뉜다. 대표적인 IRA인 전통형에 대하여 소개한다.

전통형 IRA는 70.5세 미만이면서 소득이 있는 사람이 가입할 수 있으며, 납입금은 세전 비용으로 처리되어 연금 수령 때까지 과세되지 않는다. 연간 납입한도는 4천 달러인데 가입자가 50세 이상이면 5천 달러까지 가능하다. 부부합산 연말정산을 하는 경우 최대 8천 달러까지 납입할 수 있다. 소득공제 한도는 대체로 납입한도와 일치하지만 퇴직연금 납입액과 소득수준에 따라 줄어들 수도 있다.

연금자산 이전은 개인연금 신탁을 다른 신탁으로 옮기거나 계약이전을 하는 경우에 가능하다. 전통형 IRA나 Roth IRA로 계약이전이 가능하다.

59.5세 이전에 연금을 수령하려면 그동안 공제된 세금에 10%의 가산세가 부과된다. 70.5세가 되면 연금수령의무가 부여되며 수령하지 않으면 50%의 무거운 세금이 부과된다. 가입자가 사망하면 연금 잔액은 상속된다.

다른 세 종류의 IRA도 전통형과 조금씩 다른 특징을 갖고 있으나 대체적으로 비슷하다[28].

앞의 네 가지 종류와는 별도로 교육 IRA로 부르는 카버델 교육 저축계좌(Coverdell ESA)는 초중고 및 대학의 모든 교육비용 즉 등록금, 책과 교복 구입 등에 사용할 수 있는 장기저축성 예금구좌로서 우리나라와 같이 가계 지출에서 교육비 비중이 높은 국가에 주는 시사점이 크다. 미국 내 모든 은행에서 이 구좌를 개설할 수 있으며, 개설 당시 수혜자인 자녀나 손자녀의 나이가 18세 미만이어야 한다.

예금구좌의 이자 소득은 연방세법 상 비과세 되며 1년 동안의 예금한도는 한 자녀 당 2천 달러로 제한된다. 수혜자인 자녀는 언제든지 인출하여 자신의 교육비에 사용할 수 있으며, 그 인출액은 전액 비과세되며 그 자녀가 30세가 되면 30일 이내에 모든 저축액을 인출해야 한다. 만약에 인출액이 실제교육비를 초과하면 그 초과부분은 비과세되지 않으며, 이자 소득세와 벌금을 부담해야 하는 단점이 있다.

일본은 개인연금이 2차 대전 직후에 도입되었으며 지난 50여 년 동안 도입기, 인식제고기, 고도성장기, 구조조정기의 4단계로 발전되어 왔다.

보험형과 저축형으로 구분하여 판매되고 있는데, 보험형 개인연금은 우체국, 생명보험회사, 농업협동조합 등에서, 저축형은 손해보험회사, 은행, 증권회사에서 판매된다. 개인연금의 세대가입 상황을 가입 기관별로 보면 생명보험회사가 가장 많고, 우체국, 농협, 손해보험회사, 은행 순으로 이어진다.

확정기여형 연금이 2001년 10월과 2002년 1월 각각 기업형과 개인형의 형태로 도입되면서 일본의 사적연금은 커다란 전환점을 맞이한다. 기업형은 미국의 401(k)와 같은 확정기여형 퇴직연금이며,

개인형은 미국의 IRA와 유사한 개인연금으로서 가입자격은 자영업자 및 퇴직연금 혜택이 없는 기업의 근로자다.

세제혜택을 보면 소득공제 한도는 근로자의 경우 연간 최대 21만 6천 엔까지며, 자영업자는 최대 81만 6천 엔까지다. 운용기금의 수익은 비과세로, 연금 수령 시에는 공적연금과 같이 적용하여 잡소득으로 과세하며, 일시금 수령시에는 퇴직소득으로 과세한다.

유럽의 전통적인 사회보험모형에 속하는 독일의 경우, 연금개혁 이전의 다층노후소득보장체계의 특징은 기본보장을 제공하는 공적연금이 주도적 역할을 하였으며, 각각의 층이 서로 다른 목표를 추구하며 독자적으로 발전하여 다층보장체계에 대한 총괄 보장의 시각이 결여된 상태였다. 즉 각 층 제도 간의 조정기능이 제대로 이루어지지 않았다.

2001년 이후 사적연금 개혁에서는 공적연금의 급여수준 삭감에 따른 연금소득의 부족분을 보충하기 위해 퇴직연금과 개인연금의 역할을 강조하고 활성화하기 위한 정책이 실시되었다. 그 일환으로 도입한 리스터(Riester) 연금은 저소득층과 가족이 있는 공적연금 가입자가 퇴직연금이나 인증 받은 개인연금에 가입할 때 보조금을 지급하며, 소득공제 혜택이 추가되었다.

리스터연금의 인증 기준에서 강조된 것은 보조금 지급대상이 되는 연금상품이 노후소득보장에 기여하도록 종신연금의 형태로 60세 이상이나 공적연금 지급 시에 수령이 가능하도록 규제하였다.

보조금을 동반한 리스터연금은 도입 후 10여 년간 가입자가 확대되어 왔으며, 중·저소득층의 노후소득보장을 위한 재정지원에 효과가 있어 연간 소득 1만 유로 이하인 저소득층이 전체 가입자의 35%로 나타났다(독일 노동부, 2012).

이러한 결과로 볼 때 리스터연금은 가입자의 확대 측면에서는 제한적인 성과를 보였지만, 저소득층 소득보장에서는 상당한 효과를 거두었다고 평가될 수 있다.

개인연금 보완해야

앞에서 분석하였듯이 개인연금의 소득보장 기능은 국제기준과 비교해 볼 때 상당한 격차가 존재한다는 것을 알 수 있다. 그렇다면 어떻게 이러한 격차를 줄일 수 있을 것인지 논의해보자.

개인연금 수급률 제고

앞에서 다룬 우리나라의 노후소득보장체계 확립의 관점에서 보면 개인연금의 활성화를 통한 노후소득보장 기능 강화가 시급하다. 무엇보다도 개인연금 수급률과 소득대체율을 높여야 한다.

먼저 개인연금이 수급률를 높이기 위해서는 개인연금 가입률을 높이고 또 가입한 개인연금을 은퇴 직전까지 유지하도록 하는 것이 중요하다.

가입률를 높이기 위해서는 개인연금에 가입할 의사는 있지만 하지 않고 있는 사람을 적극 끌어들일 수 있는 정책적 장치가 필요하다.

대표적인 예가 독일의 리스터연금 같은 인증제 개인연금을 도입

〈표 5-4〉 세제적격 개인연금의 유지율(2015년 3월말 기준)

유지율	생명보험	손해보험	은행	금융투자
1년(%)	94.3	90.5	86.8	87.3
10년(%)	60.3	46.5	49.4	52.9

출처: 금융감독원 통합연금포털

주 : 2001년 이후 판매된 개인연금저축(신개인연금)의 유지율 통계임.

하는 것이다. 독일식 인증제 개인연금은 국민연금 당연가입자는 물론이고 공무원연금, 군인연금 등 특수직역연금 가입자도 접근할 수 있다. 이때 보조금은 기본보조금, 자녀보조금, 세제혜택으로 구성할 수 있을 것이다.

이 연금은 정부가 제시한 조건을 충족하는 민영 적격 개인연금(보험)상품 가입자에게 혜택을 한정하고 있다. 실제로 은퇴자의 노후소득보장에 기여하도록 공적연금 수급 시점부터 받을 수 있다. 상품 형태는 종신연금 형태로 한정하고 중도해약 시 보조금을 전액 회수하는 등의 인증 기준이 필요할 것이다.

다음은 유지율을 높이는 것이다. 개인연금은 계약을 은퇴시점까지 유지해야 실질적인 노후소득보장에 도움을 줄 수 있다. 그런데 〈표 5-4〉에 나와 있듯이 기관별로 유지율이 꽤 다르다. 생명보험과 금융투자의 개인연금 유지율이 10년 지난 시점에서 50% 이상인 반면, 은행과 손해보험은 50%를 밑돌고 있다.

유지율을 높게 관리하기 위해선 통합사이트를 통하여 각 금융기관별 유지율, 수익률 등을 소비자가 쉽게 비교할 수 있도록 정보를 제공하고, 각 사의 유지율을 시장행위 지표로 적극 모니터링해야 할 것이다. 개인연금 유지율을 금융소비자 만족지표로 활용하고 이를 공개하는 것이다.

금융기관 중에서 적격 및 비적격 개인연금 상품을 판매하는 곳은 생명보험회사뿐인데, 판매채널인 재무설계사 입장에서는 적격 개인연금의 판매를 통해 지급받는 판매수수료가 비적격 상품에 비해 적기 때문에 판매할 유인이 약하다[29].

게다가 회사는 수익성 측면에서 적격 개인연금을 장기간 유지하는 것보다 기존 적격 개인연금 계약의 해지와 새로운 연금보험 상품 판매가 더 유리할 수도 있다.

그리고 통상적으로 월납 보험상품의 경우 13회차나 25회차를 기준으로 유지율을 관리하고 평가한다. 은퇴 시점까지 장기간 유지해야 하는 적격 개인연금과는 상당한 차이가 있다.

이러한 관점에서 개인연금은 적극적인 마케팅 부문에서 유인이 작고, 장기 유지할 유인도 약하여 그동안 금융기관의 적격 개인연금 마케팅과 관리 노력은 매우 소극적일 수밖에 없었다.

개인연금의 소득대체율 제고

개인연금이 노후소득보장 기능을 제대로 수행하기 위해선 소득대체율을 지금보다 높여야 한다. 소득대체율은 개인연금 가입금액, 투자수익률, 가입기간의 세 변수와 정(+)의 상관관계를 보인다. 즉 가입금액이나 투자수익률, 가입기간을 늘리면 소득대체율이 높아진다. 여기서 투자수익률은 정부나 금융기관의 의지대로 조정 가능한 변수가 아니다.

가입금액을 증액시키는 유인책의 하나로 세액공제가 적용되는 연금저축계좌 납입액 한도액 400만 원[30]을 상향조정하는 방법이 있다. 2014년 이전의 소득공제 적용 시에는 대부분의 근로자들이 소득공제를 최대한 받기 위해서 가입금액을 공제한도액에 수렴하려는 성향이 있었다.

그러나 고소득자에게 절세 혜택이 집중된다는 비판이 있었다. 그래서 2014년 세법 개정시 중하위층 배려 차원에서 연소득 5,500만 원 기준으로 그 이하 15%, 초과 12%의 세액공제로 바뀌었다.

이로 인해 변경 전 낮은 소득세율이 적용되던 저소득자에게는 가입액의 증액 효과가 분명히 있을 것이나, 높은 소득세율이 적용되던 고소득자에게는 유인이 그리 크지 않을 것이다.

기존가입자의 경우 지금은 개인연금 계약의 내용을 변경하여 유지하는 것이 기술적으로 어렵지만, 기존 가입금액을 증액 유지할 수 있도록 정책적 측면에서 배려해 준다면 소득대체율 제고로 이어질 수 있을 것이다.

또한 2020년부터 50세 이상자에 대해 세액공제 납입한도가 400만 원에서 600만 원으로 3년간 한시적으로 늘어나 연금저축과 퇴직연금을 합칠 경우 한도액이 900만 원(조건 충족 시)까지 확대되었다.

여기에 퇴직연금에 가입할 수 없고 50세 미만인 경제적 지위가 상대적으로 약한 이들의 납입액 한도를 더 늘려주는 방안을 모색하면 가입금액 증대는 물론 노후소득보장 측면에서도 작지 않은 효과를 낼 수 있을 것이다.

공적부문 주도의 노후소득보장이 한계점을 보이고 있는 상황에서 이 조치는 노후소득보장에 대한 자조노력을 강하게 주문하는 효과를 낼 것으로 기대된다.

물론 이때 적지않은 세수 감소가 예상된다. 따라서 이같은 조치가 정당화되기 위해선 노후대비 저축 증대 효과가 가시적으로 확인될 수 있도록 하면서 분배에 미치는 부정적 영향이 최소화하도록 하는 미세한 정책 대응이 함께 강구되어야 할 것이다.

연금에 대한 우리나라의 세제상 혜택이 주요국과 비교해 꽤 약하다는 점을 감안할 때[31], 오래전부터의 숙원이기도 한 납입액 한도 상향 조치를 한시 아닌 항구적으로 검토할 수 있을 것이다.

가입기간을 늘리는 유인책은 가입금액 증대보다 제한적이다. 가입자의 생애 평균 근로기간을 늘리든가 조기 가입시 인센티브를 주는 방법 등이 고려될 수 있다. 하지만 근로기간 연장을 위한 정년 연장, 정년 철폐 등의 노동시장 개혁은 노·사·정이 머리를 맞대고 해결책을 모색해도 단기간에 해법을 찾기 힘든 사안 중 하나이다. 정부의 정책 의지로 간단히 처리될 사안이 아니다.

2016년 7월부터 시행에 들어간 '고용상 연령차별 금지 및 고령자 고용촉진에 관한 법률' 줄여서 '고령자고용법'은 19조에서 정년을 60세 이상으로 정해야 한다고 규정하고 있다[32]. 이 조치로 5인 이상 기업 종사자들에게는 가입기간 확대가 이루어질 계기가 마련되었다고 할 수 있다.

조기가입을 유도하는 유인책으로는 세제혜택과 보조금 지급 등이 고려될 수 있다. 가령 30세 미만 근로자의 개인연금 가입시 세액공제 폭을 확대 적용한다든가 공·사 연계연금을 만들어 가입자에게 매칭 보조금을 지급하는 방안이다. 저소득층이 연계연금에 가입하면 보조금을 지급하여 노인빈곤을 사전에 예방하는 효과도 기대할 수 있다[33].

하지만 두 가지 조치 모두 적지 않은 국고 부담을 야기한다. 정부 입장에서는 국민연금의 사각지대 축소를 위한 재정지원과 개인연금 지원을 놓고 재정투입의 편익과 비용, 사회적 후생에 미치는 파급효과 등을 종합적으로 검토하여 정책 대응에 나서야 할 것이다.

새로운 개인연금 상품 개발

개인연금 수급률과 소득대체율 제고의 보완책으로 새로운 개인연금 상품 개발이 검토될 수 있다. 이를 위해선 금융기관의 자발적인 노력 외에 상품개발의 자율성 확대 등 당국에 의한 여건 마련도 필요하다.

상품 개발에서는 개발 범위가 제한된 적격 개인연금 외에 변액연금 등 비적격 개인연금 상품의 개발 등 다양한 접근이 필요할 것이다.

영국은 기존 개인연금 외에 스테이크홀더연금을 2001년 4월 도입하였고, 미국에서는 기존의 전통적 개인연금 상품 외에 Roth IRA, SEP IRA, SIMPLE IRA, 교육 IRA 등 다양한 종류의 개인연금을 내놓고 있다. 관련법이나 상품개발규정 개정 등 정부·감독당국 차원의 지원을 통하여 개인 수요와 기업의 선택을 고려한 상품을 설계할 수 있을 것이다.

국내에 연금보험 상품은 회사별로 다양하게 개발되어 판매되고 있는데 상당수는 연금 지급방식이 확정기간형이다. 그 이유는 종신형의 경우 연금자산의 투자에 적합한 장기자산을 국내 금융시장에서 찾기 어렵기 때문이다.

그러나 노후소득보장을 위한 장수 위험 관리를 위해서는 적절한 연금화가 필요하며, 이런 차원에서 종신형 연금보험 상품 개발을 정책적으로 지원하는 것이 필요하다.

나아가 물가변동과 연계된 인플레 헤지 연금보험, 저성장·고령화 추세에 부응한 연금의료비저축보험, 고연령거치연금 등 다양한 개인연금 상품이 개발될 수 있을 것이다.

개인연금 가입자의 역선택과 상속동기에 의해서 개인연금시장이 활성화되지 못하고 있다는 분석도 있다[34]. 관련하여 최근 위험 세분화와 급여 차별화에 기반한 개인연금 개발을 통하여 다양한 기대여명과 수요를 가진 개인 소비자들을 유인해야 한다는 주장이 제기되었다[35]. 여기서 소비자들의 구매동기를 유발할 수 있는 상품개발은 보험회사의 몫일 것이다.

정부나 감독당국의 통합인터넷사이트 운영을 통한 대 국민 홍보 및 교육과 정보 제공이 2015년 6월 금융감독원의 '통합연금포털' 개설로 실현되었다. 이 포털을 통하여 개인의 연금정보 집적과 조회가 가능하게 됐으며 연금상품 가입 정보도 접근이 가능하게 되었다.

아쉽게도 이 포털 사이트는 국민연금과의 연계가 아직 이루어지지 않고 있는데, 공제사업자 판매 연금상품의 정보제공은 추후 연계되어야 할 것이다.

세제적격 연금저축상품에 관한 다양한 정보는 통합연금포털을 통하여 제공되고 있지만 비적격 연금상품에 대한 정보는 제공되지 않고 있다. 금융소비자들의 변액연금보험 등 비적격 연금상품에 대한 수요가 매우 크기 때문에 이에 대한 정보 제공도 노후소득보장에 매우 중요하다.

그러므로 이 통합사이트는 적격 연금상품의 정보뿐만 아니라 비적격 연금상품의 수익률, 수수료, 유지율 정보 및 보험료 비교 등 광범위한 정보를 포함해야 한다.

정부나 감독 당국의 통합 인터넷사이트 운영을 통한 대국민 홍보 및 정보제공의 기능과는 별도로 금융기관들은 협회 등을 통해 공동의 홍보 활동과 교육프로그램의 운영을 고려할 필요가 있다.

통합포털을 통한 활동이 온라인이라면, 금융업계의 홍보 활동은 오프라인으로 운영하는 것도 보완 측면에서 바람직해 보인다. 이러한 교육 및 홍보 활동은 국민들의 가장 큰 관심사 중 하나인 노후

소득보장의 한 축을 담당한다는 인식하에 자발적으로 추진되어야
할 것이다.

또 단기적 성과보다는 이미지 개선을 통한 중장기적 수익증대라
는 목표를 갖고 출발해야 한다. 국내외에서 기업의 사회적 책임에
대한 요구가 확대되고 있는 가운데, 국민들의 노후생활보장 수단인
개인연금을 개발·판매하는 금융기관은 이떠한 대응이 이같은 요구
에 잘 대응하는 것일지 잘 판단해야 할 것이다.

6장

변액연금의 쟁점과 미래

김현수

로보어드바이저 회사의 웹사이트

변액연금이란

개인이 가입하는 연금저축 상품은 은행, 증권사, 생명보험회사 및 손해보험회사 등에서 판매된다. 연금저축 상품중 이해하기도 어렵고 사회적으로 논란이 된 상품이 있는데 이는 생명보험회사에서만 판매되는 변액연금(variable annuity)이다. 변액연금 또는 변액연금보험은 '종신연금+펀드'의 상품이라 볼 수 있다.

생명보험회사에서 판매하는 '변액보험'에는 변액연금 외에도 사망을 주로 보장하는 변액종신보험과 납입보험료 등이 자유로운 변액유니버셜보험이 있다. 변액종신보험이나 변액유니버셜보험도 쉽게 연금으로 전환이 가능하기 때문에 변액보험은 기본적으로 연금적인 성격이 강하다고 볼 수 있다.

수령하는 연금액이 확정된 확정연금과는 달리 변액연금은 투자실적에 따라 가입자가 받는 연금액이 '변한다'는 특징이 있어 '실적배당형 연금보험'이라고 불린다.

변액연금이나 확정연금이 비슷한 점도 많다. 연금 수령 시점부터 연금을 받고, 가입기간 동안 보험가입자가 사망시 사망보험금이 지급되며, 10년 이상 장기 유지시 비과세 혜택을 본다는 점에서 비슷하다.

두 가지 큰 차이점 중 우선 변액연금은 주식 등 자본시장에 투자되기 때문에 인플레이션에 따른 피해를 방어하는데 유리하다. 다음은 변액연금은 투자 위험을 보험가입자가 부담하므로 예금자보호 대상이 아니며, 나아가 펀드 운용 수수료를 부담해야 한다.

"변액연금이나 펀드나 똑같다"고 주장하는 사람도 있다. 두 상품은 투자위험을 가입자가 부담하고 예금자보호 대상이 아니라는 측면이 같기 때문이다. 하지만 다른 점도 많다

펀드는 투자가 유일한 목적이지만 변액연금은 투자와 위험보장을 동시에 하려는 목적이 있고, 펀드가 투자기간이 1~3년의 단기 투자상품이라면 변액연금은 10년 이상 가입하는 것이 원칙인 장기 투자상품이다.

펀드는 펀드 운영수수료만 내지만 변액연금은 보험 수수료 및 펀드운영 수수료를 같이 내야 한다. 수수료 책정 기준도 다르다. 펀드는 운영되는 자금 규모에 따라 수수료가 결정되므로 나의 펀드에 적립된 금액이 1억 원이고 운용수수료가 2%이면 연 2백만 원을 수수료로 지급한다. 펀드 가입 초기라서 적립금액이 백만 원 이라면 수수료는 2만 원이다.

변액연금 수수료는 납부하는 보험료를 기준으로 책정되지만 펀드 운영수수료도 별도로 낸다. 납부하는 변액연금 보험료가 연 5백만 원이고 수수료가 10%라면 연 50만 원의 보험수수료를 지급하는 셈이다. 여기에 적립되어 있는 금액이 5천만 원이고 운영수수료가 1%라면 연 50만 원의 운영수수료를 내는 셈이다.

가입 초기에는 펀드 적립금액이 적어서 펀드 수수료가 적고 가입 기간이 길어질수록 펀드 적립금액이 증가하므로 펀드 수수료는 증가한다. 반면에 변액연금은 가입기간이 길어지면서 총수수료가 상대적으로 펀드에 비해 낮아진다.

변액연금이 투자실적에 따라서 사망보험금과 연금수급액이 변동할 수 있다는 것은 소비자에게 불안요인이 될 수 있다. 보험사는 소비자의 투자불안을 해소하기 위해서 투자실적이 아무리 나빠도 최소한의 금액을 보증해 주고 있다.

대표적인 보증은 최저사망보험금 보증(GMDB)과 최저연금적립금 보증(GMAB)이다. 전자는 어떤 상황이 와도 최소한의 사망보험금을 보증해주는 것이고, 후자는 어떤 상황에서도 최소한의 연금적립금액을 보증해 주는 것이다. 물론 이러한 보증에 대해 보증수수료를 내야 하는 것은 물론이다[1].

변액연금이 처음 도입된 나라는 네덜란드이다. 1956년 네덜란드의 '바르다유'사가 보험금에 자산운용 실적을 연계해서 실질적인 가치를 보전할 수 있는 변액보험을 판매했는데 이를 프랙션(Fraction)보험이라고 하였다. 그 후 1957년 영국, 1967년 캐나다 그리고 1976년 미국에서 변액보험이 판매되기 시작했다.

1970년대 중반 이후 미국에서는 고금리가 지속되면서 증권업계는 투자형 상품을 소개하였고 은행업계도 시장금리 변동형 예금을 도입하였다. 보험업계도 타 금융권과 경쟁하기 위해서 보험금이 정해진 정액형 보험의 약점을 극복하여 투자실적에 따라 보험금이 증감할 수 있는 변액보험을 도입한다.

미국에서는 소비자의 수요를 시의적절하게 만족시키는 변액보험이 과세이연(移延) 등의 매력으로 소비자에게 장기 연금상품으로 정착하였다.

일본도 1980년대 중반 금융기관 간의 금리경쟁에 밀리지 않기 위해서 생명보험업계가 실적배당형 변액보험을 판매하기 시작하였지만 주식시장의 침체, 변액보험의 운영 미숙 및 복잡한 상품 구조 등으로 소비자에게 제대로 평가받지 못했다[2].

우리나라 생보사도 IMF 외환위기 이후 타금융권과 경쟁하고 시장 환경을 반영할 수 있는 실적배당상품의 개발을 고심했다. 그 결과 변액종신보험(2001년), 변액연금(2002년), 변액유니버셜보험(2003년) 순으로 변액 상품이 등장했다. 투자형 보험, 수익증권형 보험이라면서 인기를 얻기도 했지만 2012년 이후 수익률과 불완전 판매로 논쟁에 빠지게 되었다.

변액연금은 생명보험회사만 판매할 수 있다. 2018년 1~3분기 기준으로 전체 생명보험회사의 총 수입보험료 78조 원 중 변액보험 비중은 19%이다. 보장성보험 40%, 저축성보험 33%에 이어 생명보험회사의 3대 상품이다. 이때의 변액보험에는 변액연금, 변액유니버셜, 변액종신이 포함된다.

전체 생명보험 상품에서 변액보험의 매출 비중은 2011년 24.2%로 최고점에 달했다가 2012년 18.4%의 최저점까지 하락한 후 다시 조금 증가하는 추세이다.

동 기간 신계약 보험료인 초회 보험료 기준으로는 변액보험 비중은 22%로 저축성보험 45%에 이은 두 번째 상품이다.

2022년부터 국제회계기준(IFRS)과 신자본규제(K-ICS)가 시행되면서 저축성보험의 자본비용이 높아지면서 변액보험 비중은 더욱 커질 것으로 예상한다.

변액보험에서 변액연금 비중은 2011년 53%에서 2014년 41.8%로 감소하였는데, 같은 기간 변액유니버셜보험 비중은 42.5%에서 51.3%로 증가하였다. 그런데 변액유니버셜보험은 연금형태로 전환이 가능하므로 변액보험의 대부분은 연금적 성격을 띄고 있다고 볼 수 있다.

순자산 규모로 보면 변액연금을 포함한 변액보험 상품은 2015년 4월 기준 95조 원을 돌파하였다. 변액보험 순자산은 매달 1조 원 가량 성장하여 2018년 7월말 기준 106.8조 원을 보이고 있다.

변액연금은 보험적인 성격과 함께 펀드처럼 운용되는 특성이 있어 보험업법과 자본시장법이 동시에 적용된다. 변액연금의 상품개발, 보험료 산출 및 적용, 책임준비금 적립금에는 보험업법이 적용되지만, 변액연금을 판매하기 위해서는 자본시장법상 금융투자매매중개업자의 인가를 받아야 하고 특별계정은 투자신탁으로 간주되어 집합투자 인가를 받아야 한다[3].

변액연금은 보험상품 중 유일하게 판매시 '적합성원칙'을 준수해야 한다. '적합성원칙'이란 금융상품을 권유할 때 그 상품이 해당 소비자에게 적합한 지 파악해서 적합한 상품을 권유해야 한다는 금융상품 판매 원칙으로, 주로 투자형 금융상품에 적용되는데 투자형 성격이 강한 변액보험에도 적합성 원칙이 적용된다.

보험업법 95조 3항은 보험계약자의 투자성향에 적합한 상품을 권유하도록 규정하고 있다. 따라서 보험회사는 보험계약자의 변액보험계약 체결 전 계약자의 연령, 재산상황, 보험가입 목적 등을 파악하고, 확인받은 내용을 계약자에게 제공해야 하며 계약자에게 적합하지 않은 상품을 권유할 수 없다.

2006년을 전후하여 금리가 하락하면서 변액연금이 큰 인기를 끌었는데 2012년 초 한 금융소비자연맹(이하 금소연)에서 변액보험의 수익률이 낮다는 보고서를 발표하면서 변액연금이 사회적 논란의 대상이 되었다.

최근 생보사들에서 낮은 수수료, 높은 해약환급금을 보장하는 신상품이 등장하면서 인기가 다시 회복되는 추세이다. 비록 수수료가 적지 않지만 노후를 준비하는 사람에게 이만한 상품도 없다고 주장하는 사람도 많다.

민낯 드러낸 변액연금

잘 나가던 변액연금의 위기는 소리없이 다가오고 있었다. 2000년 대 중반부터 변액보험 수수료가 비싸다는 것과 수익률이 기대에 미치지 못한다는 사실이 금융에 밝은 소비자를 중심으로 번지고 있었다.

조금씩 증가하고 있던 소비자의 불만은 2012년 금소연의 변액보험 보고서로 폭발하였다. 이 보고서는 변액보험의 약점인 '낮은 수익률' 등을 집중 부각시키면서 변액보험에 대해 소비자들의 주의를 환기시켰다[4].

변액연금에 대한 소비자의 불만은 크게 세 가지이다. 가장 큰 불만은 낮은 수익률이다. 두 번째 불만은 변액연금 수수료가 너무 많다는 것이다. 세 번째 비판은 조기해약시 해약환급금이 너무 적다는 점이다. 세 가지 불만은 오해로 비롯된 부분도 있지만 그 배경에 보험사와 금융당국의 작지 않은 책임이 있다

마지막으로 변액연금뿐만 아니라 생명보험의 전반적인 높은 해약율 문제는 개인의 불만 사항은 아니지만 국내 보험산업의 고질적인 문제로 이 모든 문제의 근본적 원인이다.

가입자의 불만 중 가장 심각한 수익률을 생각해보자. 변액연금 수익률이 낮은 첫 번째 이유는 납입 보험료에 비해 실질 투자 금액이 상당히 적기 때문이다. 예를 들어 월 50만 원 보험료를 납부하더라도 수수료가 5만 원, 보험가입자가 사망시 보험금을 지급하는데 소요되는 보험료인 위험보험료가 5만 원이라면 실제 투자되는 자금은 40만 원뿐이다.

물론 펀드도 수수료를 내지만 방식이 다르다. 펀드는 적립금에 비례해서 수수료를 부과하는 후취 형태이기 때문에 가입 초기에는 수수료가 매우 적다가 적립금이 쌓이면서 수수료가 증가한다. 하지만 보험상품은 수수료를 먼저 공제하는 선취방식이라 가입초기에 투자되는 자금이 매우 적은데 이 사실을 소비자는 잘 모른다.

소비자는 변액연금의 수익률을 생각할 때 납입한 보험료를 기준으로 생각하지 여기에서 수수료와 위험보험료를 차감하고 계산해야 한다고 생각하지 않는다.

소비자는 왜 이런 착각을 하게 되었을까? 이는 기본적으로 보험사의 책임이 크다. 판매자는 왜 소비자에게 이 사실을 '정확하게 설명하지' 못했는지, 즉 설명의무를 위반하지 않았는지 점검이 필요하고, 보험사는 판매자가 이 사실을 고객에게 전달하였는지 교육하고 반드시 확인해야 한다.

두 번째 이유는 수익률 계산 방식에서 찾아볼 수 있다. 예를 들어 매달 10만 원씩 변액연금 보험료를 10년간 가입하였다면 총 납입보험료는 1,200만 원이다. 이 금액이 불어나서 1,600만 원이 되었다면 이 변액보험의 수익률은 얼마인가?

금융소비자연맹의 수익률 계산방식은 단순하다. 1,600만 원에서 원금 1,200만 원을 차감한 수익 400만 원을 납입보험료 1,200만 원으로 나누어서 계산한다. 즉 400만 원/1,200만 원= 0.333 이다. 총 수익률은 33.3%이고 기간 10년으로 나누면 연간 수익률은 3.33%라는 것이다.

이 수익률 계산 방식은 동일한 기간 동안 같은 금액을 투자한 정기예금, 투자·대출 등에 적용하는 방식으로, 1,200만 원을 투자하거나 대출하고 10년 뒤에 1,600만 원을 회수하는 경우의 수익률 계산법이다.

하지만 변액연금의 보험료는 가입 초기에 1,200만 원을 일시에 납입하는 상품이 아니고 매월 10만 원씩 납입하는 적금식이다. 이렇게 하면 첫 달 10만 원의 투자기간은 10년, 6년째 첫 달 10만 원의 투자기간은 5년, 마지막 달 10만 원의 투자기간은 한 달이다.

따라서 월마다 납입하는 보험상품이나 금융상품의 수익률은 은행 적금 수익률 계산 방식을 택하는 것이 옳다. 이 경우 수익금 400만 원을 600만 원으로 나누어 계산하면 10년 동안 총수익률은 66.7%로 연 수익률은 6.67%이다. 따라서 금융소비자연맹의 수익률 계산 방식에는 논쟁의 여지가 있다.

수익률 계산과 관련한 또 다른 이슈는 보험사들의 각 상품 판매 시기와 운용기간이 제각각이므로 모든 상품을 단순 비교하는 것이 무리일 수 있다는 점이다.

예를 들어 주식시장이 좋아지기 직전 출시한 상품은 수익률이 좋을 수밖에 없고 금융위기 후의 출시한 상품의 수익률은 낮을 수밖에 없다는 사실이다. 이 문제는 펀드의 수익률을 비교하는 경우에도 발생하는데 이를 극복하기 위해서는 투자기간을 동일하게 설정하고 비교하는 것이 바람직하다.

두 번째 소비자 불만인 높은 수수료는 양면적이다. 보험상품을 판매하는 설계사 입장에서 수수료는 당연히 부과해야 하겠지만 소비자는 수수료를 '머리'로는 이해하지만 '가슴'으로는 불만인 때가 많다. 별로 서비스하는 것도 없는 것 같은데 수수료만 많은 것 같다고 느끼기 때문이다

사업비인 수수료는 일반 보험과 마찬가지다. 보험을 모집하고 관리하는데 필요한 경비로 보험료를 기준으로 부과된다. 보증수수료는 투자 실적이 나빠도 최저 사망보험금과 최저 연금액을 보증하는데 필요한 수수료로 적립금을 기준으로 부과되므로 적립금이 커지면 증가한다.

한편 펀드운용 수수료는 펀드를 운영하는데 소요되는 경비로 적립금 기준으로 부과된다. 이 외에도 연금을 수령하기 시작하면 연금관리 수수료가 수령하는 연금액에 조금 부과된다. 가령 종신연금형의 경우 연금연액의 0.8% 수준이다.

〈표 6-1〉은 변액연금의 피용 수수료 구성을 보여주고 있다. 소비자가 납부하는 연금 보험료에서 위험보험료와 사업비를 제외한 나머지 자금이 투자를 위해 특별계정에 투입된다. 그 외 사후적으로 소비자는 적립금의 1% 정도의 보증수수료와 1~2% 정도의 펀드운용수수료를 부담한다.

〈표 6-1〉 변액연금의 수수료*

수수료	항목	부과기준	가입자 부담 수수료 내역	차감주기
사업비	모집수수료 계약체결비용 계약관리 비용	보험료	대면: 3.5%(1년~3년) 6.78%(7년 이내) 4.66%(10년이내) 5.45%(납입기간내) 0.175%(납입기간후)	매월
보증 수수료	사망보험금 보증 연금적립금 보증 노후설계연금 보증	적립금	0.07% 0.7% 0.2%	매월
펀드 운용	운용보수 수탁보수 증권거래비용 등	적립금	0.3~0.99%(펀드별 차이) 0.01~0.02%(펀드별 차이) 0.018~1.776%	매일

출처: 이기형 외(2012)

주 : *소비자 납부 보험료에서 위험보험료와 수수료를 제외한 나머지 금액이 투자를 위해 특별
계정에 투입됨.

변액연금 문제의 근원

변액연금 문제의 원인은 복합적이다. 보험 전반에 대한 막연한 편견도 있지만 근본적인 원인은 단기 성과에 매몰된 불완전 판매에서 찾아볼 수 있다. '불완전 판매'란 소비자에게 보험 상품 내용 및 특성을 정확하게 전달하지 않고 판매하는 것으로 이것이 결국 소비자 불만으로 이어진다.

단기 실적주의와 불완전 판매를 나타내는 지표는 설계사의 낮은 정착율과 보험계약의 높은 해약율이다. 보험사들은 영업실적을 위해서 많은 설계사를 '증원' 명목으로 채용하지만 대부분의 설계사들은 1~2년도 버티지 못하고 퇴직한다.

1년도 근무하지 않을 설계사가 고객의 장기적인 노후소득에 관심이 있을까? 고객의 노후소득을 관리할 수 있는 진짜 있을까? 때론 여기저기 보험사를 옮겨 다시는 '철새 설계사'가 문제가 되기도 한다. 철새 설계사는 회사를 옮겨 다니면서 본인이 받는 수수료를 극대화하려는 경향이 있기 때문에 기존 계약의 관리에 큰 시간과 노력을 투입하지 않는다.

무엇보다 이러한 설계사를 채용하고 관리하는 보험사는 단기적인 영업 실적에 집착하므로 변액보험의 단점이 무엇인지, 해당 상품이 고객에게 꼭 필요한 것인지 따져보기 힘들지 않을까?[5] 고객만족보다 영업 실적을 중시하는 생보사는 '보험왕'을 선발할 때에도 고객만족을 따지기 보다는 계약건수로 평가한다[6].

금융감독원은 2014년 변액보험을 판매하는 설계사 540명을 대상으로 미스터리쇼핑을 실시하였다. 미스터리쇼핑은 판매자의 실제 서비스 현황을 파악하기 위해서 잠재 고객으로 가장하여 보험상품 가입 안내 및 청약 절차를 받아보는 것이다.

그 결과 80점 이상으로 '양호'로 평가받은 생보사는 삼성생명, 한화생명, 미래에셋생명 3개사 뿐이며 '보통'으로 평가받은 생보사는 교보생명, 동양생명, 신한생명, 알리안츠생명, 프루덴셜생명, 흥국생명 6개사, 나머지 10개사는 전부 '미흡' 이하로 평가받았다.

미흡으로 평가받은 생보사는 대부분 적합성원칙 프로세스가 적절하지 않았던 것으로 추정된다. 적합성원칙이란 고객의 특성과 수요를 파악해서 이에 적합한 상품을 제시해야 한다는 자본시장법상 투자자보호제도의 하나이다. 미스터리쇼핑 결과가 이렇다면 실제 판매상황은 더 나빴을 수도 있다.

2012년 소비자단체의 변액연금 비판 후 정부와 보험업계는 상품 공시를 대폭 강화하기로 한 바 있다. 그 후로 상품 공시가 강화되어 많은 정보가 공시되고 있긴 하다.

변액연금에 대한 공시된 정보는 생명보험협회 공시실[7]에 있다. 이 사이트의 '변액보험'에 들어가면 '펀드현황, 펀드수익률 비교공시, 펀드 조건검색 및 보험사별 통계'가 있다. 하지만 특정 생보사의 특정 변액연금 상품의 보험료, 수수료, 평균수익률, 해약환급금 및 고객민원 건수 등 소비자가 필요로 하는 정보는 없다.

소비자가 정말 원하는 정보는 '공시 정보'에 별로 없어 이 정보를 보고 원하는 변액연금을 찾기는 사실상 불가능하다. 그렇다면 이 공시정보는 '누구를 위한 것일까'하는 의문이 남는다.

정부와 감독당국은 언론에 공표하고, 위원회를 구성하고 대책회의를 하는 등 땀을 흘렸지만 소비자가 정말 원하는 정보는 없다. 이 사이트에서 현재 팔리고 있는 변액보험 상품을 비교하고 소비자가 원하는 상품을 선택할 수는 없을까.

여전히 미흡한 변액연금 공시는 생명보험업계의 현실인가 하는 생각이 들어 안타깝다. 정부의 공시정보가 소비자의 상품 선택에 도움이 안 된다면 차라리 변액보험 상품 공시를 하지 않는다고 하는 것이 솔직하다. 도움이 되지 않는 정보를 생색내기 위해서 제공하는 변액보험 공시정보, 이것이 소비자가 보험업계를 신뢰하지 않은 이유이며 국내 보험산업의 현실이다.

변액연금 성적표 보기

2012년 이후 변액연금에 대한 관심이 급증하면서 학문적으로나 정책적 관점에서 변액연금이 분석되고 있다. 소비자 관점에서 비교적 쉽고 흥미로운 정보는 이코노미스트의 변액보험 평가다.

이코노미스트 2015년 변액보험지수를 통해 생명보험회사별 매 분기 변액보험종합지수를 평가하고 있다[8]. 이 변액보험지수는 각 보험사의 상대적 수익률을 통계학적으로 분석했다는 특징이 있다.

평가 기준은 단기수익률(40%), 장기수익률(40%), 수수료(10%), 펀드 다양성(2.5%), 펀드 규모(2.5%), 펀드 투입비율(5%)이다[9]. 펀드 투입비율이란 월납입보험료에서 수수료 및 위험보험료를 차감한 실제로 펀드에 투입되는 자금의 비율을 말한다.

이 종합평가 지수에서 수익률의 비중이 80%(단기 40% + 장기 40%)로 압도적인데 이는 변액보험 가입자가 수익률을 가장 중요하게 생각하기 때문일 것이다. 그 다음이 수수료 10%, 펀드 투입비율 5%, 그리고 펀드 다양성과 펀드 규모가 각 2.5%이다.

물론 이코노미스트의 평가 기준과 가중치가 절대적인 것은 아니지만 적절하다고 본다. 이 변액보험지수가 높을수록 경쟁사 대비 변액보험 성과가 더 좋다는 의미다. 수익률은 펀드별 수익률의 단순 평균이 아닌 펀드별 순자산액에 따라 가중치를 고려하여 계산된 것이다. 이 지수의 기준 및 계산방법이 절대적이지는 않지만 큰 무리는 없어 보인다.

2015년 3월말 기준으로 1,011개 변액보험 펀드중 펀드 규모가 100억 원 이상인 펀드 113개를 대상으로 평가한 결과이다. 〈표 6-2〉는 평가대상 중 상위 10개를 보여주고 있다.

〈표 6-2〉 변액보험지수 순위(2015년 2분기)

순위	보험사명	단기 수익률 40%	장기 수익률 40%	수수료 10%	펀드 다양성 2.5%	펀드 규모 2.5%	펀드 투입 비율 5%	변액보험 지수
1	미래에셋생명	15.07	23.00	9.94	1.98	1.60	2.37	53.95
2	KDB생명	19.53	18.08	4.19	0.95	0.93	0.55	44.22
3	하나생명	15.69	11.93	6.25	1.53	0.88	0.00	36.27
4	흥국생명	11.74	12.42	5.67	1.55	1.13	0.94	33.45
5	한화생명	12.60	12.47	2.50	1.53	2.00	1.50	32.60
6	라이나생명	13.98	12.17	3.54	0.58	0.18	2.14	32.58
7	삼성생명	11.60	12.19	3.11	1.85	2.00	1.71	32.45
8	KB생명	15.93	7.87	4.68	1.13	0.93	1.78	32.30
9	ING생명	20.27	2.93	3.62	1.33	1.68	1.40	31.22
10	푸르덴셜생명	4.21	20.23	3.16	0.88	1.13	0.06	29.65

이코노미스트 1282호(2015.4.27.) 분석 결과 중 상위 10개사 제시

흥미롭게도 중소형사로 볼 수 있는 미래에셋생명, KDB생명, 하나생명이 1, 2, 3위를 차지하였다. 반면에 대형사인 삼성생명, 교보생명, 한화생명이 5위 이하에 머물렀다. 중소형사가 상위 순위를 차지한 이유는 수익률과 수수료에서 크게 앞섰기 때문이다.

물론 이 평가는 2015년 2분기 평가 결과로 분기별 평가 결과는 달리 나타날 수 있을 것이며 평가기간을 1년, 5년으로 확대하는 경우 달라질 것이다.

변액보험 보험료 대비 실질적으로 펀드에 투입된 자금의 비율인 펀드 투입비율을 1~7년 상품과 8~10년 상품으로 구분해 본 결과, 두 상품 모두에서 BNP파리바카디프생명이 제일 양호하였고 그 뒤는 IBK연금과 라이나생명이었다.

상위 3개사의 변액연금 자산 규모는 1조 원 이하로 매우 적었다. 변액연금의 총 자산 규모는 삼성생명이 1위였고, 이 뒤에 한화생명, 교보생명 및 메트라이프생명이 있다.

이코노미스트는 2015년 이후 추가적인 분석 결과를 내놓지 않고 있으며 다른 언론사들도 마찬가지다. 변액연금에 대한 언론의 적극적인 관심이 요구되는 시점이다.

생명보험협회에 공시된 최근 자료를 분석하면 변액연금 수익률은 여전히 심각한 상태이다. 〈표 6-3〉은 각 회사의 연도별 대표상품(연도별 첫 영업일에 판매중인 변액연금 상품 중 해당연도 1년간 판매량이 가장 많은 상품)에 대하여 10년납, 월납보험료 30만 원을 기준(남자 40세, 연금개시 60세)으로 비교한 결과이다.

연평균 수익률은 연환산 수익률을 계산한 후 단순평균하였다.

가입연도	경과기간(연)	상품 수	연평균 수익률(%)
2004	15.75	7	1.71
2005	14.75	10	1.13
2006	13.75	12	0.95
2007	12.75	15	0.69
2008	11.75	18	0.39
2009	10.75	19	0.11
2010	9.75	17	−0.16
2011	8.75	19	−0.36
2012	6.75	20	−0.62
2013	5.75	18	−1.00
2014	4.75	17	−1.46
2015	3.75	17	−2.20
2016	2.75	16	−3.48
2017	1.75	28	−7.14

출처: 금융감독원, 보험산업 감독혁신TF 보고서, 2019.1.

(연환산 수익률 = [(적립금/납입보험료)·(365/운용일수) − 1] * 100)

2010년 말 기준으로 보면 주식시장이 침체 상태이므로 2017년 1월 가입한 변액연금의 연평균 수익률이 7.14%라는 사실은 불가피해 보인다. 하지만 가입기간이 10년을 넘긴 2009년 가입 변액연금의 연수익률이 0.11%라는 사실은 어떻게 설명할 수 있을까. 가입기간이 15년을 넘긴 2004년 가입 변액연금 연수익률이 1.71%라는 사실이 그나마 위로가 될 수 있을까.

변액연금의 미래

옷장에 수십 벌의 옷이 꽉 차 있지만 막상 외출하려면 입을 옷이 없다고 불평하는 어떤 아가씨의 푸념처럼, 금융시장에 수백 개의 상품이 내가 제일이라고 뽐내고 있지만 막상 소비자의 마음에 드는 상품은 별로 없다.

특히 노후소득을 위한 연금 상품은 안정성을 기본으로 하다보니 더욱 제한적일 수밖에 없다. 내가 가진 자금이 제법 많아서 안정성에만 유의하면 된다면 간단하다. 은행 예금 등 '저위험-저수익' 상품을 중심으로 관리하면 된다.

그런데 보건복지부에 의하면 경제적으로 노후 대비가 충분히 되어있다는 개인은 40대가 36%, 50대가 39% 그리고 60대가 38%에 머물러 국민의 60% 이상은 노후를 위한 경제적 준비가 부족하다[10].

그렇다면 연금상품을 선택하는 대부분의 소비자는 안정성과 함께 수익성을 추구하는 '중위험-중수익' 상품을 선택할 가능성이 높다. 물론 일부 소비자는 수익성을 중시하는 '고위험-고수익' 상품을 선택할 것이다.

지금 출시되는 변액연금은 최저보장옵션이 있기 때문에 중위험-

중수익 연금상품이다. 2016년 예금자보호법 개정으로 변액보험의 최저보장보험금도 예금자보호 대상이 되면서 '중위험-중수익' 상품으로 변액연금의 역할이 확대되고 있다[11].

소비자에게 변액연금이 노후소득보장을 위한 중요한 금융상품이지만 과거 변액연금은 소비자의 기대에 못 미친 것도 사실이다. 이제는 높아진 소비자의 눈높이와 감독당국의 집중적인 모니터링으로 변액보험이 변화중이다.

특히 2012년 이후 보험사는 소비자 관점에서 '근원적인 고민'을 하기 시작했다고 본다. 그 결과 많은 개선이 이루어졌고 소비자의 정보 비대칭도 많이 줄어들었다. 소비자는 높은 수익률, 낮은 수수료와 높은 투자금액 비율, 그리고 높은 해약환급금을 원한다.

보험회사는 소비자의 이러한 요구에 대하여 어떻게 대응하고 있을까? 먼저 높은 수익률을 요구하는 소비자에 대한 대응은 쉽지 않다. 수익률은 시장 환경과 자산운용 실력에 좌우되기 때문이다.

그렇지만 수수료율은 이론적으로는 회사 자체의 판매채널 구조를 변화시키면 어느 정도 조정할 수 있다. 예를 들어서 모든 변액연금을 인터넷으로만 판매한다면 수수료를 상당히 절감할 수 있다.

하지만 인터넷 같은 비대면 채널로 변액보험을 판매한다면 판매 후 펀드의 변경이나 선택에 대한 설계사의 전문적인 조언을 받을 수 없기 때문에 변액보험이나 변액연금의 인터넷 판매는 한계가 있는 것도 사실이다.

지금도 인터넷으로 변액연금을 판매하는 생명보험회사는 오프라인만으로 변액연금을 판매하는 회사에 비해 수수료가 분명히 적다. 문제는 판매자인 설계사 입장에서는 판매수수료가 낮아 자신이 받는 수수료가 적기 때문에 이 상품을 적극적으로 팔 이유가 별로 없다는 사실이다.

특히 변액연금은 단순히 상품을 전달하는 것이 아니고, 잠재고객의 위험성향, 자산관리 등을 동시에 파악해야 하는데 판매수수료가 거의 없거나 적다면 이런 서비스를 기대하기는 어렵다.

또 다른 문제는 인터넷만으로 변액연금을 판매한다면 잠재고객을 잘 이해한 후 변액연금을 충분히 설명하고 적절한 상품을 소개할 '판매인'이 없다. 인터넷이 그 역할을 대신해야 하는데 지금의 국내 금융기관 웹사이트로는 쉽지 않다.

가까운 장래에 로봇이 투자자문 및 자산관리를 하는 로보어드바이저(Robo Advisor) 시대가 올 가능성은 높다. 투자자문에 대한 높은 수수료를 절감할 수 있고, 고객보다 자신의 이익을 극대화하는 투자자문가의 대리인 문제를 극복할 수 있기 때문이다.

로보어드바이저는 투자상품뿐만 아니라 보험상품을 자문하는 보험설계사를 대처할 수 있어 보험상품 판매 관행에도 획기적인 변화를 가져올 수도 있다[12]. 보험료가 저렴한 상품의 경우 로보어드바이저가 저능률의 설계사를 대신할 날이 결코 멀지 않았다.

해약환급금을 높이는 것은 상품 설계를 통해서 가능하고 이는 바람직한 방향이다. 최근 출시된 일부 생보사의 변액보험은 해약환급금이 기존 상품보다 많다. 이 방식은 설계사에게 배분하는 수수료를 판매 즉시 주는 선취 방식에서 몇 년 간에 걸쳐서 나누어주는 후취 방식으로 전환함으로서 가능하다는 것이 증명되었다.

수수료 선취방식에서는 설계사가 변액연금을 한건 판매함으로써 보험료의 몇 배가 되는 수수료를 보험 계약 초기에 한꺼번에 받았지만 후취방식으로 전환하면 보험 계약을 성사시켜도 받는 수수료가 적을 수밖에 없다.

사실 변액연금 같은 일생의 노후자금을 판매하는 보험사나 설계사가 판매수수료를 일시에 받는다는 것은 모순이다. 고객에게는 단기적인 투자보다 일생을 고려한 종신연금을 가입하라고 설득하면서 본인은 단기적으로 한꺼번에 수수료를 받는 것은 그간의 관행이었을지언정 부적절하다.

판매자가 보험계약기간 동안 보험가입자의 경제생활 설계를 서비스한다는 관점에서 수수료를 후취로 하고 조기해약시 해약환급금을 올리는 제도 개선이 바람직하다. 높은 투자금액비율은 수수료를 낮추면 자동적으로 이루어진다. 보험료에서 수수료를 적게 차감하면 할수록 투자금액비율이 높아지기 때문이다.

조기해약에 대한 책임을 보험가입자뿐만 아니라 보험회사도 져야 한다는 측면에서도 조기해약에 따른 해약환급금을 높이는 것이 바람직하다. 그동안은 조기해약시 해약환급금을 낮게 책정하여 조기해약 책임은 대부분 소비자에게 떠넘기는 구조였다.

이는 불완전판매의 책임이 소비자에게 있다는 논리와 비슷한데, 사실 불완전판매의 책임은 공급자인 보험사와 판매자에게 더 있기 때문에 잘못된 구조라고 할 수 있다. 따라서 제도개선을 통해서 해약환급금을 더 높이고 수수료 선취 구조를 후취로 전환하는 것은 적절하다고 본다.

변액연금의 바람직한 변화가 실제 시장에서도 있었다. 2013년 한 보험사가 출시한 변액보험인 '진심의 차이'는 고객의 초기 환급률과 해약환급금을 높였다. 수수료 지급 형태를 기존 선지급형에서 분급형으로 바꾸며 해지 공제 수수료를 없앤 덕분이다.

이 생보사의 '진심의 차이'는 그 우수성을 인정받아 금융감독원으로부터 우수금융 신상품 최우수상을 받았다. 나아가 2015년 이 상품을 개선한 '진실의차이-II'는 판매수수료를 납입기간에 걸쳐 균등하게 공제하는 것에 더해 계약관리비용, 추가납입 수수료까지 없애 고객이 받을 수 있는 환급률과 해약환급금을 더 높였다.

보험 가입 시 공제하는 사업비인 수수료는 목적에 따라 크게 계약체결비용과 계약관리비용으로 나뉜다. 계약관리비용을 폐지한 이 상품의 수수료 체계는 그 이득이 고스란히 고객에게 돌아간다.

예를 들어 40세 남성 기준으로 월납 보험료 50만 원, 5년납, 글로벌채권형II 100%를 선택하고 투자수익률 3.25%를 가정했을 때, 6개월 후 해지하면 환급률은 97.7%다. 이는 업계 최고 수준이다[13].

그런데 안타까운 사실은 전문가와 감독당국이 혁신적인 '진심의 차이'를 극찬했지만 이 상품은 낮은 수수료때문에 설계사에게 인기가 없었고 생보사 입장에서도 수익 창출에 기여하기 어려워 2016년 이후 설계사 시장에서 자취를 감추고 말았다. 비슷한 상품이 인터넷과 방카슈랑스(은행채널)를 통해 판매되고 있기는 하다.

소비자에게는 환영받을 상품이 변액보험 시장에서 사라진 현상은 몇 가지 시사점을 제공한다. 소비자에게 좋은 상품이라고 해서 시장에서 많이 팔리는 것은 아니라는 것이다. 설계사 입장에서 매력적인 상품이어야 적극적으로 판매되는 것이 현실이다. 그렇다면 이런 소비자 지향 상품은 정책적으로라도 판매 수수료가 저렴한 인터넷 등으로 적극 판매해야 하는 것은 아닐까.

내가 찾는 변액연금

변액보험은 10년 이상 투자하는 펀드의 특성이 있기 때문에 수익률을 높이기 위해서는 거시경제와 자본시장 상황에 맞춰 펀드를 주기적으로 전환하는 것이 바람직하다.

2012년의 변액보험 사태가 있기 전 변액보험을 판매한 사람들은 고객의 펀드 수익률 현황을 고려하고 새로운 펀드로의 전환 등을 자문했을까 아니면 판매만 하고 거의 자문을 하지 않았을까. 만일 후자가 맞다면 판매자는 심각한 도덕적 해이에 빠져 있었으며 이 문제는 미래 생명보험산업의 신뢰에 큰 타격을 줄 것이다.

소비자는 높은 수익률, 낮은 수수료률 및 높은 해약환급금비율의 변액연금을 원하지만 이 기대에 완벽하게 부응하는 것은 사실 불가능하다. 소비자가 원하는 완벽한 변액연금이 출시되려면 보험회사는 언제나 시장평균 수익률을 유지해야 하고 수수료도 거의 제로 상태를 유지해야 하기 때문이다.

이상적 변액연금에 그래도 근접한 것은 이미 언급한 '진심의 차이'와 같은 상품이다. 이 상품은 계약 직후 판매수수료를 받는 선취 방식에서 판매한 후 예를 들면 7년 걸쳐서 판매수수료를 나누어받는 후취방식으로 전환했다. 이 방식은 연금을 판매하는 설계사 입장에서는 판매해봐야 받을 수 있는 수수료가 칠분의 일로 줄어드는 문제가 있지만, 일단 '필꼬보자'는 불완전 판매에 대한 유혹을 상당히 제거할 수 있다.

나아가 해약해도 패널티 비용을 공제하지 않는 무해지공제 구조를 만들어 해약시 돌려받는 환급률과 해약환급금을 최대한 끌어올렸다. '진심의 차이'는 가입한 후 계약을 해약하더라도 해지공제가 없어 소비자에게 절대적으로 유리하다. 명실상부한 '고객중심 변액보험'이다.

이 무해지공제 변액보험은 해지에 대한 비용을 보험사가 감당해야 하기 때문에, 보험사는 불완전판매를 하면 할수록 손해가 날 수 있어서 고객에게 무조건 보험을 팔고 보는 단기실적주의의 고질적 병폐를 제거할 수 있다.

또한 기존 계약을 해지시키고 새로운 계약을 체결하는 승환 문제도 확실히 제어할 수 있을 뿐만 아니라 보험계약 초기에 펀드에 투여하는 자금의 비율도 높기 때문에 투자수익도 더 높일 수 있다. 실제 금융감독원의 조사에서도 이 무해지공제 변액연금 상품은 타상품보다 불완전판매비율이 낮고 고객 민원도 전대적으로 적다.

모든 보험소비자가 무해지공제 상품을 찾는다면 보험사도 언젠가는 이러한 상품을 개발하고 판매할 것이다. 그러나 현재 무해지공제 상품은 한 회사에서만 판매될 뿐이고 다른 모든 생명보험회사는 이 상품에 관심이 없다. 이유는 많은 긍정적인 효과에도 불구하고 보험회사의 부담이 너무 크기 때문이다.

무해지공제 상품은 해약에 따른 비용을 보험사가 떠안아야 하고, 보험사 입장에서는 수수료를 7년 분납하면 설계사가 적극적으로 판매할 유인이 떨어져서 단기 실적이 하락할 수 있기 때문이다. 보험사의 장기적 병폐인 불완전판매와 소비자 신뢰를 한꺼번에 잡을 수 있는 무해지공제 상품에 대해서 소비자, 보험사 및 정부가 더 관심을 기울여야하는 이유다.

변액연금은 타 금융상품과 달리 종신연금 기능과 펀드투자 기능을 동시에 가지고 있다는 점에서 분명히 매력적이다. 나아가 시장금리가 하락하거나 인플레이션이 높은 상황에서 주식시장 등 자본시장을 활용하여 안정적인 은행예금이나 일반 개인연금보다 장기적으로 높은 수익률을 추구할 수 있다.

하지만 변액연금의 판매 수수료는 높으며 조기 해약할 경우 가입자는 수수료 등이 차감된 쥐꼬리만한 해약환급금을 받는다. 판매 수수료를 대폭 줄인 '고객중심상품'도 출시되긴 했지만 판매 수수료가 적다 보니 보험사의 주력 판매채널인 설계사 시장에서 외면받고 말았다. 이에 대한 보험사와 금융당국의 심각한 고민과 혁신적인 대안 모색이 필요하다.

또한 투자 펀드 선택과 전환 서비스를 보험사에서 잘 제공한다면 변액연금은 비로소 노후소득을 준비하는 소비자들에게 믿을 수 있는 대안으로 자리매김될 수 있을 것이다.

최근 감독당국은 공시제도 개선(2017.1), 변액보험 적합성 진단제도 개선(2017.3), 변액보험 이해도를 높이기 위한 안내 동영상 제작(2018.1), 변액보험 펀드주치의 제도 시행(2018.5), 나아가 2019년 1월부터 변액보험 수익률을 매월 문자로 서비스하도록 하였다. 이러한 감독당국의 노력이 변액보험에 대한 소비자 신뢰 회복으로 이어지길 기대한다.

7장

연금개혁 어떻게 해야 할까

오영수

장기 지속 조건 변화와 연금의 미래

공적연금이든 사적연금이든 제도가 유지되기 위해서는 충족되어야 할 기술적 조건들이 있다. 그중 대표적인 조건으로 인구구조, 경제성장, 소득분배, 금리, 물가 등을 꼽을 수 있다.

인구구조: 고령화

공적연금이 부과방식[1]의 재정방식을 택하고 있다면 인구구조가 가장 중요할 것이며, 완적적립방식[2]을 택하고 있다면 기금운용수익률이 중요할 것이다. 그런데 우리나라 국민연금은 수정적립방식[3]을 택하고 있기 때문에 인구구조와 기금운용수익률 모두 중요한 변수로 작용한다.

퇴직연금이나 개인연금과 같은 사적연금의 경우 연금 가치의 유지가 중요하기 때문에 자산운용수익률이 물가상승률보다 커야 한다는 점이 중요하다. 따라서 공적연금이든 사적연금이든 미래에도 노후보장 수단으로서 기능할 수 있을지 여부를 평가하기 위해서는 이러한 기술적 조건들의 장기전망을 살펴보는 것이 중요하다.

먼저 인구구조의 경우 경제활동세대에 비해 고령층의 비중이 급격히 커지는 현상이 나타나고 있다. 통계청에 따르면 우리나라는 전체 인구 중 65세 이상 인구의 비중이 지난 2000년에 7%를 넘어서 고령화사회에 들어섰고, 2017년에는 14%를 넘겨 고령사회로 전환되었으며, 2025년에는 20% 이상의 초고령사회에 진입할 전망이다.

이렇게 급격한 고령화는 특히 합계출산율이 2018 기준 0.98명[4]으로 단순재생산을 위한 합계출산율 2.04명[5]에 크게 미치지 못할 정도로 저출산 현상이 지속되고 평균수명 또한 빠르게 연장되기 때문이다. 합계출산율은 통계청도 2088년까지 1.38명으로 전망할 정도로 근본적으로 개선될 가능성이 크지 않아 우리나라는 세계에서 가장 빠른 고령화 속도를 보일 것으로 전망된다.

인구의 고령화는 고령층의 부양을 위한 비용 증가, 경제활동세대의 축소에 따른 노동력 부족 등으로 인해 경제성장을 저해할 수 있다. 이렇게 경제가 저성장하면 결국 소득의 증가율이 낮아지고 보험료 수입 저하로 이어질 수밖에 없다. 따라서 연금은 예상된 지출에 비해 수입이 부족해져 재정위기를 겪게 된다.

또한 인구구조의 고령화는 경제활동세대가 부양해야 한 고령층의 수를 증가시켜 결국 은퇴한 고령층과 경제활동세대간에 세대 간 갈등을 유발할 수밖에 없을 것이다. 경제활동세대는 자신이 지게 되는 부담이 현재의 고령층 부양을 위해 사용되나 정작 자신의 노후에 대한 보장은 불확실해질 것이라고 생각하면 자신의 부담 증가에 동의하지 않을 수 있다.

결국 급격히 늘어나는 경제활동세대의 부담을 적정한 수준으로 유지하기 위한 방안이 모색될 수밖에 없는데, 공적연금 급여의 축소를 통한 재정건전화, 이민 허용을 통한 경제활동세대 확대, 출산장려를 통한 인구구조 개선, 적립방식으로 연금재정방식의 변경 등 다양한 수단이 모색될 것이다.

공적연금 급여의 축소는 국민연금의 경우 현재도 OECD국가들에 비해 소득대체율이 낮은 점을 고려할 때 시도되기 어려울 것이다. 다만 특수직역연금에서는 연금제도간 형평성 제고와 재정안정성 확보를 위해 추진될 가능성이 있다.

인구구조 개선을 위한 단기적 처방으로 이민이 추진될 수 있으나, 미국과 유럽의 많은 국가들의 사례를 볼 때 우리나라에서는 선순환의 효과를 내기 어려울 것으로 예상된다.

이민자가 숙련자일수록 국가재정에 미치는 효과는 높으며, 이주자가 고소득 국가 출신일수록 국가재정기여도가 높은 것으로 나타나고 있다[6]. 하지만 우리나라에는 중국, 동남아 국가 등의 저숙련 인력을 중심으로[7] 인력이 유입되고 있다[8].

따라서 정부가 고령화에 따른 대책으로 이민정책을 적극 추진한다 하더라도 부작용을 최소화 하기 위한 대책이 마련되어야 할 것이다. 더구나 문화적 마찰, 다른 사회보장 지출의 확대 등으로 이민의 효과가 일부 상쇄될 수 있음도 고려해야 할 것이다.

이러한 이민정책이 단기적 처방이라면 장기적으로는 출산장려를 통한 인구구조 개선을 시도할 필요가 있다. 출산장려 정책은 단기적으로는 조세수입을 줄이고 재정지출을 확대할 가능성이 있으나 장기적으로는 바람직한 효과를 얻을 수 있을 것이다.

이는 이러한 정책을 추진해 온 스웨덴이 그렇지 못한 이탈리아 등과 같은 국가에 비해 연금제도가 고령화의 압력을 상대적으로 약하게 받고 있는 데서도 확인된다.

스웨덴에서는 1970년대부터 휴직, 부모보험, 아동수당, 보편적 공보육 등 각종 가족정책을 도입했다. 스웨덴은 특히 여성의 적극적인 노동시장 참여 및 양성평등 증진을 목적으로 하는 개인 단위의 가족정책을 통해 출산율을 비교적 높은 수준으로 유지하고 있다[9].

반면에 이탈리아는 서유럽 국가 가운데 1970년대 이후 여성 경제활동참가율 증가와 더불어 가장 급격하게 출산율이 낮아진 나라로 주목받아 왔다. 이탈리아는 유럽국가이면서도 전통적인 가족가치를 강조하는 보수적인 국가로서, 여성의 경제활동 지원이 미비하여 일과 가정 양립이 용이하지 않다는 사회·문화적 요인들이 저출산의 원인으로 지목되어 왔다[10].

그 결과 합계출산율은 스웨덴이 1990년 2.13명에서 1998년 1.50명까지 하락한 후 2017년에 1.85명으로 회복된 반면에[11], 이탈리아는 1964년 2.65명에서 1995년 1.19명까지 하락한 후 2017년에 1.34명으로 회복되는 데 그치고 있다. 따라서 우리나라는 스웨덴 등 저출산 위기 극복 국가의 사례를 면밀히 연구하여 저출산 대책을 마련할 필요가 있다.

마지막으로 연금이 고령화의 영향을 적게 받게 하기 위해서는 완전적립방식으로의 전환을 고려할 수 있다. 그러나 완전적립방식은 기금운용에 대한 부담이 커질 뿐만 아니라 기금운용수익률이 물가

상승률을 밑돌 경우에는 실질급여의 크기가 작아져 연금의 가치가 유지되지 않는 문제점이 있다. 또한 일반적으로는 본인의 기여에 비례하여 급여가 결정되기 때문에 소득재분배 기능의 약화가 불가피하다.

경제성장과 소득분배

경제성장률은 소득증가율에 결정적 영향을 미치는 요소인데, 잠재성장률은 2011~2015년 연평균 3.0~3.4%에서 더 하락하여 2016~2020년에는 2.7~2.8%로까지 하락할 것으로 추정되었다[12]. 이는 고정투자가 감소하고 한계기업이 급증하는 상황에서 고령화에 따라 노동기여도도 저하되었기 때문이다.

특히 고용에 직접적인 영향을 미치는 제조업이 저임금을 찾아 중국, 동남아 국가 등으로 생산시설을 해외이전하면서 국내에서 자본투자 및 고용 수준이 낮아지고 생산성이 상대적으로 낮은 서비스업 중심으로 고용이 증가함으로써 잠재성장률이 더 낮아졌다.

OECD의 전망에 따르면 이러한 추세는 중장기적으로도 지속되어 2020년 3.1%로 하락한 후 2030년 2.2%, 2040년 1.7%, 2050년 1.4%, 2060년 1.3%로 하락할 전망이다[13].

4차 산업혁명이 빠른 속도로 진행되면서 고용이 줄 것이라는 우려가 있다. 특허청에 따르면 인공지능, 사물인터넷, 3D프린팅, 자율주행차, 빅데이터, 지능형로봇, 클라우드가 4차 산업혁명의 핵심

기술인데[14], 이들 기술은 숙련인력에 대한 수요와 보상 수준을 높이며 반복적 업무를 대체하고 나아가 의사나 변호사 등의 전문직 업무까지 대체할 것으로 예측되고 있다.

고용노동부의 전망에 따르면 4차 산업혁명에도 불구하고 성장 효과가 생산성 향상 효과를 앞지르면서 2030년의 전체 취업자 수는 2,821만 명으로 2016년의 2,623만 명에 비해 2백만 명 정도 늘어날 것으로 예측되었다[15].

이렇듯 전체적으로 취업자 수가 증가하지만 도·소매업, 숙박·음식업, 공공행정, 금융서비스업, 운수업 등에서는 취업자 수가 감소될 것으로 전망된다. 반면에 정보·통신서비스업, 전문과학기술 서비스업, 전기·전자·기계산업, 보건·복지서비스업, 문화·예술·스포츠 산업의 취업자 수는 늘어날 것으로 전망된다.

특히 제조업의 경우는 우리나라가 작업장의 조직과 자동화에 대한 선행 투자 등의 면에서 다른 나라에 비해 앞서 있어 4차 산업혁명으로 인해 받을 충격은 다른 나라에 비해 크지 않을 전망이다. 뿐만 아니라 디지털화의 가속화로 기반산업인 전기·전자 업종의 수요 확대와 스마트 공장 등에 대한 설비투자 확대로 기계 업종 수요가 확대되면서 오히려 취업자 수가 늘 전망이다.

그리고 금속제품, 석유화학, 식료품 제조업 등은 소폭 성장할 것으로 예상되나, 자동화로 인한 생산성 증가가 이를 상쇄하면서 고용에는 큰 변화가 없을 것으로 전망된다.

이렇게 기술발전과 경제성장 및 고용이 선순환 구조를 유지하면 연금제도 운영에는 총량적으로는 긍정적 효과가 클 것으로 예상된다.

그러나 성장산업 종사자와 사양산업 종사자 간의 소득 격차 확대가 장래 연금 급여 격차로 이어져 은퇴 후 고령기의 소득 격차를 심화시킬 수 있다.

또한 4차 산업혁명이 진행되면서 소위 긱(gig) 경제[16]가 확산됨에 따라 고용의 안정성이 낮아질 것으로 보여 이들이 공적연금에서 안정적으로 가입자격을 유지하기 어려울 수 있다. 이에 따라 연금의 사각지대가 예상외로 커질 수 있으므로 이에 대한 대책이 없을 경우 노후소득보장이 어려워질 것이다.

금리

글로벌 금융위기 이후 양적 완화 통화정책으로 하향 추세를 보였던 금리는 2010년대 후반에 들어 일시적으로 상승 추세를 보이다 하락 추세로 전환되고 있다. 경제회복 추세에 따라 2015년 12월말부터 기준금리 인상을 주도해왔던 미국이 2019년 7월말부터 금리를 인하하는 추세로 돌아섰고, 유럽중앙은행(ECB)도 2019년 9월 들어 예금금리를 인하하고 양적 완화를 재개함으로써 금리인하가 다시 대세가 되었다.

이렇듯 국제금융시장의 변화가 생기면서 우리나라의 금리도 인하추세를 이어갈 것으로 예상된다. 국제금융시장의 영향 이외에도 잠재성장률이 하향 추세를 보이고 있는 점도 금리 인하에 영향을 미칠 것이다. 금리가 하향 추세로 돌아서고 주요국을 중심으로 마이너스 금리의 국채 규모[17]가 늘어나면 연금기금의 수익률이 추세적으로 낮아질 수밖에 없어 재정건전성에 부정적 영향을 미칠 것이다.

물가

물가는 전세계적으로 디플레이션을 우려할 정도로 낮은 수준에서 유지되고 있다[18]. 이는 양적 완화로 인해 통화가 팽창하여 물가가 상승되어야 하는 상황에서도 저물가가 유지되고 있는데, 주요 원인은 불황에 따른 고용 부진과 고령화에 따른 노후준비 대책의 일환으로 소비가 위축되고 있기 때문이다.

향후에도 고령화라는 구조적 요인의 영향이 지속되는 가운데 생산시스템의 자동화 및 소프트화로 인해 고용이 확대될 가능성은 높지 않아, 수요 측면에서의 디플레이션이 유발될 가능성이 있다고 할 수 있다.

우리나라 공적연금, 지속가능할까

우리나라 공적연금 운영과 관련해서 앞에서 검토해 온 여러 가지 기술적 측면은 대체로 비관적인 것으로 예상된다. 먼저 군인연금은 이미 1973년부터 재정수지 적자를 보였고, 1977년부터 기금이 고갈되었으나 근본적 개혁이 미뤄지면서 적자가 더욱 심화되고 있다. 이에 따라 2017년 1.4조 원인 적자 규모는 2030년 2.5조 원, 2050년 3.7조 원으로 크게 확대될 것으로 전망되고 있다[19].

공무원연금의 경우 지난 외환위기 직후인 1999년부터 공무원 및 교직원의 대량 명예퇴직으로 적자를 보인 후 계속하여 적자를 보이고 있다. 2015년 극적인 합의 끝에 개혁이 이루어져 향후 70년간 333조 원의 세금이 절감될 것으로 예상되었지만, 당장 2019년 1.5조 원에서 2023년에는 3.3조 원의 적자를 보전해야 할 것으로 전망[20]되어 추가적 연금개혁의 필요성이 제기되고 있는 상황이다.

사학연금은 재정흑자를 유지해왔고 최근의 개혁으로 적자가 늦추어질 전망이다. 그러나 2035년에 913억 원의 재정수지 적자를 기록한 후 2051년에는 기금이 고갈될 것으로 전망되고 있다[21].

국민연금은 1988년 도입 후 채 10년이 지나지 않았음에도 머지않은 미래에 적자로 전환되어 제도 유지가 어려울 것으로 예상되었다. 이에 1998년과 2007년에 큰 규모의 개혁을 추진했다. 그럼에도 불구하고 2018년 제4차 재정계산에서 재정수지 적자 시점은 2042년으로 2년 앞당겨졌고 기금고갈 시점은 2057년으로 3년 앞당겨졌다. 이러한 상황은 인구의 고령화가 예상보다 빠르게 진행됨으로써 국민연금의 재정 고갈을 더욱 빠르게 하고, 제도 설계의 기초가 된 거시경제변수가 크게 바뀌었기 때문이었다.

세대 간에 재정부담을 이전하지 않고 재정을 안정시키기 위해서는 연금을 근본적으로 개혁해야 했으나, 지금까지 이루어진 몇 차례의 연금법 개정은 미봉책에 지나지 않았다. 정부는 국민연금의 큰 틀을 변화시키는 근본적 개혁을 하지 않고, 일정한 시기까지 수지의 균형을 맞출 수 있도록 급여를 낮추거나 보험료 부담을 높이는 방법을 택해 왔다.

이렇듯 미봉적인 조치로 근본적 개혁이 이루어지지 않아 기금이 고갈될 경우 매년 연금지급에 필요한 소요액을 후세대가 부담하는 부과방식으로 전환되어야 할지도 모르는 상황에 있다.

개혁 방향⑾ : 모수적 개혁

우리나라 공적연금의 근간을 이루는 국민연금은 재정방식이 수정적립방식이어서 인구구조에 크게 영향을 받을 수밖에 없을 뿐만 아니라 경제성장과 소득분배, 물가, 금리 등에도 영향을 받는다. 그렇기 때문에 연금재정의 적자에 대응하기 위해서는 근본적 개혁에 착수하지 않을 경우 이들 변수의 영향을 고려한 모수적 연금개혁을 지속하지 않으면 안 된다.

모수적 연금개혁은 기존 연금의 틀을 유지하면서 기여와 급여가 균형을 이루도록 보험료율, 소득대체율, 수급개시연령 등과 같은 주요 정책변수를 조정하는 방법이다.

이렇듯 연금제도의 패러다임을 개혁하지 않고 모수적 개혁에 나설 경우 크게 세 가지의 방법이 활용될 수 있다. 하나는 연금수급 개시연령을 상향조정하는 것이고, 다른 하나는 연금급여의 수준을 하향조정하는 것이며, 마지막으로 연금보험료율을 상향조정하는 방법이 있다. 이들 방법은 각각 사용될 수도 있지만 대개는 두 가지 내지는 세 가지가 동시에 사용된다.

모수적 연금개혁은 독일, 프랑스 등 많은 국가에서 시도되었지만, 일시적으로는 재정을 안정화시키는 효과가 있었음에도 불구하고 그 효과가 오래 지속되지 못했다.

국민연금의 모수적 개혁은 정부와 많은 학자들 사이에서 선호되고 있는데, 이는 재정불균형을 기술적으로 조정하는 것이므로 상대적으로 근본적 개혁에 비해 실행이 용이하기 때문이다. 또한 다양한 대안을 검토할 수 있고, 이를 즉각적으로 실행함으로써 장기적으로 부담을 분산시킬 수 있다는 장점이 있다.

하지만 대안의 전제조건이 충족되지 않을 경우에는 다시 새로운 대안을 모색해야 한다. 그러한 과정에서 급여 수준이 심각하게 낮아지거나 보험료율 수준이 과도하게 높아지는 것을 피할 수 없게 되어 궁극적으로는 근본적 개혁을 필요로 하는 상황으로 갈 수밖에 없는 단점도 있다. 따라서 모수적 개혁은 단기적으로 활용할 수 있는 대안이라 할 수 있다.

우리나라에서 지난 2007년 연금개혁을 이루기까지 2000년대 전체에 걸쳐 나온 모수적 연금개혁안은 대부분 급여수준을 낮추면서 보험료율을 인상하자는 것이었다. 이러한 논지의 주장은 논자가 속한 정당이나 입장에 따라 여러 갈래로 나뉘나, 기본적 배경에는 생애 평균소득의 60% 수준으로 보험연금의 급여 수준을 유지하기에는 보험료율 부담이 감당하기 어려울 정도로 높게 유지될 수밖에 없다는 인식이 있다.

그러나 2007년 개혁에서는 보험급여 수준만 낮추고 보험료율은 인상시키지 못했다. 그 이후로 거시경제 및 인구구조상의 변화가 컸기 때문에 4차 재정계산에서는 2042년부터 재정적자가 시작되어

2057년 기금이 고갈될 것으로 전망되고 있다.

이렇듯 모수적 연금개혁은 지속적으로 연금개혁을 하지 않으면 곧 재정수지가 파탄에 이르는 한계를 노출할 수밖에 없다. 또한 상당한 논란 속에 기초연금이 도입된 상황에서 기초연금과 국민연금 간의 관계 및 위상 재정립이 중요하게 부각되고 있다.

따라서 연금을 모수적 개혁이 아닌 근본적으로 바꾸는 개혁이 필요하다. 방안으로는 가장 급진적인 방안으로 칠레 등의 사례처럼 연금을 완전 민영화하거나 영국이나 일본 같이 국민연금 소득비례 부분을 부분 민영화, 혹은 이탈리아나 스웨덴 같은 NDC방식 도입이 검토될 수 있다.

〈그림 7-1〉 수급개시연령 인상은 대표적인 모수적 개혁 수단

개혁 방향⑵ : 근본적 개혁(완전 민영화)

본래 연금의 완전민영화는 부과방식의 연금을 완전하게 사전적립식 재정방식의 연금으로 전환하는 것이다. 이는 일찍이 칠레가 1981년 부과방식의 연금을 개인적립방식의 연금으로 전환한 데서 비롯된다. 그렇게 완전민영화가 가능했던 배경에는 연금제도 자체의 위기 외에 강력한 권위주의 정치권력이 있었다.

이러한 칠레 연금개혁 모델은 중남미에서는 볼리비아(1997), 멕시코(1997), 엘살바도르(1998), 니카라과(2001) 등 주변 국가들로, 중앙아시아와 동유럽에서는 카자흐스탄(1998), 코소보(2001) 등으로 빠르게 확산되었다.

이렇게 많은 국가들이 칠레방식의 연금개혁을 채택한 데는 몇 가지 이유가 있다[22]. 1) 경제적 조건 및 인구의 변화로 인해 전통적 방식으로는 연금을 유지할 수 없었기 때문이다. 2) 국내의 정치환경상 민영화가 지지를 받았기 때문이다. 3) 저축을 증대시키고 자본시장을 발전시키자는 거시경제적 목적이 있었다. 4) 주변국의 경험과 세계은행 같은 외국기관의 역할 때문이다.

반면에 서유럽 국가들에게 완전민영화 방식의 연금개혁이 확산되지 못한 것은 이미 연금수급자층이 두텁게 존재하는 데다가 강력한 노조 세력이 존재했고, 사회민주주의적 전통이 강고하게 자리잡고 있기 때문이었다.

우리나라에서 부과방식 연금이 아닌 국민연금을 완전 민영화한다는 것은 균등부분을 없애고 기초연금과 통합하며 개인별 계좌를 기초로 완전적립방식으로 바꾼다는 것이다. 이렇게 되면 국민연금의 소득재분배 기능은 없어지고 가입자의 소득에 비례하여 연금급여가 결정된다.

이같은 국민연금의 민영화는 다시 소득재분배 문제를 야기하게 될 것이며, 저소득층의 노후소득보장을 위해 기초연금을 강화해야 한다는 목소리가 커질 것이다. 이는 국민연금이 기존에는 사회보장제도의 틀 내에 존재하면서 소득재분배 기능을 가지고 있었으나, 제도의 틀이 바뀜으로써 소득재분배 기능이 없어지기 때문이다.

저소득층의 경우 기본적으로 소득수준이 낮아 강제 가입하더라도 기여하는 보험료가 낮은 수준이므로, 노후생활에 충분한 연금을 받을 수 없어 기본적 생활이 보장되지 않을 가능성이 높다. 더구나 경우에 따라서는 소득의 불안정으로 보험료를 납부하지 못해 국민연금 가입기간이 짧아져 그나마 적은 금액의 연금마저도 축소될 우려가 있다.

따라서 기존 연금으로부터 수혜받는 계층은 새로운 보완책이 국민연금이 제공하던 수준으로 마련되지 않으면 연금의 완전민영화에 적극 반대하게 될 것이다.

이러한 방식의 국민연금 개혁이 성공하기 위해서는 국민적 차원에서 이러한 이해관계를 뛰어넘는 지지가 가능해야 할 것이다. 칠레의 경우에도 공공부문 근로자들은 연금을 민영화할 경우 기득권 상실을 우려하여 반대했으나, 많은 국민들이 민영화가 높은 수수료에도 불구하고 투자자금의 풀을 형성하여 경제에 긍정적으로 작용할 것이라고 생각하여 지지했기 때문에 민영화가 가능했다[23].

또한 최저연금을 받을 수 있는 공공부조연금 플랜이 함께 제시되어 민영화에 대한 반대가 적었다고 볼 수 있다. 개혁 당시 정규 연금 수급에 필요한 조건을 충족하지 못한 피보험자에 대해 국가보조로 최저연금 수급자격을 부여하였다. 실업자, 무급가족종사자, 자영업자 등 보험비가입자에 대한 최저연금보장, 복지연금의 수급 자격 부여가 그것이다[24].

하지만 이같은 계획은 개혁 후 26년이 경과하도록 시행되지 않다가 2008년 개혁으로 연대연금체계(SPS)가 확립되면서 ASP(연대연금기여)와 PBS(연대기초연금)의 두 연금이 도입되어, 초기 개혁시 제시한 약속을 이행할 수 있게 된다[25].

그러나 우리나라의 국민연금은 수정적립방식의 재정방식을 채택하고 있기에, 기금규모가 2019년 9월말 기준 714조 원에 달하고 있고 2025년 1천조 원에 달일 전망이니.

이렇듯 국민연금이 자본시장에서 중요한 기관투자가로서 역할하고 있는 점을 고려할 때 저축증대와 자본시장의 발전을 위해 국민연금을 민영화해야 한다는 논리는 설득력이 약하다고 볼 수 있다. 오히려 거대규모의 기금을 단일한 기관에서 운용하는 것이 위험 관리와 효율성 차원에서 적절한지에 대한 논의가 더 필요할 것이다.

국민연금에 대한 국민지지도를 살펴보면서 민영화가 적절한 대안일지 판단해 보자. 먼저 한국보건사회연구원이 2013년 조사한 한국복지패널조사 자료에 따르면 국민연금 미가입자들의 미가입 사유에서 큰 비중을 차지하는 것은 보험료를 납부할 경제적 여유가 없다는 것이 43.16%로 가장 높았고, 국민연금에 대한 불신 때문에 가입하지 않는다는 비중은 4.98%에 지나지 않았다[26].

이러한 점에서 현행 국민연금을 폐지하거나 민영화해야 한다는 주장은 일부 의견에 지나지 않는다고 볼 수 있다.

그러나 모수적 개혁과 같은 잦은 개혁은 오히려 국민연금에 대한 국민들의 불신만 키워온 측면이 없지 않다. 따라서 현시점에서는 모수적 개혁을 보조적 수단으로 활용하고 근본적 개혁도 지속적으로 검토할 필요가 있다.

개혁 방향(3) : 근본적 개혁(부분 민영화)

공적연금의 부분민영화는 영국에서 그 사례를 찾아볼 수 있다. 영국은 퇴직연금에 가입하면 강제 적용되는 2층의 적립식 공적연금 가입을 2016년 3월까지 적용제외했다.

이러한 방식은 일본에서도 영국의 사례를 따라 시도되었으며, 페루(1993), 아르헨티나(1994), 콜롬비아(1994), 우루과이(1996) 등에서도 민간의 개인계정을 도입하면서 국민들에게 선택권을 주는 부분 민영화 방식의 개혁이 단행되었다.

그리고 헝가리(1998), 폴란드(1998), 라트비아(2001), 불가리아(2002), 크로아티아(2002), 마케도니아(2002), 러시아(2002), 슬로바키아(2003), 루마니아(2004), 우즈벡(2004) 등에서는 사회보장 부분은 줄이고 그것을 개인계정의 연금으로 보전하는 혼합방식의 부분 민영화 연금개혁이 단행되었다.

우리나라 국민연금은 이미 균등부분과 소득비례부분으로 구분되어 있기 때문에, 전체는 아니더라도 급여의 일부가 민영화 가능한 구조로 되어 있다고 볼 수 있다. 이러한 전제 하에서 국민연금을 추가적으로 부분민영화 방식으로 개혁한다면 그것은 현행 제도에서 퇴직연금 가입자에 한하여 소득비례부분을 적용제외하여 퇴직연금에 통합하는 것이 될 것이다.

이러한 방안은 연금을 단순하게 만들 뿐만 아니라 국민연금 기금의 일부를 민영화하여 다원적 관리체제로 전환히는 효괴기 생기게 할 것이다. 그러나 소득비례부분을 완전히 없애는 방식으로 할 경우, 근로자들은 기업주가 납부하던 소득비례 관련 보험료의 절반이 없어져 복지가 감소될 수 있기 때문에 반대할 것이다.

따라서 적어도 기업주가 국민연금 소득비례 부분에 납부하던 수준의 보험료를 퇴직연금 보험료로 전환하여 납부하는 수준에서 결정되지 않으면 반대에 부딪힐 것이다. 하지만 개혁 논의가 시작되면 기업주들은 이를 없애거나 낮추려 함으로써 논란이 커질 가능성도 있다.

사실 소득비례부분이 퇴직연금(혹은 기업연금)과 중복된다는 이유로 적용제외하면서 기업주의 보험료를 면제했던 영국과 일본의 사례를 볼 때 우리나라에서도 그럴 가능성이 없지는 않다. 그렇지 않다면 기업주 입장에서는 연금개혁에 참여할 유인이 없기 때문이다.

따라서 부분민영화 방식의 연금개혁은 잘 해야 기존의 보장수준을 유지하는 것이기 때문에 근로자는 반대하고 국제경쟁력 확보를 내세워 연금보험료의 부담을 낮추려는 기업의 입장에서는 환영할 개혁 대안이 될 것이다.

개혁 방향⑷ : 근본적 개혁(NDC 방식)

NDC 방식(명목확정기여형)의 공적연금 개혁은 가입자의 공적연금 기여 기록이 퇴직 시까지 그 개인의 가상 저축액으로 남도록 하여, 실질적으로는 부과방식으로 운영되는 공적연금에 확정기여형 연금의 요소를 도입한 것이다.

또한 개인에게는 적립식 개인계정을 도입하여 부분적으로 민영화하고, 반면에 이러한 개혁으로 인해 노후소득이 보장되지 않는 빈곤층에게는 선별적으로 지급되는 최저보증연금이 도입된다. 개인계정은 초기에는 명확하게 구분되지 않았으나 이후의 새로운 방식에서는 명확하게 구분되어 도입되었다.

NDC 방식의 연금개혁은 이탈리아(1995), 폴란드(1999), 스웨덴(1999)에서 추진되었다.

결론부터 말하면 이러한 방식의 연금개혁은 우리나라에서 사실상 불필요할 것이다. 비록 개인계좌가 명확하게 주어져 있지 않지만 개인별로 기여도에 따라 소득비례부분의 급여가 결정되고 그것이 물가에 연동되도록 하고 있기 때문이다. 우리나라는 이미 개인별로 소득내역을 관리하고 있어 실질적으로 개인별 계좌가 주어진 것이나 마찬가지라고 할 수 있다.

따라서 균등부분을 없애고 소득비례부분을 기준으로 NDC방식을 도입한다면 크게 달라지는 것 없이 오히려 균등부분의 기능을 수행해야 할 별도 제도를 도입해야 한다는 의미에서 혁신적 효과를 얻지 못할 것으로 보인다[27].

또한 충분한 적립 부족에 따른 국민연금의 암묵적 부채가 아직까지 크지 않기 때문에 당장 NDC방식을 도입할 필요성은 낮으나, 향후 모수적 개혁이 원활하지 못해 부과방식으로 전환해야 할 정도의 상황이 된다면 그 때는 NDC방식의 도입을 검토할 필요성이 있을 것이다.

추구 목표⑴: 사각지대 해소

국민연금의 사각지대는 제도의 적용이 되지 않아 생기는 적용사각지대와 급여를 받지 못해 생기는 급여사각지대로 구분될 수 있는데[28], 다양한 이유로 인해 광범위한 사각지대가 존재한다. 2017년 말 기준으로 국민연금 가입자 규모는 2,147만 명을 넘어서고 있지만[29], 385만 2천 명의 납부예외자와 103만 6천 명의 장기체납자로 인해 광범위한 적용사각지대가 존재한다[30].

이와 같은 적용사각지대 발생의 직접적 원인인 국민연금 보험료의 미납은 주로 저소득층을 중심으로 발생하고 있는데, 이는 국세청의 소득 파악의 어려움 외에도 사용자의 입장에서는 노동비용, 근로자 입장에서는 가처분소득 감소[31] 및 고용의 불안정성 심화[32] 등이 직접적 원인인 것으로 나타나고 있다.

그런데 적용사각지대 범위를 고려할 때는 전업주부, 학생 등 소득활동에 종사하지 않는 것을 이유로 가입대상자에서 아예 제외된 1백만 명 이상이 있다는 점이 감안되어야 할 것이다[33].

한편 2019년 기준으로 65세 이상 전체 노인(770만 명) 중 국민연금 수급자는 42%(321만 명)에 불과한 실정이어서, 수급사각지대가 적용

사각지대보다 훨씬 심각한 상황에 있다.

기초연금의 도입으로 공적연금의 수혜를 전혀 받지 못하는 계층은 없어졌지만 국민연금의 사각지대가 광범위하게 존재하는 한 기초연금과 국민연금으로 최소생계비 수준을 유지하기 어려운 계층이 두텁게 존재할 수밖에 없다.

이러한 국민연금의 사각지대를 없애기 위해서는 사각지대가 발생하는 원인들에 대한 대응책을 마련해야 한다. 먼저 가입자들의 경제적 여건을 개선하면 소득의 지속성이 유지되면서 사각지대는 줄어들 것이다.

아니면 국민연금제도 가입 경력과 무관하게 무기여 기초연금을 확대하는 방안을 검토할 수 있다. 그러나 국민연금 적용사각지대를 그대로 둔 상황에서 궁극적으로 급여사각지대를 없애기 위해 국민연금 가입에 연계한 무기여 기초연금을 확대하게 되면 가입자간 형평성 및 도덕적 해이 문제가 야기될 수 있다.

또한 시간제 근로자 등 비정규직의 비중을 낮추면 국민연금 가입률이 높아질 수 있을 것이다. 그러나 이는 고용정책의 문제이지 이를 국민연금의 가입률 제고 정책으로 삼기는 어렵다.

이렇듯 관련 정책들에서는 국민연금의 가입만 고려되는 것이 아니므로 국민연금과 직접적으로 관계가 있는 제도의 개선을 통한 사각지대 개선방안이 보다 현실적이라 할 수 있다.

또한 기초연금을 통해 급여사각지대를 해소한다 하더라도 기초연금 제도의 운영이 전체 연금 체계와 연계되면서 발생시킬 수 있는 부정적 영향을 가능한 한 줄여야 한다.

기초연금의 급여 수준이 최저생계비에 크게 미치지 못하고 있으므로 기초연금으로 이미 조세 지원이 이루어지고 있다 할지라도 국민연금으로 보완하여 최저생계비 수준을 유지할 수 있도록 근로기에 저소득층의 보험료를 지원할 필요가 있다.

이때 정부가 1995년부터 해온 농어민에 대한 지원에 이어 2012년 7월부터 도입된 두루누리 사업이나 2008년 도입된 근로장려세제 등의 사례에서 볼 수 있듯이, 제도 도입에 그치지 않고 정책목표가 제대로 나타나는지 확인하는 것이 중요하다.

이러한 정책이 제대로 작동되지 않아 스스로 자신의 미래를 위한 준비를 전혀 하지 않게 될 경우 그 부담은 고스란히 사회적 부담으로 남게 되고, 이들은 평생 사회에 의존하는 삶을 산다.

따라서 국민연금 미가입자들의 노후생활보장을 강화하기 위해 근로장려금의 지급 등 국민연금의 가입을 촉구하기 위한 지속적 정책개발이 필요하다는 자연스러운 결론을 얻을 수 있다.

나아가 국민연금의 개선 외에도 중장기적으로는 이미 도입되어 있는 기초연금이 선순환할 수 있도록 발전시켜 최소한의 생계 급여는 기여 여부와 상관없이 받을 수 있도록 하는 것이 필요할 것이다.

추구 목표⑵ : 수급자간 형평성 강화

2015년 공무원연금 개혁을 계기로 부각된 것은 국민연금 가입자와 특수직역연금 가입자간 형평성이 어긋나고 있다는 점이다. 물론 일부 측면에서는 두 제도간 차이를 오해하여 생긴 주장도 있지만, 특수직역연금 가입자들을 국민연금 가입에서 제외함으로써 이러한 문제는 피할 수 없는 상황에 있다.

특히 특수직역연금이 앞서 살펴보았듯이 심각한 재정위기를 겪고 있거나 겪을 것으로 예상되는 상황에서 기득권 유지라는 인식이 확산되면서 이 문제는 더 부각될 수밖에 없을 것이다.

특수직역연금의 개혁은 시급한 상황에 있으나 개혁을 추진할 때마다 가입자의 거센 저항에 부딪혀 근본적 개혁의 기회를 놓치고 있다. 이렇게 개혁이 연기되면 일부의 기득권은 유지될 수 있을지 몰라도 그 부담은 확대되어 고스란히 뒤에 입직하는 가입자들과 국민들에게 떠넘겨진다.

일반 국민들은 특수직역연금보다 낮은 수준의 급여를 받을 수밖에 없는데, 자신들이 낸 세금으로 특수직역연금의 재정을 안정화시켜야 하는 모순에 직면한다.

따라서 특수직역연금 개혁은 우선은 재정 건전성을 높일 수 있는 방안을 찾아 실행하는 데 초점이 맞추어질 수밖에 없으나, 우리나라 봉급생활자들에게 적용되는 국민연금 및 퇴직연금과 조화를 이루어 직업에 따른 형평성을 확보하는 것이 중요하다.

2015년 개혁으로 공무원연금의 보험료율이 기준소득월액의 7.0%에서 점진적으로 9.0%까지 인상되고 수익비가 종전의 2.08%에서 1.48%로 낮아져 재정안정화가 시도되었고, 미흡하지만 소득재분배 기능도 일부 도입되었다.

그러나 급여산식이 퇴직금적 성격을 포함하고 있어 국민연금의 기능과 퇴직금의 기능이 합쳐진 복합기능연금[34]이라는 구조는 그대로 남겨 두었다.

따라서 공무원연금 개혁은 우선 국민연금에 해당하는 부분과 퇴직연금에 해당하는 부분으로 이원화하고 퇴직연금에 해당하는 부분의 장기적 재정안정을 유지할 수 있는 방식으로 이행하는 것이 필요하다.

공무원은 지금까지 국민연금의 가입대상에서 벗어나 있었으나 국민연금에 가입하는 것이 필요하다. 이를 위해서는 공무원이 부담하는 기준소득월액의 7.0% 중 4.5%와 성부 또는 시방지치단체기 부담하는 보수예산의 7.0% 중 4.5%의 보험료를 재원으로 국민연금제도에 가입해야 한다.

다음으로는 정부 또는 지방자치단체가 보수예산의 2.5%에 추가로 4.7%(혹은 그 이상)를 더 부담하여 공무원 퇴직연금을 운영하는 것이 필요할 것이다.

이렇게 함으로써 공무원도 국민연금 가입자로 편입되어 직업의 차이에 따른 불형평성이 개선되며, 퇴직금적 성격의 퇴직연금 급여 규모를 정확히 확인할 수 있게 될 것이다.

물론 이러한 제도 개신은 기존 가입자들을 새로운 제도로 전환시키는 프로그램을 필요로 한다. 이때 과거 근무 채무를 전액 상환하고 전원을 신 제도로 전환하는 방안, 새로 입직하는 공무원에게만 신 제도를 적용하는 방안, 새로 입직하는 공무원과 근속연수 20년 이하의 공무원에게만 신 제도를 적용하는 방안 등으로 나누어 검토할 수 있을 것이다.

사립학교교직원연금 개혁도 2015년 공무원연금 개혁에 맞추어 추진되었다. 국회는 2015년 12월 2일에 사립학교교직원연금법 개정안을 통과시켰는데, 개정내용은 공무원연금의 그것과 별반 차이가 없다.

이렇게 공무원연금과 사학연금이 개혁된 것에 맞추어 군인연금도 직업의 특성 등을 고려하여 개혁할 필요가 있다. 그러나 정부는 공무원연금이나 사학연금과는 달리 특별한 해명도 없이 군인연금 개혁을 추진할 계획조차도 내놓고 있지 않다[35].

이러한 개혁으로 인해 공무원 등이 받는 연금급여 총액이 전보다 줄어들 수 있다. 하지만 이에 대해서는 공무원연금 등의 급여 수준이 상대적으로 높았고, 그간의 재정적자가 적지 않았으며 앞으로 발생할 대규모 적자를 고려할 때 고통분담 차원에서 일정 부분 감내하는 것이 불가피할 것이다.

또한 이러한 개혁 과정에는 일반 국민들도 단기적으로 세금부담이 늘어날 수 있기 때문에 특수직역 종사자들과 국민들간에 이해관계를 달리할 수밖에 없는 점도 고려되어야 할 것이다.

이상과 같은 연금제도간 형평성 외에 국민연금내의 형평성도 시급히 해결해야 할 과제이다. 기존에는 주로 보험료 납부와 관련하여 국민연금제도 내 형평성 이슈가 부각되었는데, 최근 들어서는 세대간 형평성이 주요 이슈로 부각되고 있다.

먼저 보험료 납부와 관련된 형평성 이슈는 소득파악이 제대로 되지 않는 자영자들과 근로소득자들간의 문제이다. 이는 주로 높은 소득을 올리고 있는 자영자들이 소득을 제대로 신고하지 않거나 보험료를 고의적으로 납부하지 않아서 재정적 손실을 야기하는 문제이다.

이를 해결하기 위해서는 국세청 등이 적극적으로 나서서 소득파악자료를 국민연금공단과 공유하는 조치 등의 노력이 필요하다.

이에 비해 세대 간 형평성 이슈는 인구구조의 변화 등과 맞물려있어 상당히 복잡하다고 할 수 있다. 세대 간 형평성 이슈는 기초연금을 국민연금과 연계하여 지급하는 과정에서 부각되었는데, 보험료율과 수급개시연령을 어떻게 조합하는가에 따라 세대간 형평성이 확보되지 못할 가능성이 있다[36].

따라서 국민연금의 재정재계산과 제도 개선 시에는 재정적 안정성 외에 세대간 형평성도 고려할 필요가 있다.

중장기적으로는 남성 중심의 체제에서 벗어나 여성의 연금수급권을 강화할 필요가 있다. 이를 위해 국민연금에서 여성의 개별 수급권을 확대하는 방향에서 보편적 기초연금 도입, 고용경력 단절

기여기간 보상을 위한 크레딧, 소득분할제도 도입 및 최소기여기간 감소 등 이혼여성의 노후소득보장 강화를 위한 제도 개선이 필요하다고 주장되어 왔다[37].

관련히여 정부는 기초연금 도입 시 가구별 아닌 개인별로 도입하여 보편적 제도로 도입했으며, 2016년부터는 직장을 다니다가 그만둔 경력단절 전업주부도 과거 국민연금을 낸 적이 있다면 국민연금을 수급할 수 있는 자격을 얻을 수 있도록 했다[38].

또한 각종 판례에서 이혼 시 여성의 연금수급권에 대한 분할 요구가 받아들여지는 추세이다. 다만 국민연금의 1인 1연금 도입, 최소혼인기간 5년 요건, 재혼 시 유족연금 수급권 박탈, 연금 수급을 위한 최소 가입기간 단축 등 여전히 미흡한 부분에 대해서는 추가적인 개선 노력이 필요할 것이다.

미래 노후소득보장⑴ :
실효성 있는 다층체계 연금

지금까지 연금개혁을 해온 외국의 사례를 통해서 볼 때, 공적연금은 고령화 등으로 인해 제도 운영의 한계에 직면하자 빈곤층을 구제하기 위한 부분을 두면서 자신의 기여에 따라 연금을 받는 적립방식을 확대하는 방향으로 개혁되어 왔다고 정리할 수 있다.

이는 독일같이 고용주와 근로자를 중심으로 사회보험 방식으로 도입되었든 영국같이 조세 방식으로 도입되었든 마찬가지이다. 개혁방식 중 가장 극단적 형태가 완전민영화라면 중간에서 다양한 형태를 띠는 것이 부분민영화라고 할 수 있다.

우리나라에서는 부분민영화가 가능한 방식으로 국민연금을 운영해 왔음에도 환경 변화로 인해 제도 운영의 한계에 직면하고 있다. 중요한 것은 기존에 추진해왔던 것과 같이 기술적 소선을 수정하는 모수적 방식의 연금개혁은 문제의 발생시점을 연기하는 것이지 근본적 해결방안이 될 수 없다는 사실이다.

따라서 노후소득의 안정성을 확보하기 위해서는 국민연금을 포함하여 기존 연금제도의 틀을 전면적으로 바꾸어 새로운 연금제도를 만드는 것이 중요하다.

│ 〈그림 7-2〉 고령화·저출산으로 위협받는 국민연금

　그러나 새로운 제도를 만드는 개혁에는 다양한 이해관계가 교차할 수밖에 없다. 공무원연금 등 공적 직역연금은 이미 연금수령자가 발생한 지 오래되었고, 국민연금에서도 2008년부터 완전노령연금을 받는 수급자들이 생겨났기 때문이다.

　연금개혁에는 경제논리와 정치논리가 동시에 고려될 수밖에 없겠지만, 제도의 지속가능성을 높이기 위해서는 정치논리보다는 경제논리가 중시되어야 할 것이다. 이는 아무리 좋은 이념적 목표를 내세우더라도 그에 맞추어 기술적 조건들이 현실적으로 충족되기 어렵다면, 연금제도가 향후 유지될 수 있을 것인가에 대해서 확답하기 힘들기 때문이다.

따라서 앞으로 노후소득보장체계는 중장기적 기술적 요건을 고려하여 공적연금의 보장 가능 수준을 명확히 하고 그에 맞추어 공적연금 개혁을 단행하는 것이 필요하다. 동시에 공적연금으로 보장받지 못하는 부족분은 사적연금으로 보충하는 것이 합리적일 것이다.

현행 제도를 기준으로 연금개혁의 방향을 구체적으로 언급하자면 먼저 심각한 재정수지 적자 상태인 특수직역연금을 개혁하고, 동시에 국민연금의 근본적 개혁에 착수하는 작업이 필요하다. 앞서 언급했듯이 특수직역연금 가입자를 국민연금에 편입시키고, 기존의 특수직역연금은 특수직역별 퇴직연금으로 개편, 전환하는 것이다.

아울러 국민연금의 균등부분은 기초연금과 통합하고, 국민연금의 소득비례부분과 퇴직연금은 적립방식으로 다양한 운영기관 간 경쟁 하에 운영되도록 하는 방안도 대안의 하나로 검토할 수 있을 것이다. 이러한 방식의 근본적 제도개혁은 각 계층별로 세분하여 접근방법을 달리하는 것이다.

이는 우선 사회보장급여를 받아야 할 정도로 소득이 낮고 연금보험료를 낼 수 없는 계층에 대해서는 정부 개입의 정도를 높이고 고소득계층으로 갈수록 자조 노력을 심화하는 방향으로 제도를 개혁하는 것이다.

연금보험료를 내지 못해 사회보험의 혜택을 받을 수 없는 계층에 대해서는 자산조사를 기초로 조세방식의 기초연금을 일정 수준(이때 최저생계비 등 참조)으로 제공함으로써 이들에 대한 기본적 소득보장에 국가가 관심을 가지고 있음을 입증할 필요가 있다.

물론 여기에는 경제활동기의 사회보장을 공공부조보다는 근로유인 시스템으로 전환하는 것이 전제되어야 할 것이다. 그렇지 않을 경우 근로보다 공공부조를 선택함으로써 사회 전반적으로 경제 활력이 떨어지는 문제를 피할 수 없기 때문이다.

이렇게 되면 근로자를 기준으로 할 때 0층의 국민연금 기초부분과 통합된 기초연금, 1층의 소득비례 국민연금, 2층의 퇴직연금, 3층의 개인연금, 4층의 개인저축 또는 민간이전소득이라는 다층체계를 통해 보장의 사각지대를 없애는 한편 계층별 보장성도 강화함으로써 만족도를 높여 줄 수 있다.

이렇게 노후소득보장 체계를 구성할 경우 퇴직연금 등 사적연금 및 민간저축이 중요해질 것이다. 특히 퇴직연금은 아직 도입 후 15년 정도밖에 되지 않았기 때문에 적용 대상이 제한적이지만, 향후 연금체계 내에서 중요한 위치를 차지할 것이다.

2010년 12월부터 퇴직급여제도가 전체 사업장으로 확대되고 2012년 7월부터 신규사업장까지 퇴직연금 설정이 의무화되면서 근로자들에게는 국민연금과 더불어 퇴직연금이 중요한 노후보장 소득원이 되고 있다.

그러나 퇴직연금은 아직도 근로자들에게 안정적인 노후소득 보장 장치로서 인식되고 있지 못하며 중소기업의 제도 도입은 저조한 상태에 있다. 이는 근로자들 사이에서 퇴직금이 퇴직연금에 비해 좋다는 인식이 아직도 강하며, 퇴직연금이 자본시장을 부양하기 위한 수단으로 활용되는 등 용도가 전용될 수 있다는 우려와 함께 지급 보증장치가 제대로 갖춰져 있지 않기 때문이다.

또한 근로자들이 자신의 경제적 필요에 맞추어 선택할 수 있는 다양한 상품이 부족하고 수익률도 높지 못하다. 따라서 퇴직연금은 연금지급의 안정성을 높이는 장치를 갖추는 한편, 가입자들이 다양한 수요에 맞추어 선택할 수 있도록 제도 운영을 유연하게 하는 것이 필요하다. 근로자와 기업 차원의 자조 노력을 유인하기 위해 세제혜택을 확대하는 방안도 고려할 필요가 있다.

개인연금 가입을 확대하기 위해서는 지금의 세제적격형 상품과 세제비적격형 상품 모두 세제혜택을 정비하여 일반 금융상품에 비해 가입 유인이 더 생기도록 하는 것이 중요하다. 또한 현재 근로자 중심의 유인체계에서 벗어나 자영자들도 가입하도록 혜택을 확대해야 한다.

특히 수익률이 물가상승을 상쇄하지 못할 경우 연금의 가치가 유지되지 않아 불신이 생겨날 수 있으므로, 투자 성과를 끌어올릴 수 있도록 상품 운영을 개선해야 할 것이다.

이렇게 되면 우리나라의 노후소득보장체계는 공적연금과 사적연금이 균형을 이루면서 개별 가입자의 특성에 맞게 보장성이 효율적으로 확대될 수 있을 것이다. 개인의 자조노력을 강조하면서 기업이 우수인재 확보를 위해 퇴직연금이나 개인연금을 활용할 경우, 사적연금의 의의가 훨씬 높아질 수도 있다.

미래 노후소득보장⑵ :
공·사 연금 외 대안

　최근 서유럽의 많은 국가들에서는 연금수급 개시 연령을 높임으로써 노후를 연금 아닌 자신의 근로에 의지해서 살아가도록 유도하고 있다. 연금 제도의 태동이 산업혁명 이후 공장 근로자들이 나이 들면서 대량생산 시스템에 적응하기 힘든 상황에서 이들을 은퇴시키기 위해 만들어진 제도임을 생각하면 더욱 그러하다.

　고령이 되어서도 근로를 통해서 소득을 얻고 이에 의존해서 생활하도록 하는 것이 기존의 노후보장제도에 추가되는 새로운 대안으로 자리잡아가고 있다.

　우리나라에서도 은퇴자들은 파트타임 또는 임시직 형태로라도 계속 근로하기를 원하고 있다. 그러나 공적연금제도의 수급 조건과 노동시장 여건으로 인해 크게 활성화되고 있지 못한 상황이다.

　고령자의 근로가 장려되기 위해서는 근로소득을 얻더라도 일정 금액 이하일 경우에는 연금급여가 삭감되지 않도록 해야 하며[39], 노동시장에서 연령을 차별하는 것이 사라져야 한다. 또한 고령에도 재취업을 희망하는 은퇴자들에게 재교육의 기회를 제공할 필요가 있다.

이러한 조치를 취할 경우 직접적으로는 국민연금과 개인연금에 기여할 수 있는 기간이 연장됨으로써 은퇴 후에 받는 연금이 커질 수 있다. 또한 간접적으로는 근로를 통해 건강이 유지되어 의료비 지출이 줄어 노후소득의 안정성이 높아지는 한편, 국민건강보험의 재정이 안정화되는 부수적 효과를 얻게 될 것이다.

이러한 긍정적 효과를 고려할 때 단계적 은퇴를 새로운 대안으로 여기고 각종의 혜택을 부여하여 적극 유인할 필요가 있다.

물론 노후소득이라고 하여 반드시 연금으로만 조달되어야 할 필요는 없을 것이다. 연금 이외에 부동산 임대소득, 은행 예적금에서 나오는 이자소득, 주식투자를 통해 얻는 배당 및 투자이익 등 다양한 수단이 존재한다. 그러나 이들은 임의적 수단이고 개인마다 가지고 있는 자산의 조건이 다르기 때문에 일률적으로 무엇이 바람직한 노후소득이라고 말하기는 어렵다.

문제는 이들 수단에 의존하여 자신의 노후준비를 하도록 하는 것은 근시안적 관점으로 인해 제대로 이루어지기 어려울 뿐만 아니라, 1차 소득분배에서 왜곡된 소득불평등이 은퇴 이후까지 지속되는 것을 막기에 적절하지 않다는 것이다.

그럼에도 불구하고 연금의손노늘 낮추기 쉬해서는 근로 소득과 자산소득이 적절히 보완적 역할을 하는 것이 중요하다. 이러한 의미에서 자신이 보유하는 주택이나 농지를 유동화하는 주택연금이나 농지연금이 적절히 활용될 필요가 있다. 이들 연금은 도입 초기에 비해 가입요건을 완화하여 부족한 연금을 충당할 수 있는 수단으로 자리잡고 있다.

다만 이들 수단은 공적연금 및 사적연금은 물론 다른 자산들과 연계해서 활용될 필요가 있다. 즉 노후설계 및 자산관리 서비스를 통해 개인의 자산이 적절히 축적되고 관리될 수 있도록 해야 할 것이다. 정부는 연금제도의 적절한 정비와 함께 노후설계 및 자산 관리 서비스가 효율적으로 이루어질 수 있도록 관련 제도 개선에 나서야 한다.

　그리고 연금개혁을 논의할 때 단순히 필요소득 대비 연금으로 조달가능한 소득의 비율에서만 보거나, 연금의 재정안정성만 고려하는 관점에서 벗어날 필요가 있다.

　개인의 자발성에 의존하여 필요 수준 이상의 소득을 위해 연금을 활용하는 것에 대해서는 억제할 필요는 없겠으나, 사회보장제도의 범주에 속하는 제도 간에는 상호 간 연계를 통해 종합적으로 접근하는 것이 필요할 것이다.

　나아가 근본적으로는 국민연금 등 공적연금을 통한 사후적 소득 재분배보다도 사전적인 자본·노동소득 분배의 개선, 사회적 불평등 해소를 통하여 더 많은 국민들이 스스로 노후소득을 준비할 수 있도록 하는 방안도 검토되어야 할 것이다. 지금처럼 소득불평등이 계속해서 악화되는 상황에서는 상당수 국민들이 노후를 대비하기보다는 당장의 소비를 위한 소득 마련에 급급할 것이기 때문이다.

8장

통일과 연금

이봉주

통일로 세계 최고 수준인 실질은퇴연령이 더 늘어날 수 있다?

통일 시나리오

파사현정(破邪顯正)은 교수신문이 선정한 2017년의 사자성어이다.
그릇된 것을 없애고 바로 잡는다는 뜻이다.

2016년의 국정농단 사태로 '이게 나라냐'라는 국민의 울분은 평
화적 촛불혁명으로 승화되었고 결국 18대 대통령의 탄핵으로 이어
졌다. 2017년 3월 10일 "주문, 피청구인 대통령 박근혜를 파면한다"
고 선고한 이정미 헌법재판소장 권한대행의 모습이 지금도 뇌리에
생생하다. 내치와 통일 외교는 동전의 양면이기에 언급하지 않을
수 없다.

문재인 정부가 출범한 2017년은 한반도의 지정학적 위험이 초미
의 국제적 관심사로 부각된 내우외환의 해이기도 하다. 이미 2013
년 2월의 3차 핵실험에 이어 2016년 두 차례 핵실험을 한 바 있는
북한 김정은 정권은, 2017년 들어 연이은 중장거리 미사일 시험 발
사에 이어 그해 9월 3일에는 6차 핵실험을 실시하며 수소탄의 개발
을 완료했다고 주장하였다.

북한의 핵실험과 일련의 미사일 발사에 대해 2017년 1월 취임한
트럼프 대통령은 '미국 우선주의'를 표방하며 한반도에서의 전쟁도

배제하지 않겠다는 강경한 기조를 지속적으로 천명하였다. 필자가 살아오면서 한반도에서의 전쟁 가능성이 그처럼 언론에서 오르내린 적이 있었나 싶을 정도로 안보상황이 위중하게 다가왔다.

한편 도광양회, 화평굴기에서 이제는 중국몽을 위한 대국굴기 노선을 드러낸 중국은 사드 즉 고고도 미사일 방어체제 구축에 따른 저간의 행태에서 보듯 노골적으로 한국 길들이기에 나선 바 있다. 동북아 '신냉전 시대'가 도래했다고 도처에서 말하기 시작했다.

그러나 2018년 봄부터 한반도의 안보 상황은 연이은 남북정상회담으로 180도 달라졌다. 주지하듯 평창동계올림픽의 북한 참가를 계기로 남북 정상회담이 그해 4월 27일 판문점에서 개최되었고, '한반도의 평화와 번영, 통일을 위한 판문점 선언'이 발표되었다.

북·미 정상회담을 둘러싼 줄다리기로 남북 정상이 5월 26일 다시 판문점에서 회동한 후 결국 역사적인 미국과 북한 정상 간의 회담이 6월 12일 세계적인 관심사 속에 상가포르에서 열렸다.

북미 간의 대화는 한반도의 지정학적 위험 감소로 이어져 고질적인 '코리아 디스카운트'가 해소되고 나아가 '코리아 프리미엄'으로 진화하는 것이 아니냐는 기대감이 만발하기도 하였다.

미국이 추구하는 북한의 비핵화와 북한 생존이 추구하는 체제보장이 얼마나 잘 조율되어 갈 것인지는 한민족적 관점에서 뿐만 아니라 국제적으로도 초미의 관심사이다. 물론 마냥 낙관만 한다는 것은 현명치 못한 자세이나 어쨌든 현재 한반도 안보 상황이 2017년보다 호전된 것은 분명한 사실이다.

2020년 2월 시점에서 보면 지난 2년간의 남북과 북미간 화해 무드가 언제 그랬느냐는 듯 싶기도 하다. 하지만 그간의 남북 및 북미 정상회담을 계기로 민족적, 역사적 관점에서 통일은 언젠가는 이루어진다는 확신을 갖게 된다. 이 대목에서 생각나는 이가 베트남전에서 8년 간 혹독한 포로 생활을 견뎌내고 풀려나 영웅이 된 미국 해군 장교 스톡데일(J. Stockdale)이다.

후일 해군 중장으로 예편한 그는 인터뷰에서 '언젠가는 석방될 것이라는 확신, 그럼에도 눈앞의 냉혹한 현실을 직시하고 대비하는 자세'를 성공적으로 생존할 수 있었던 비결로 꼽은 바 있다. 이 점을 짐 콜린스(J. Collins)는 저서 '좋은 기업을 넘어… 위대한 기업으로'(Good to Great, 2001)에서 스톡데일 패러독스로 불렀다[1].

2018년 4월과 5월에 행해진 문재인–김정은 간의 정상회담은 수년 전 한 신문에 소개되었던 탄허 스님의 '월악산 통일 예언'을 생각나게 한다.(박스 참조)

'최순실 사태'로 일컬어지는 국정농단 관련 재판 기사를 읽다 보면 관련자들이 박근혜 정부 임기 내의 통일을 확신했다는 내용이 나온다. 이런 예언의 연장선에서 혹시나 박근혜 전 대통령이 독일 드레스덴에서 '통일은 대박'이라는 통일대박론을 언급한 것은 아니었을까 하는 생각도 든다.

한편 문재인 정부도 "평화경제는 신성장 동력"이라고 언급하고 있으니 정권을 떠나 남북 문제의 해법엔 유사한 기조가 이어지고 있는 듯 하다.

박 전 대통령과 관련된 통일 예언은 실현되지 않았지만 남북 정상이 만남을 이어가고 북미 대화가 이루어지고 있는 분위기에서 새삼

떠올리게 되는 여담이다.

이왕지사 여담 차원에서 덧붙이면 일각에서는 탄허의 예언이 아직 끝나지 않았다고 한다. 항간의 '지창룡 예언'[2]을 언급하며 탄허 예언 중 "… 여자 임금이 나오고…."에서 '나오고'는 '물러나고'로 해석해야 하며 이제야말로 통일의 기운이 다가왔다는 것이다.

분명한 것은 시간이 답을 줄 것이며, 통일이 된다면 그 양상은 갑자기 다가오는 형태가 될 가능성이 크다는 것이다.

소설가 장강명은『우리의 소원은 전쟁』이라는 신작에서 이상적인 시나리오를 설정한 가운데 통일 상황에 관한 이야기를 전개한다. 북한에서 세습 정권이 스스로 또 평화적으로 붕괴하고 '통일과도정부'라는 새 정권이 수립된다는 것이다.

이 시나리오에 의하면, 북한의 신 정권은 자발적으로 핵무기를 포기하며 미국과 중국은 북한에 군대를 진주시키지 않는다. 유엔 평화유지군과 한국군이 주둔하면서 치안을 맡아 남북 간의 왕래를 철저하게 감독한다.

예언가나 소설가가 그리는 전망 내지 상상을 포함하여 궁극적으로 통일이 어떤 형태로 다가올 것인가 하는 문제는, 한민족의 생존과 번영은 물론 세계평화에도 중차대한 영향을 미칠 것이다.

독일 같은 평화통일이 될지, 베트남 같은 무력통일이 될지, 또 평화적으로 이루어지더라도 점진적 통일이 될지 독일처럼 갑자기 다가올지, 나아가 독일과 오스트리아처럼 민족과 언어는 같지만 다른 국가로 분단되어 존립할지 등 통일의 방식과 한민족 국가의 미래 비전에 대해서는 불확실성이 너무 크다.

분명한 것은 2018년 4월 27일의 '판문점 선언'이 의미하는 바는 남북간의 통일은 점진적이고 평화적으로 이루어져야 한다는 것이다.

이 점을 고려하여 이 장에서는 남북이 평화공존 상태를 유지하는 가운데 경제통합이 점진적으로 이루어지는 시나리오에 국한하여 연금의 미래를 논한다.

월악산 통일 예언

월악산 영봉 위로 달이 뜨고, 이 달빛이 물에 비치고 나면 30년쯤 후에 여자 임금이 나타난다. 여자 임금이 나오고 3~4년 있다가 통일이 된다." (중략) 이 예언의 출처를 추적해보니 불교계 고승이었던 탄허 (呑虛, 1913~1983)가 그 발원지였다.

(중략) 탄허가 1975년 무렵 월악산 자락인 제천시 한수면 송계리에 있는 덕주사(德周寺)에 들렀다고 한다. (중략) 탄허가 왔을 때 덕주사 주지를 맡고 있었던 월남 스님과 이런저런 이야기를 나누던 중에 이 풍수도참에 기반을 둔 예언이 나왔다는 것이다. 당시 이 이야기를 접한 사람들이 황당한 이야기로 여겼음은 물론이다.

(중략) 70년대 중반만 하더라도 월악산 봉우리 위에 뜬 달이 물에 비친다는 이야기는 납득이 안 됐다. 주변에 큰 호수가 없었기 때문이다. 여자 임금 이야기도 받아들일 수 없었다.

그런데 이상하게도 70년대 후반 댐 공사가 시작돼 1983년경 충주댐이 완성되는 게 아닌가! 충주댐에 물이 차기 시작하니까 월악산 달이 드디어 물에 비치게 되는 것 아닌가! 1983년부터 30년을 계산하면 2013년이다. 이때 여성인 박근혜 대통령의 임기가 시작되었다. 2015년은 집권 3년 차에 해당하는 해이다.

월악산 예언대로라면 올해부터 통일을 향한 어떤 조짐이 나타나야 옳다. 과연 이 예언이 실현될까?

출처: 조용헌, '월악산의 통일 예언' 조선일보(2015.1.5.)

통일 편익과 통일 비용

박근혜 정부에서의 '통일대박론'은 통일 편익과 비용 측면을 동시에 생각하게 하는 화두를 일반 대중에게 던졌다. 과거에는 통일 비용이 주로 부각되었다면 분단비용 해소 및 시너지 증대와 같은 통일 편익에 대해 깊이 생각하는 계기를 제공했다고 본다.

사실 남북 간의 교류협력이 활성화된다면 초저출산·초고령화 추세, 양극화 확대 및 기존 산업 경쟁력의 약화 등으로 저성장 국면을 좀처럼 벗어나지 못하는 한국 경제가 재도약의 전기를 맞이할 수 있다는 희망을 갖게 한다.

그럼에도 불구하고 통일 논의가 부진했던 이유는 경제 침체가 지속되고 북측의 도발이 잇따르다 보니 우리도 힘든데 어떻게 통일 부담을 감당할 수 있겠느냐는 인식이 확대된 데서 찾아볼 수 있다.

한편 이런 편익·비용 분석 자체가 힘들게 살아가는 일반 북한 주민들을 배려하지 않는 배부른 남한 주민들의 이기적인 자세라고 비판받을 수 있다는 점도 인지할 필요도 있다.

사실 통일 비용과 편익의 분석은 매우 어렵고 불확실성이 높다. 실제 발생하는 통일시나리오가 어떤 것인지 그리고 무엇을 비용, 편익으로 보고 어떻게 추정하느냐에 따라 추정 규모가 크게 달라진다.

통일 비용에 대한 적지 않은 연구 결과가 있지만 통일 비용의 추계치는 적게는 500억 달러에서 최대 5조 달러 까지 다양하다. 예컨대 이명박 정부의 미래기획위원회(2010)는 점진적으로 통일이 이루어지면 3,220억 달러, 급진 통일이면 2조 1,400억 달러가 소요될 것으로 추산한 바 있다. 후자는 한국의 1년 GDP를 훨씬 초과하는 금액이다.

그러나 통일 비용은 비교적 단기적이지만 그 편익은 영원한 측면을 갖는다. 후술하듯 독일이 통일 이후 10년 이상 상당한 투자를 했지만 이제 세계 4위의 경제력과 높아진 국가적 위상으로 세계 주요국가로 자리매김한 것이 좋은 예이다. 통일 독일 사례는 투입한 제반 비용이 결코 낭비성 손실로 인식될 이유가 없다는 점을 보여주고 있다.

통일 편익은 분단비용 해소와 통합으로 인한 시너지 편익으로 나뉜다. 분단비용의 해소란 국방비, 외교비의 감축, 지정학적 위험 감소로 인한 국제신인도 제고 효과인 코리아 디스카운트 해소 및 주가상승, 외국인 직접투자 증대, 내수 속신 등, 그리고 남북간 동진성 회복으로 인한 사회갈등 비용의 감소 등을 말한다.

시너지 편익이란 북한 인프라 투자, 지하자원 확보, 양질의 노동력 활용을 통한 통일특수를 누리게 되고, 8천만 명에 육박하는 경제권의 형성으로 내수시장을 활성화하고 저출산·고령화로 인한 인구구조의 문제점을 소폭이나마 개선시키며, 동북 3성 및 러시아 등

〈표 8-1〉 통일 비용의 세부적 분류

시점	구분		내용	사례	비고
통일 이전	여건 조성 비용		통일 이전 경제교류 및 협력의 단계에서 남한 정부가 지불해야할 제반 지원 비용	남북교류협력기금	정부주도 + 민간참여
통일 이후	체제 조정 비용	위기 관리 비용	통일 직후 북한지역의 급격한 경제, 사회적 충격을 완화하고 거시경제적 불안정을 극소화하기 위한 정책 관련 비용	남하이주민 대책 및 북한주민기본생활보장정책,실업대책	정부주도
		제도 통합 비용	남북한 이질적인 제도를 시장경제제도로 동질화하기 위한 비용	화폐, 법, 행정,사회보장제도등의 통합	정부주도
		경제적 투자 비용	북한의 사회간접자본을 개선 · 확충하고 산업부문에 대한 투자로 통일 이후 북한 주민의 생활수준을 남한 대비 상승시키는데 소요되는 경제통합비용	철도, 도로, 전기, 통신 망일원화, 산업구조조정	정부주도+ 민간참여

출처: 진영, "적정 통일 비용 산정방안 연구", 2007.10, p.6 수정 보완.

유라시아 경제권으로의 확장 등을 의미한다[3].

요컨대 편익과 비용을 함께 고려하면 장기적으로 통일 편익이 더 클 수 있고, 설사 그렇지 않더라도 통일 비용의 (순)규모가 상당히 감소할 수 있다는 것이다.

가정에 좌우되는 측면이 강하지만 일부 연구자는 통일 후 북한 1인당 소득을 1만 달러로 끌어올리기 위한 소요기간을 18년으로 설정하고 분석하였을 때, 통일 비용 7,065억 달러, 통일 편익 8,350억 달러로 통일순편익이 1,285억 달러에 달하는 것으로 추정하기도 한다[4].

통일 비용은 통일시점을 기준으로 나누어볼 수 있다. 〈표 8-1〉에서와 같이 통일 이전에 통일여건을 조성하기 위해 남한 정부가 지불해야하는 여건조성 비용과 통일 이후 발생하는 체제조정 비용으로 구분할 수 있다.

체제조정 비용은 통일 직후의 위기관리비용과 남북한 제도를 통합하기 위한 제도통합 비용 그리고 북한 인프라 개선 등을 위한 경제적 투자비용으로 세분된다. 이 분류에 의하면 연금제도의 운용 관련 사항은 제도통합 비용에 속한다.

그렇다면 남북한의 경제력 차이는 어떠한가? 일단 유념할 것은 다년간 북한경제에 대해 많은 연구가 이루어져왔지만 우리가 북한의 경제총량을 정확히 파악하지 못하고 있다는 현실이다[5].

이런 한계를 염두에 두고 통계청 자료를 보면 2013년 기준 북한의 국민총소득은 33조 8,440억 원으로 추산되어 남한(1,441조 1천억 원)의 2.4% 수준이고, 북한의 1인당 국민총소득은 남한의 4.8%인 138만 원이었다. 이는 2008년의 2.6% 및 5.6%보다 악화된 것이다.

1990년 10월 독일 통일이 공식적으로 이루어질 당시 동독지역의 1인당 가처분소득이 서독 지역의 약 43% 수준이었다. 지금의 북한은 당시 동독의 1/9 수준에 불과하니 엄청난 격차라고 할 수 있다[6].

한국은행이 2017년 8월 발표한 바 자료에 의하면 남북간 격차는 더욱 악화되어 남한 대비 국민총소득 2.2%, 1인당 국민총소득 4.6%를 보이고 있다[7].

사실 국경을 맞대고 있는 국가나 지역 중 이렇게 커다란 소득 격차를 보이는 곳은 지구상에 없을 것이다. 국경을 넘기 위해 땅굴을 파고 미국행을 시도하는 멕시코 사람들의 경우보다 더 심한 격차이다.

남북 간 개인적 차원에서도 이십 배가 넘는 엄청난 생활수준 격차를 해소하기 위해 기초생활보장 같은 공공부조, 공적연금, 건강보험 등의 사회보장제도를 어떻게 통합할지, 재원을 어떻게 마련할지에 대한 치밀한 사전 대비가 요망된다.

이미 한국 내부에서 조차도 기초연금, 부상보육·무상급식 등과 같은 복지제도 확대를 위해 많은 논란을 겪은 바 있지만 북한 지역에 대한 사회보장제도의 확충은 이와 비교할 바가 아닐 것이기 때문이다. 이런 질문과 고민에 대해 유익한 시사점을 줄 수 있는 사례는 독일 정도이다.

독일 통일과 연금

1989년 11월 9일 자유와 풍요를 갈망하는 동독 주민들의 봉기로 베를린 장벽이 속절없이 무너졌다. 누구도 예상하지 못한 역사적 사건이었다. 그리고 이듬해 평화적 선거를 통해 1990년 10월 3일 독일 통일이 공식적으로 이루어졌다.

통일 이후 동독 지역은 서독의 막대한 재정적 지원을 통해 신속하게 자본주의 경제체제로 전환되었다. 건전한 재정에 힘입어 이루어진 서독의 지원은 엄청난 액수였다.

독일 통일 후 1991년부터 2003년 말까지 14년간 서독지역에서 동독지역으로의 총 이전액은 약 1조 3,000억 유로였다. 이는 연평균 서독 GDP의 약 5%에 달하는 규모였다. 참고로 한국의 2014년 부가가치세 세수 규모는 GDP의 4%였나.

독일 정부는 통일 비용으로 매년 독일 GDP의 1.5% 수준이 지출될 것으로 예상하였다고 한다. 서독에서 동독으로의 순 이전지출은 통일 직후 동독 GDP의 약 50%에 달하였으나 점차 감소하여 30% 수준으로 내려갔다.

통일 직후 동독주민 1인당 국민소득은 서독주민의 43%에 불과하였으나 2008년 약 71%로 증가하였고, 생산성도 79%까지 향상되었다. EU 출범에 따른 독일 경제의 지속적인 성장과 폭스바겐 같은 선도 기업들이 드레스덴, 라이프니츠 등 동독지역에의 투자를 증대하면서 동독 주민의 생산성은 이후 90% 수준까지 올라왔다.

통일 비용 내역을 보면, 동독으로 이전된 지출의 약 50%가 실업보험이나 노후연금과 같은 사회보장 수단과 관련된 지출에 사용되었으며, 사회간접자본 투자는 12.5%, 경제활성화를 위한 투자 지원은 약 7%였다(표 8-2).

독일의 통일 비용은 베를린장벽 붕괴 당시 예상했던 1조 마르크의 약 4.5배에 해당하는 금액이다[8]. 이처럼 예상 외로 많은 비용이 소요된 주원인으로 통일 과정에서 정치 논리가 지배하는 통일경제정책이 실시되었기 때문으로 분석되고 있다[9].

1989.11.9 베를린 장벽 붕괴시	지금의 브란덴부르크문

❙ 〈그림 8-1〉 브란덴부르크문 주변, 1989년 11월과 지금

출처: 로이터(영국 Daily Mail, 2019.11.8.) 외.

그럼에도 불구하고 원만하게 통일이 진행된 것은 당시 서독의 재정이 건전했기 때문이다. 당시 서독 국가 채무는 GNI의 40% 수준이었으며, 통일 이후 60%까지 상승하였지만 감내할 만한 수준이었다고 알려져 있다[10].

사회보장제도의 경우 처음에는 재정 형편을 고려하여 양 지역 간 사회보장제도의 점진적 통합방안이 논의되었지만 정치적 이유로 실현 불가능한 것으로 판단되었다.

동·서독의 국가 통합이 급속히 진행되었고 한편 동독주민들은 서독주민들과 유사한 복지수준을 기대하는 욕구가 강했기 때문에 동독의 사회보장 급여수준을 서독수준으로 조기에 인상하고 서독의 사회보장제도를 신속하게 동독지역으로 확대 적용하는 방안이 채택되었다. 이것이 급증한 독일 통일 비용의 핵심적인 요인으로 거론되고 있다.

독일은 비스마르크 재상 재임 시절인 1889년 이래 공적연금을 운용해온 역사를 갖고 있다. 패전 이후에도 서독은 연대주의에 입각하여 공적연금에 의한 노후보장을 발전시켜왔다. 공적연금의 역할을 증대하는 과정에서 재정 방식도 기존의 적립방식에서 부과방식(PAYG)으로 1957년 전환된 바 있다[11].

공적연금와 관련하여 동독은 노후소득보장을 위한 별도의 제도가 존재하지 않았다. 다만 통합사회보험제도를 통해 1989년 기준 약 280만 명에게 연금을 지급하였다. 하지만 급여수준이 낮아 실질적인 노후소득보장대책으로는 미흡하였다.

사회보장제도의 통합 방침에 의해 동·서독간의 연금지급은 1990

<표 8-2> 독일 통일 비용 내역(1991~2003)

구분	내용		금액(십억유로)	비중
인프라 재건 지출	도로, 철도, 수로 개선, 도시건설 지원 등		160	12.5
경제(기업) 활성화 지원 지출	지역경제 활성화, 농업구조 및 해안보존 등		90	7.0
사회보장성 지출	연금, 노동시장 보조, 육아보조, 교육보조		630	49.2
임의 기부금 지출	독일 통일기금(1991~94)	62	295	23.0
	판매세 보조	83		
	주재정 균형조정	66		
	연방 보조 지급금	85		
기타 지출	인건비 및 국방비 지출		105	8.2
총 이전지출(A)			1,280	100.0
구 동독 수입(B, 세금 및 사회부담금 수입)			300	23.4
순 이전지출(A-B)			980	76.6

출처: 진영(2007), p.16, 국가정보원(2009), p.177.

년 5월 18일 이후 전면적으로 허용되었다. 이에 따라 통일 독일의 65세 이상 노인은 100% 공적연금을 받고 있다.

그러나 연금재정 악화로 1992년 이후 수 차례에 걸쳐 연금개혁이 추진되었다. 공적연금의 재정안정화를 자동조절하는 장치 도입과 공적연금 급여 수준 감축을 보완하기 위한 리스터 연금의 도입 같은 사적연금 활성화 조치들을 취하고 있다.

한편 동독지역 주민의 최저 생계 보장을 위해 공공부조가 1991년 도입되었다. 이에 따라 1991년에서 2002년 사이 전체 사회보험제도의 보험료가 약 4% 인상되었다[12]. 또한 균형 발전을 위해 1991년부터 소득세나 법인세에 추가로 세금을 부과하는 연대세(solidarity tax) 가 도입되었다. 이 세수의 절반이 동독 주민들의 연금이나 실업급여 등 사회보장성 지출에 사용되었다.

독일 통일은 민족의 재통합과 서독 시장경제체제로 흡수 통합되는 체제전환으로 신속히 마무리되었다. 통일과 함께 사회적 안정을 위해 동·서독의 사회보장제도를 동일하게 가져갔다. 이 과정에서 서독의 부과방식 공적연금을 그대로 채택함으로써 저축유인을 감소시켜 성장 잠재력을 약화시킨 것으로 분석되기도 한다.

독일의 공적연금 기여율은 1994년 기준으로 한국의 6%(1998년 이후 9%)에 비해 세 배가 넘는 19.2%였다. 이런 요인들이 반영되어 1989년 3.9%였던 독일의 경제성장률이 1993년 −1.0%로 하락했고, 동독의 실업률은 1989년의 10.3%에서 1997년의 18.1%로 크게 악화되었다.

이같은 우여곡절 끝에 독일은 역량있는 지도층의 리더십 하에 다양한 개혁을 슬기롭게 이루어냈고, 세계 4위의 경제대국이자 유럽의 최강대국으로 우뚝 섰다.

동독 출신인 메르켈 총리는 2014년 브라질 월드컵 축구대회에서 영원한 우승 후보인 개최국 브라질을 완파한 자국 선수들을 포옹하며 함께 환호하였다. 이 장면은 세계만방이 확인한 통일 독일의 상징적 성과라고 할 수 있다.

특히 영국의 EU 탈퇴(2020.1.29., 브렉시트 국민투표는 2016.6.)로 독일의 EU권 및 세계에서의 영향력은 더욱 커질 것으로 예상된다.

▍〈그림 8-2〉 유물로 남겨진 베를린 장벽(브란덴부르크문 인근), 필자

북한의 공적연금

1990년대 중반 이후 '고난의 행군'을 겪으며 북한의 사회주의 경제체제는 붕괴되었고, 대신 주민 스스로가 자력갱생하는 장마당 경제가 자리를 잡아 왔다. 실질적으로 주민에게 배급도 제대로 주지 못하는 상황에서 퇴직금이나 노후보장을 위한 연금제도도 고난의 행군 이후 유명무실해진 것으로 파악된다.

북한 이탈 주민들의 증언을 들어보면 설사 연금을 받는다 할지라도 높은 물가에 비해 너무 소액이라 기본 생활에 도움이 되지 않는다고 한다.

여기에서는 향후 남북 통합시 공적연금의 설계와 관련하여 기존의 북한 제도가 어떠했는지에 알 필요가 있을 것으로 판단되어 간략히 소개한다.

북한 지역 공적연금의 운용 실태에 관한 정보는 미흡하며 법적인 외형 제도만 파악되고 있다[13]. 북한은 사회주의 계획경제체제인 만큼 남한의 공적연금에 비해 적용대상이 훨씬 포괄적이고 급여 대상도 보편적인 것으로 알려지고 있다.

예컨대 남한과 달리 북한은 공무원, 교원, 군인, 일반 국민을 하나의 제도로 적용하는 공적연금 체계를 갖고 있다. 근로자와 사무직원, 국가공로자, 농민 등 모든 국민에게 보편적으로 적용하고 있다.

북한의 사회보장체계는 보장위험별로 다원화되어 있다. 1946년 도입된 사회보험제도는 단기급여를 취급하고, 1951년 도입된 사회보장제도는 퇴직, 6개월 이하 폐질, 사망 등에 관련한 장기급여를 취급한다.

공적연금의 급여 수준은 남한의 국민연금보다 대체로 높은 수준을 보장하고 있다. 노령연금은 최소 7개월 이상 가입하고 일정 연령(남자 60세, 여자 55세)에 도달할 때 지급되며, 노령연금 수준은 20년 노동기간(여성 15년)을 기준으로 월 기본생활비인 기본임금의 60~70% 수준이다.

연금의 특성은 각 계급 및 계층별 퇴직 전 소득지위를 그대로 유지시키는 완전소득비례연금으로 소득재분배 요소가 없는 점이 특징이다.

남한의 국민연금이 가입기간에 따라 급여수준을 차등화하는 것과 달리 북한의 공적연금은 크게 차등화하지 않는다. 그런데 남한과 달리 북한에서는 연금급여가 물가 변화에 자동적으로 연동되지 않는다.

북한은 노동력 동원 차원에서 장애연금 수준이 높은 편이며, 사회주의체제상 완전고용을 가정하므로 유족급여는 연금 아닌 일시금으로 지급한다.

재원조달은 보험료 등 필요한 재원을 남한에서는 노사가 분담하는데 비해 북한에서는 대부분을 국가가 부담한다. 재정방식은 남한이 적립방식과 부과방식의 중간 형태인 수정적립방식을 채택하고 있는 반면, 북한에서는 그해 필요한 재원을 그해 마련하는 부과방식이 채택되고 있다.

북한의 공적연금은 위험 및 급여지급의 장기성 여부에 따라 사회보험제도와 국가사회보장제도로 이원화되어 있지만, 관리·운영은 국가가 일원적으로 하고 있다. 이는 국민연금공단, 공무원연금공단 등과 같이 제도별 관리기관이 다원화되어 있는 남한과 대조적이다.

통일과 연금 통합

남북한 간의 현격한 경제력 격차와 재정건전성을 고려할 때 연금 통합 같은 사회보장제도의 설계와 관련 정책은 중차대한 과제이다. 앞서 본 독일 통일의 사례가 그 증거다.

통일 전 서독보다 여건이 안좋은 남한

직관적으로 보면 독일의 경우 부유한 서독 주민 4명이 그 당시 사회주의 체제의 최우등생인 동독 주민 1명을 부양하면 된다. 이에 비해 한반도에서는 1인당 3만 달러 수준의 남한 주민 2명이 최빈국인 북한 주민 1명을 부양해야 한다.

게다가 독일보다도 경제력이 약한 남한은 저출산·고령화 추세가 급속히 진행됨에 따른 복지 지출 증가세와 일본형 저성장 추이로 재정건전성이 갈수록 위협받고 있다[14].

박근혜 정부 시절, 지속가능한 복지를 위해 보편적 복지냐 선별적 복지냐 하는 복지구조 조정과 재원 조달을 위한 증세 이슈가 제기된 바 있다. 이 이슈는 앞으로도 공무원연금, 국민연금 개혁 등과 더불어 지속적으로 제기될 것이다.

한민족의 염원인 통일이 평화적으로 이루어진다 해도 공적연금을 포함한 사회보장 체제의 전환은 남한의 정부재정 여건과 맞물려 있다. 통일을 앞두고 남한의 재정을 건전하게 유지하기 위해선 사전에 우선순위를 정하여 복지 관련 사업을 효율적으로 집행하는 것이 중요하다. 전면 무상급식 사례에서 확인할 수 있듯이 복지 축소에는 상당한 저항이 따르기 때문이다.

가장 필요한 제도는 북한 실정 고려한 공공부조

북한의 열악한 주민 생활을 고려할 때 통일과정에서 무엇보다도 필요한 것이 공공부조의 실시이다. 남한의 공공부조에는 국민기초생활보장(2000년), 기초연금(2008년, 2014년), 중증장애인연금(2010년), 근로장려세제(2009년) 등의 제도가 있다. 이중에서 가장 중요하고 우선순위가 높은 제도로 국민기초생활보장과 기초연금 등이 거론될 수 있을 것이다.

북한 지역에의 국민기초생활보장 도입에 대한 조세연구원의 연구가 있다. '급진적 평화통일' 전제 하에 남북 경제통합에 따른 재정상황을 시뮬레이션한 것으로 60년간을 검토하고 있다[15].

이 연구에 따르면 빈곤문제 해결 차원에서 남한이 시행하는 국민기초생활보장제도를 독일처럼 북측에 그대로 적용할 경우, 북한 지역 주민 대부분이 적용대상이 될 것이라면서 재정지출소요는 북한 지역 GDP의 약 3배에 달할 것으로 추정되었다.

뿐만 아니라 이 제도가 동일하게 시행되면 북한 지역의 정상적인 노동시장 작동을 어렵게 할 것으로 예상되었다. 왜냐하면 기초생활보장 급여액이 북한의 통상 임금보다 훨씬 많기 때문이다.

구체적으로 월 최저임금 수준을 보자. 2015년 초 기준 개성공단의 근로자는 미화 70.35 달러, 남한은 116만 6,220원 즉 1,060 달러로, 임금수준은 북한이 남한의 6.6% 상당이다[16].

2015년 1월 기준 기초생활보장 월 생계급여가 1인 기준 약 50만 원, 약 450 달러에 해당한다. 북한의 반년 치 임금이 한달 생계급여로 지급되고 있다.

북한의 생계급여 수준을 북한 실정을 고려하여 개성공단 근로자 임금 수준과 연계하여 결정할 경우 월 30 달러 정도를 생각해 볼 수 있다. 물론 통일 이후 북한 물가가 빠르게 상승할 것이므로 각종 급여 수준도 빠른 증가세를 보일 것이다[17].

요컨대 북한지역에서는 실질적인 물가가 낮아 남한 지역의 실정에 맞게 설정한 급여수준을 북한에 적용하는 것은 타당치 않고, 북한에서는 남한과 분리된 다른 기초생활보장 등의 사회보장제도를 한시적으로 적용하는 것이 불가피할 것이다.

이와 관련하여 탈북 전문가들의 견해를 들어보면 유인체제와 설득을 통해 분리 운용이 가능할 수 있을지도 모른다. 북한 주민들이 워낙 오랜 기간 거주·이전의 자유 없이 살아 왔기에, 북한 내의 기존 억압을 철폐하고 북한 내에서 기본 생활이 가능하도록 지원하면 다수가 남한으로 이주하지 않도록 유인할 수 있지 않겠느냐는 것이다.

고향을 등지고 이주 시 남한내 생활에 적응하는데 적지 않은 어려움이 따를 것이라는 전제하의 얘기다. 물론 실현가능성이 담보되지 않은 논의이긴 하다.

북한 주민의 남한 지역 이동이 변수

상정한 시나리오와 달리 적지 않은 북한 주민이 남한으로 이동할 경우 이를 어떻게 적절히 관리할 것인가에 대한 과제는 여전히 남아 있다[18].

통독 이후 1990년부터 1991년 사이 2년 만에 동독 인구는 100만 명이 감소했고, 주민 간의 갈등과 반목은 매우 높았다고 한다.

이런 이유로 북한 주민의 인구 이동 동기를 관리한다는 차원에서 북한 지역 거주와 복지 수급을 한시적으로 연계하는 방안이 제시된 바 있다. "국민연금을 비롯한 사회보장제도의 북한지역 과거 근무기간에 대한 기득권 인정은 북한지역 거주자 및 남한지역 취업승인을 받은 자로 한정토록"하자는 것이다[19].

국민연금 적용? 북한의 기존 수급자 대책과 급여수준?

통일 한반도에서의 통합연금은 독일 통일 사례에서 보듯 압도적으로 우월한 경제력을 지닌 남한의 국민연금이 경제통합 시 적용하여할 연금모형이 될 수밖에 없다[20]. 이는 기초연금을 포함해 국민연금의 급여(노령, 유족, 장애 연금), 산출식, 수급 연령, 보험료율 등 남한의 제도가 북한에 확대 적용되는 방향이 모색될 것이라는 전망에 근거한 것이다.

국민연금을 북한에 적용할 때 북한 공적연금의 기존 가입자와 수급자에 대한 처리를 어떻게 할 것인지의 문제가 대두된다[21].

1990년 대 중후반 '고난의 행군' 이후 배급제가 붕괴되고, 장마당 경제가 확산된 상황에서 실제 연금 지급 여부와 지급 수준을 제대로 확인하기 힘들다. 이와 관련해선 기존 수급자는 국민연금에 준해 지급액을 조정하여 지급하면 될 것이다.

이때 통일 전 북한지역 근로기간에 대한 기득권은 최대한 보장해주되 가입기간의 인정에 대해선 검토의 여지가 있을 것이다. 개성공단 근로자들처럼 사회보장료를 납부하였다면 근로기간 인정에 문제가 없지만 경제난으로 직장에 명목상으로만 적을 두는 경우가 많다고 알려져 있기 때문이다.

북한 주민의 연금급여 수준은 국민기초생활보장 도입 시 논의한 바와 같이 북한의 소득수준과 물가수준을 고려하여 책정해야 할 것이다. 실제로 급여수준은 물론 보험료 부과소득의 상하한선 등 구체적인 사안에 대해서는 상당한 기간에 걸쳐 점진적으로 통합할 수밖에 없을 것이다.

부담스러운 기초연금 적용, 북한 미적립 공적연금채무 인수

주목할 점은 2014년 도입된 기초연금의 북한 지역 적용이다. 아마도 이 연금 지급에 소요되는 비용이 남북 연금통합과 관련된 가장 큰 지출 항목의 하나가 될 것이다.

또 하나는 북한의 연금재정 방식이 사회주의 특성상 처음부터 부과방식이어서 북한 지역 공적연금 재정 적자 분을 정부가 떠맡을 수밖에 없다는 사실이다. 적립금없이 급여 지급 의무를 인수하는 데 따른 재정부담이다. 물론 기초연금과 북한 지역 공적연금을 조화시켜 운영할 경우 재정 부담을 일정 부분 줄일 수 있을 것이다.

통일이 부과방식으로의 전환 앞당길 수 있어

통일이 국민연금 재정방식에 변화를 야기할 수 있다. 남한의 국민연금기금은 빠른 저출산·고령화로 2057년 전후에 고갈될 것으로 예상되고 있다. 여기에 통일에 따른 북한 지역 연금재정소요를 추가적으로 감안하면 재정방식이 당초 기대보다 조기에 수정적립방식에서 부과방식으로 전환될 가능성도 없지 않다.

이런 상황을 종합하면 통일을 고려할 경우, 국민연금의 재정안정성을 높이기 위해 9%의 현행 보험료율을 점진적으로 인상시킬 필요가 있다는 주장이 제기될 수 있다[22].

통일 대비 차원에서도 사적연금 활성화 필요

통일에 따른 공적연금의 재정문제는 퇴직연금 및 개인연금 같은 사적연금의 중요성을 더욱 부각시킨다. 남한에서는 사적연금의 활성화를 위한 정책적 노력이 통일 대비 차원에서도 필요하다.

통일 후 북한 지역에서의 사적연금 활성화를 위해 보험사 등의 금융회사 진출이 검토될 수 있고, 요율 산출을 위한 통계 집적 등의 인프라 구축도 요망된다. 퇴직연금은 기존에 없던 제도이기에 기존 근로기간에 대한 기득권 인정은 문제될 게 없을 것이다. 해당 사업장이 노사합의하에 신규로 도입하면 될 것이다.

여건 면에서 독일 사례와 꽤 다른 남북 통일

독일 통일은 여건 면에서 남북 통일과 너무나 다르다. 동·서독의 통일이 도둑같이 찾아왔다지만 분단 시 동족상잔이라는 처절한 비극이 없었고, 분단 이후에도 적대적인 반목은 심하지 않았다. 동독인들은 서독의 방송을 청취할 수가 있었고, 서독 정권은 20여년에 걸친 일관성 있는 교류와 협력 등 폭넓은 준비를 거쳐 통일에 대비

했다.

남북한은 동·서독과 비교가 불가할 정도로 적대적이고 이질적이다. 탈북민들은 이구동성으로 70년 이상의 분단 상황으로 말과 문화에서 대단히 큰 차이가 있다고 지적한다. 또 자본주의 체제 적응 시의 다양한 어려움도 토로한다.

이상에서 논의한 연금통합 문제는 우리의 통일 여정에 담길 우여곡절이 얼마나 다양하고 또 처절할지를 새삼 깨닫게 한다. 무엇보다 남한에서 정부 재정을 건전하게 유지하고 국민통합 등 우리 사회를 건강하게 유지하는 것이 통일을 위한 필수 요건이라는 점을 재확인하게 한다.

통일 작업은 점 아닌 선, 철저한 준비가 필요

고은 시인은 '통일은 점이 아니고 선이다'라는 표현으로 과정의 중요성과 준비의 필요성을 얘기한 바 있다. 독일 사례가 보여주듯 우리의 통일 대업은 남한 내에서의 다양한 갈등 요인의 극복과 통합 과정을 선행적으로 요구하고, 다양한 측면에서의 철저한 준비가 필요함을 강조한다.

남북 간의 통합 과정은 지난할 것이 명백하다. 그런 측면에서 3만 명이 넘는 남한 내 탈북민의 존재는 소중한 자산이 아닐 수 없다. 이들의 정착과정에서 발생한 각종 문제와 그에 대한 처방 등의 경험이 향후 북한 주민들을 설득하고 이해시키는데 중요한 역할을 할 것이기 때문이다.

이 장에서는 남북 평화공존 하에 경제통합이 점진적으로 이루어지다는 '이상적' 시나리오를 상정하고 연금의 미래에 대해 생각해보았다. 그 과정에서 예상되는 공적연금의 통합은 앞선 한국의 틀을 따라 확장해갈 수밖에 없을 것이다.

유념할 점은 이때 발생하는 여러 가지 부담을 피하기보다 나서서 짊어지겠다는 자세가 요망된다는 사실이다. 이 점을 장강명은 소설에서 "같은 언어를 쓰고 같은 역사를 공유하면서 훨씬 부유하게 사는 사람들이 바로 제 옆에 사는 사람들을 외면하는 것은 창피한 일 아닌가"라고 적고 있다[23].

남북이 분단된 지 어언 75년이 되어가지만 유구한 한민족사의 관점에서 보면 100년은 짧은 기간일지 모른다. 설혹 100년을 넘기더라도 곡절 많은 교류와 통합의 과정 끝에 통일 국가를 이룰 수 있다면, 또 한반도 평화체제를 깨뜨리지 않으면서 궁극적으로 인류 보편적 가치를 구현한 스위스형 중립 체제로 나아갈 수 있다면, 한민족은 안중근 의사가 염원한 동아시아 평화를 넘어 세계 평화의 주역이 될 수 있을 것이다.

후대가 오늘의 우리 세대를 '헬조선'이 아닌 '갓(god)조선'으로 만든 조상이라고 평가하기를 희망하면서 이 장을 맺는다.

2부